As cartas de Capistrano de Abreu

Programa de Pós-Graduação em História Social
Faculdade de Filosofia, Letras e Ciências Humanas
Universidade de São Paulo
Série Teses

Universidade de São Paulo
Reitora: Suely Vilela
Vice-Reitor: Franco Maria Lajolo

Faculdade de Filosofia, Letras e Ciências Humanas
Diretor: Gabriel Cohn
Vice-Diretora: Sandra Margarida Nitrini

Departamento de História
Chefe: Modesto Florenzano
Vice-Chefe: Maria Lígia Coelho Prado

Programa de pós-graduação em História Social
Coordenador: Horácio Gutierrez
Vice-Coordenadora: Marina de Mello e Souza

Fernando Amed

As cartas de Capistrano de Abreu
Sociabilidade e vida literária
na *belle époque* carioca

Copyright © Fernando Amed, 2006

Edição: Joana Monteleone
Assistente editorial: Clarissa Boraschi Maria
Capa e Produção editorial: Guilherme Kroll Domingues
Imagem da capa: *Rua 1ª de Março*, Gustavo Dall'ara, 1907
Revisão: Vivian Miwa Matsushita
Projeto gráfico e diagramação: Entrelinhas

Dados Internacionais de Catalogação na Publicação (CIP)
(Câmara Brasileira do Livro, SP, Brasil)

Amed, Fernado
    As cartas de Capistrano de Abreu: sociabilidade e vida literária na *belle époque* / Fernando Amed. -- São Paulo: Alameda, 2006.

ISBN 85-98325-31-7

1. Abreu, Capistrano de, 1853-1927 2. Cartas brasileiras 3. História social I. Título

| 06-3956 | CDD– 907.202081 |

Índice para catálogo sistemático:
1. Cartas: Historiadores brasileiros: Vida e historiografia: História Social 907.202081

[2006]
Todos os direitos dessa edição reservados à
ALAMEDA CASA EDITORIAL
Rua Ministro Ferreira Alves, 108 - Perdizes
CEP 05009-060 - São Paulo - SP
Tel. (11) 3862-0850
www.alamedaeditorial.com.br

Para Jussara, Julia e Laura

Índice

Apresentação 9

Prefácio 11

Introdução 21

1. Leitores de Capistrano de Abreu 23
A correspondência de Capistrano de Abreu 25

2. O "lobo da estepe" 59
Aspectos da vida de Capistrano de Abreu 61

3. Entre o público e o privado 97
A edição da correspondência de Capistrano de Abreu 99

4. A configuração do deslocamento 129
A prática da escrita de cartas em Capistrano de Abreu 131

5. Considerações finais 259

Notas 267

Anexo 1 305

Anexo 2 309

Anexo 3 313

Bibliografia 315

Agradecimentos 323

Apresentação

A Série *Teses* tenciona colocar à disposição do leitor estudos significativos realizados no âmbito do Programa de Pós-Graduação em História Social da Universidade de São Paulo, resultantes da conclusão de trabalhos de mestrado e doutorado. Desde 1997, com o apoio da CAPES, numerosos textos já foram publicados.

Promover a divulgação de uma tese ou dissertação é sempre motivo de alegria e uma iniciativa importante em vários sentidos. Por um lado, é um registro da pluralidade de temas e enfoques que o Programa e seu corpo docente desenvolvem, bem como uma amostra da maturidade analítica alcançada por seus alunos. Mas, principalmente, a publicação representa para seus autores o coroamento de um longo percurso de leituras, pesquisa e escrita, e a possibilidade de colocar, em alguns casos pela primeira vez, os resultados de seu trabalho à disposição de um público amplo.

O livro ora apresentado revela um novo historiador com pleno domínio do seu ofício e permite que as suas reflexões sejam incorporadas aos debates em curso. Essa é também uma das funções da Série *Teses*, que tem como objetivo básico a difusão do conhecimento produzido na área da História.

Horacio Gutiérrez, Coordenador
Marina de Mello e Souza, Vice-Coordenadora

Prefácio

"Capistrano tinha a bossa da história." O diagnóstico precoce foi de Vicente Mindello quando o historiador cearense mal completara os seus trinta anos. Mas o diagnóstico parava por aí, porque não há obra de mais difícil enquadramento teórico e historiográfico que a de Capistrano de Abreu. Partiu do clima filosófico naturalista, logo fortemente atenuado por seu faro beneditino de historiador firmemente voltado para os documentos. Vista à distância, sua obra – esparsa, fragmentada e incompleta – parece expressar a antítese daquela consciência dividida de *fin-de-siècle*, a qual ansiava por uma nova forma de olhar o mundo, mostrando-se, contudo, incapaz de abandonar totalmente os moldes antigos. Se fosse possível estudarmos o tipo de escrita histórica derivada do estilo de Capistrano, diríamos que ele experimentou os fortes e transitórios impasses entre um estilo narrativo, analítico, fortemente colado aos documentos – e aquelas largas sínteses compreensivas e intuitivas, ao estilo proposto por Henri Beer.

De qualquer forma, Capistrano de Abreu sempre foi reconhecido unanimemente, pelos mais diversos analistas e estudiosos, como um dos maiores historiadores brasileiros. *Caminhos Antigos e o Povoamento do Brasil* ou *Capítulos de História Colonial*, possuem uma longa lista de citações e menções como livros importantes e indispensáveis para integrar quaisquer bibliotecas básicas da historiografia brasileira. Mas Capistrano foi apontado, também por quase unanimidade, como uma "grande promessa de historiador". Já num ensaio de 1955, Hélio Vianna se perguntava por que Capistrano não teria escrito uma grande obra de história do Brasil. O incansável erudito cearense teria sido uma espécie de "promessa não cumprida", como observou Laura de Mello e Souza, em publicação recente – sintetizando a constatação e o sentimento geral da maioria dos seus intérpretes e leitores. No limite, o sempre cáustico Agrippino Grieco, satirizando os historiadores de sua época, chegou mesmo a alfinetar: "qual a pior, em nossa época, a relativa esterilidade de Capistrano ou a excessiva fertilidade do Rocha Pombo?". Isto porque, todos esperavam de Capistrano uma grande obra de história do Brasil que, afinal, não se concretizou.

Enfim, por que Capistrano não escreveu uma grande história do Brasil? Várias razões podem ser apontadas. Falou-se, muitas vezes, na dispersão e, não raro, nas extravagâncias de Capistrano, sobretudo quando consumiu os últimos anos de sua vida num estudo aprofundado da tribo Bakairi, formada por índios da região do alto Xingu. Nesse caso, faltam trabalhos que analisem inclusive essa faceta de etnólogo de Capistrano, praticamente desconhecida pela posteridade, que privilegiou e repercutiu apenas a sua faceta de historiador. Mas uma razão – a mais forte, pelos menos, tornou-se materialmente visível: o enorme legado de mais de mil cartas deixado pelo historiador. Prisioneiro de uma vida infeliz – com a esposa e o filho mortos prematuramente e a filha Honorina optando pela reclusão do convento – Capistrano ainda sofria de gota, mas padecia também de outra doença que atormentou vários intelectuais brasileiros, o "gigantismo epistolar". Deu muito trabalho aos carteiros, que deveriam execrá-lo – deixando justamente nas cartas – nestes confessionários laicos, nestes espaços feitos de informalidade e de incontinência verbal – muito do que pensava a respeito do país, da sua história e da sua possível missão de historiador. Curiosamente, o Capistrano que permaneceu – mais nos caprichosos escaninhos da memória coletiva do que entre os seus intérpretes – foi o Capistrano das cartas: foram suas *boutades*, suas frases e sua fama de atrabiliário, de *diseur de bonmots* que são até hoje comumente lembradas. Como se a folclorização pitoresca da sua figura e da sua trajetória fosse capaz de esconder os dramas e os dilemas brasileiros, que ele almejava reconstruir e desentranhar da história do país.

Este é o tema fascinante de Fernando Amed, neste *As cartas de Capistrano de Abreu* – um estudo da correspondência de Capistrano de Abreu, que combina o rigor da analise historiográfica com o melhor da abordagem da história intelectual e cultural. Estudo originalíssimo e bem pensado, já que Capistrano não escreveu a tão esperada história do Brasil, mas produziu uma quantidade de cartas igual – senão maior – do que toda a sua obra publicada. Ora, a análise da obra de Capistrano apenas poderá tomar novos rumos se estudarmos, de forma mais sistemática, a sua correspondência. Iniciar o estudo das cartas do historiador cearense: eis a principal contribuição deste livro.

E o tema é fascinante porque o destino do historiador Capistrano confunde-se, de forma inextricável, com as contingências existenciais do homem Capistrano. E que homem! Um lobo solitário – não da estepe, como sugeria o famoso título de Hesse, mas talvez o da caatinga ou do sertão – um cenário bem mais apropriado ao historiador cearense. Não passava de um "velho esquisitão", segundo o testemunho de um seu contemporâneo famoso, o pernambucano Gilberto Freyre. Mas em certos momentos de suas cartas, Capistrano lembrava um daqueles moralistas do século XVIII, ao estilo de Fontenelle – com apenas uma diferença essencial – o pensador francês viveu uma época de euforia com o progresso, enquanto Capistrano já viveu numa época, sobretudo na fase final de sua vida – de profunda descrença com o progresso e com a razão iluminista. O que veio a transformá-lo em mais um "estranho no ninho": um moralista *demodée* em pleno século XX, que assistia a uma profunda crise dos valores e da linguagem pública.

Mas um "estranho no ninho" espirituoso que, nas cartas, deixou observações curtas que, até hoje, se não nos levam a pensar, pelo menos nos provocam sorrisos – aqueles sorrisos que nascem de surpreendentes revelações. Aí vão algumas das pérolas de Capistrano: "Punge-me sempre, cada vez mais a dúvida: o brasileiro é um povo em formação ou em dissolução?". "[No Brasil] Produzimos coisas de luxo, de gozo; se nos bloqueassem deveras, a penúria nos levaria à antropofagia." Não se pode imaginar coisa mais desprovida de inteligência e previsão, mas há quase cem anos, José Bonifácio escreveu: no Brasil o real vai além do possível." "Esqueça os políticos... nenhum será capaz de endireitar o Brasil, nenhum de metê-lo a pique de uma vez." "O jaburu é a ave que para mim simboliza nossa Terra. Tem estatura avantajada, pernas grossas, asas fornidas, e passa os dias com uma perna cruzada na outra, triste, triste, daquela austera, apagada e vil tristeza."

Não é necessária nenhuma leitura psicanalítica para ver revelar-se, por trás de sua aparente misantropia, um desejo profundo de convivência e de reconhecimento. Capistrano viveu uma vida de perdas familiares crescentes: "cada ano que passa é uma parede que cai e hesito se é melhor morrer ou ver morrer, que é afinal no que se resume a vida" – confessava, compungido. Seu ensimesmamento empedernido só encontra paralelo histórico com o de Henri-Frédéric Amiel, outro melancólico eternamente crucificado por reveses da esfera pública – e que produziu quatorze mil páginas de diário – tão rigorosamente analisadas em estudo clássico de Gregório Maranõn. Com uma diferença crucial: Capistrano não era capaz de escrever para si mesmo, precisava era de interlocutores reais – e acabou encontrando-os nas figuras de gente como João Lúcio de Azevedo, Mário de Alencar ou Paulo Prado que tornaram-se, por assim dizer, seus amigos íntimos.

Porque, no fundo, Capistrano não queria mais era repetir as dolorosas experiências familiares de perda, a julgar pelo que ele escreve: "A perda por morte é uma mutilação. Quanta coisa já está morta para mim, porque sobre cada uma só conversava com uma pessoa, e esta já não me pode responder. Os jesuítas tinham razão: nada de amigos íntimos". Não seria talvez, por essa razão afetiva, que Capistrano identificou-se de tal maneira com as figuras do passado que, ao estudá-las, tinha a sensação de viver entre elas? O maior exemplo é a figura de Frei Vicente do Salvador, do qual

Capistrano editou e anotou a sua famosa *História do Brasil*. Segundo o depoimento de Manuel Bonfim, o historiador nutria pela figura do Frei mais do que simples admiração, uma espécie de religião, considerando-o quase como um "amigo vivo". Um dia, Bonfim surpreendeu-se ao encontrar Capistrano, "acabrunhado, triste, sucumbido, quase doente, aparentando ser vítima de enorme desgraça" – e insistiu em indagar os motivos. Capistrano respondeu: " Sabe o que foi que eu descobri?". E ante ao espanto de Bonfim, desabafou: "Descobri, apurei, verifiquei, comprovei que a mãe de Frei Vicente foi uma viciosa, uma desonesta, uma senhora de vida escandalosa! Para que diabo foi essa mulher cair na prostituição?!". Eis um Capistrano moralista, mas um moralista distante de Fontenelle e longe também de Amiel. E com um grãozinho bem brasileiro, aquele que deseja ardentemente – um pouquinho que seja – de carinho, de proximidade, de aconchego, recobertos por aquela difusa ética emocional. E até dos índios Bakairi, ele alegava uma estranha proximidade quando, em 1926, referindo-se aos informantes da tribo que vieram visitá-lo no Rio de Janeiro, escreveu: "brincando, brincando, já moraram comigo seis índios, dois caxinauás e quatro bakairis".

    E se a personalidade de Capistrano buscava ajustar-se a este universo do deslocamento, atenuando o distanciamento e a solidão, seu perfil de historiador acabou por não se realizar, pelo menos se pensarmos em termos de publicações significativas. Fernando Amed mostra como o historiador cearense guardava uma tensão e uma distância dos meios típicos de realização como intelectual ou escritor, incluindo o circuito rarefeito de livros, editoras e instituições de pesquisa. Capistrano vivia uma crise de identidade dramática – semelhante, aliás, a muitos escritores e intelectuais brasileiros da mesma época: espremidos entre a situação rarefeita de uma sociedade semi-analfabeta, que os largava à margem da expressão pública – e a sombra do Estado, representada por oligarquias "carcomidas" e corruptas, que eles odiavam – qual a identidade possível e o espaço de atuação desses intelectuais?

As próprias divisões entre os grupos de intelectuais, artistas e escritores, quase sempre entrevistas a partir de leituras e interpretações dos seus *textos acabados*, deveriam começar a levar em conta alguns desses aspectos, que acabaram por traçar uma interação iniludível entre os escritos privados, a afetividade bloqueada nas obras e a emergência de uma (possível) rede de sociabilidade intelectual. Isso sem falar numa especificidade mais brasileira: as *coteries*, capelinhas literárias e outros agrupamentos, quase sempre constituídos em torno de jornais, revistas e outras publicações efêmeras; relações de parentesco e amizade com alguns (raros) mecenas; grupos associados por relações institucionais (Igreja) etc. Aspectos, sem dúvida e à primeira vista, prosaicos mas, a nosso ver, importantes e, não raro, decisivos, numa intelectualidade que buscava um espaço próprio, independente e eficaz de atuação social. Capistrano nutria um horror profundo a grupos e sociedades – horror expresso numa ocasião em que instado a inscrever-se na Academia, respondeu, de chofre, com um única frase: "fui inscrito na Academia Humana independente de consulta e já acho excessivo". Ao contrário, portanto, de alguns dos intelectuais, seus coetâneos, Capistrano permaneceria afastado dos grupos e das *coteries*. Curiosamente, depois de sua morte, organizaram uma sociedade à qual deram o seu nome. Maior das ironias: fundar uma associação em nome de alguém que nutriu um ódio profundo à quaisquer agremiações. Ainda assim, subsiste a questão inquietante: porque Capistrano só conseguiu expressar-se livremente – sem bloqueios e rodeios – sobre o país e a sua história, através dessas páginas truncadas, desses segredos disfarçados, dessas confissões pessoais que, se não fossem preservadas, permaneceriam nos limbos da memória de uns poucos amigos?

Lembre-se que – antes de qualquer outra coisa – a correspondência é um ato de sociabilidade, que leva, no limite, a uma interação virtual das esferas públicas e privadas. Isso é tanto ou mais importante ainda no caso bem brasileiro – brasileiríssimo – de Capistrano de Abreu. Amed sugere que a obsessão pelas cartas traduzia o profundo desconsolo de Capistrano com a precariedade da esfera pública. Não seriam tais referências, por trás do seu humorismo truncado e anedótico, uma confissão disfarçada do fracasso da modernidade brasileira? E no fundo – bem lá no fundo – uma vergonha de confessar seu próprio fracasso existencial, como extensão e metáfora do próprio fracasso brasileiro como nação? São questões que retornam às nossas reflexões depois de reler este importante livro de Fernando Amed – livro nascido de uma longa pesquisa para sua dissertação de mestrado. Tais questões vão permanecer. E é bom que permaneçam. Pois Capistrano e suas cartas aguardam ainda outros estudos pacientes e detalhados, que revelem, como este *As cartas de Capistrano de Abreu*, o quanto suas frases cortantes ainda iluminam – e muito – o Brasil do presente. Infelizmente.

Elias Thomé Saliba é professor livre-docente do Departamento de História da FFLCH da USP e autor de *Raízes do Riso* e *As Utopias Românticas*.

A pobreza deprimia-o; mas havia também já algum tempo que até isso deixara de incomodá-lo. Abandonara por completo os seus trabalhos cotidianos e não queria preocupar-se com eles. Na realidade, não temia a dona da casa, por muito que pudesse tramar contra ele. Agora, ter de parar na escada, escutar todas as tolices daquela mulher, estúpida até o absurdo, e que não lhe interessavam absolutamente nada; todos aqueles disparates a respeito do pagamento, aquelas ameaças e lamentações, e ademais, ter de falar, desculpar-se, mentir, não, preferia atirar-se como um gato pelas escadas abaixo e deixar-se cair ao abandono, contanto que não visse ninguém.

F. *Dostoievski*, Crime e Castigo.

A mania dos franceses é presumir de talentos, e a mania dos que presumem de talentos, é escrever livros. Não há, no entanto coisa mais mal imaginada: a natureza judiciosa havia disposto que fossem transitórias as loucuras dos homens, e os livros as imortalizam. Um néscio deverá contentar-se com haver aborrecido a todos quantos viveram com ele, e ainda quer fazer penar gerações futuras; quer que a sua necedade triunfe do esquecimento, de que teria podido gozar como do túmulo; quer, enfim, que a posteridade saiba que ele viveu e que não ignore que foi um parvo.

Carta de Rica a ..., de Paris, 8 de Chaban, 1714. Montesquieu, Cartas Persas.

Introdução

O texto que se segue vem como um dos resultados da pesquisa para a obtenção do título de Mestre em História Social, junto ao Departamento de História da Faculdade de Filosofia, Letras e Ciências Humanas da Universidade de São Paulo. O cumprimento das exigências do programa de pós-graduação – cursar as disciplinas escolhidas, proceder às exposições e apresentações nos seminários de pesquisa etc – além da pesquisa propriamente dita, bem como a elaboração do texto escrito, consumiram cerca de quatro anos. Em maio de 2001, a defesa foi realizada, com a participação intensa da querida Professora Doutora Maria Lígia Coelho Prado e do amigo, Professor Doutor Marcos Napolitano, além de meu orientador, o Professor Elias Thomé Saliba. O sentimento geral, naquele 24 de maio foi de que passamos algumas horas em torno de uma discussão cujo teor é o mais aspirado por um pesquisador: o conhecimento. E foi com um certo desprendimento, com uma dose de carinho e atenção que a defesa procedeu. Sou agradecido aos comentários desses professores e, as mudanças pontuais que realizei na dissertação, com vistas a essa publicação, em grande parte, são devidas a eles.

Quanto ao que se tem pela frente, tenho uma consideração em especial, a realizar. Na Apresentação, procurei estabelecer um diálogo – almejando a totalidade – com os autores que se detiveram na produção de Capistrano de Abreu, como meio de aprofundamento de algum aspecto. Acredito que seja uma discussão afeita estritamente à historiografia, ou seja, destinada a melhor situar o presente estudo como meio inclusive de estabelecer algumas distâncias e proximidades. O leitor que se interesse em conhecer o tratamento dispensado pela tradição de estudos historiográficos, acredito, pode encontrar elementos que venham a trazer alguma contribuição. Quando não, entendo que as considerações terminem por apresentar as maneiras com que o pensamento e a prática de Capistrano vieram a ser matizados. Acredito que o leitor menos familiarizado com essas investidas teóricas poderá, creio que sem prejuízo, iniciar a leitura desse texto pelo capítulo seguinte, a saber, pelos aspectos biográficos de Capistrano de Abreu.

1. Leitores de Capistrano de Abreu

A correspondência de Capistrano de Abreu

> O gênero "cartas" não é literatura, é algo à margem da literatura... Porque literatura é uma atitude diante desse monstro chamado Público, para o qual o respeito humano nos manda mentir com elegância, arte, pronomes no lugar e sem um só verbo que discorde do sujeito. O próprio gênero "memórias" é uma atitude: o memorando pinta-se ali como quer ser visto pelos pósteros – até Rousseau fez assim – até Casanova. Mas cartas não... Carta é conversa com um amigo, é um duo – e é nos duos que está o mínimo de mentira humana.
>
> Monteiro Lobato no prefácio de *A Barca de Gleyre*, reunião de cartas enviadas para Godofredo Rangel.[1]

João Capistrano Honório de Abreu (1853-1927), ou simplesmente Capistrano de Abreu, tem um lugar de destaque no complexo campo das produções de história em nosso país. Brasileiro, natural de Maranguape, Ceará, Capistrano notabilizou-se pelos estudos do passado brasileiro, com especial atenção para os séculos XVI e XVII. Ocupou postos de distinção em sua época, fosse como funcionário da Biblioteca Nacional, de redator da *Gazeta de Notícias* ou de professor do Colégio Pedro II. Sua aspiração pelo estabelecimento de documentos, o levou às edições de obras fundamentais para a história do país. Dentre essas publicações, encontravam-se a *História do Brasil*[2] de Frei Vicente do Salvador (1554-1636/39), as *Confissões* (1591-1592)[3] e as *Denunciações da Bahia* (1591-1593)[4] no período da presença do Tribunal do Santo Ofício no Brasil. Coube também ao historiador, a descoberta de que Fernão Cardim (1540-1625) tivesse sido o autor de *Do Princípio e Origem dos Índios do Brasil e de* seus Costumes e Adoração e Cerimônias[5], de que Ambrósio Fernandes Brandão (1573(?) -?) havia escrito os Diálogos das Grandezas do Brasil[6], e, finalmente, que André João Antonil, autor de Cultura e Opulência do Brasil por suas Drogas e Minas, fora, na verdade, João Antonio Andreoni (1649/50-1716)[7].

Sua importância como historiador também foi enfatizada devido a dois trabalhos que elaborou, O descobrimento do Brasil e seu desenvolvimento no século XVI[8] e Capítulos de História Colonial[9]. No campo da etnografia e lingüística, publicou Rã-txa hu-ni-ku-i – A Língua dos Caxinauás do Rio Ibuaçú, Afluente do Murú (Prefeitura de Tarauacá)[10]. O restante de sua produção, no entanto, foi publicado em revistas ou jornais do período em que viveu. Dessa forma, a maioria de seus escritos somente veio novamente a público em compilações[11], estabelecidas após a morte do historiador, caso de Os Caminhos Antigos e Povoamento do Brasil[12] e das quatro séries dos Ensaios e Estudos[13].

Mas, além desses textos elaborados por Capistrano de Abreu, o historiador também pode ser caracterizado pela escrita de uma copiosa correspondência. Tratam-se de 1.035 cartas enviadas por Capistrano de Abreu entre os anos de 1880 e 1927 para um número de mais de trinta destinatários[14] – a correspondência ativa – e de 196 cartas recebidas por Capistrano[15] – a correspondência passiva. Esse material já se encontrava parcialmente editado entre os anos de 1954 e 1956[16] e foi completado na segunda edição da Correspondência de Capistrano de Abreu no ano de 1977[17].

Pelo destaque conferido a Capistrano de Abreu – geralmente apontado como um dos maiores historiadores brasileiros –, observa-se, naturalmente, a existência de uma série de estudos que buscaram recompor alguns elementos de sua vida e, evidentemente, passar em revista a produção do historiador. Tratam-se de trabalhos biobibliográficos (J. A. Carmo[18], Tancredo de Paiva[19] e Hélio Vianna[20]); biográficos (José Aurélio Saraiva Câmara[21], Pedro Gomes de Matos[22], Alba Canizares Nascimento[23] e Raimundo de Menezes[24]); de análise de sua obra (Eugênio de Castro Rebello[25], Virgílio Corrêa Filho[26], José Honório

Rodrigues[27], Barbosa Lima Sobrinho[28], Denise Bottmann[29], Stuart Schwartz[30], Ricardo Benzaquen de Araújo[31], Ronaldo Vainfas[32], José Carlos Reis[33] e Francisco Iglésias[34]) ou comemorativos (caso específico dos textos reunidos pelo "Curso Capistrano de Abreu"[35]).

A leitura dessas abordagens possibilitou-nos a configuração de um perfil de Capistrano de Abreu, fosse pessoal ou profissional. De acordo com os diferentes objetivos dos autores, tornou-se possível adentrar alguns aspectos atinentes aos trabalhos que Capistrano realizou, suas relações pessoais, familiares ou não. No mesmo sentido, os textos que buscavam uma análise da produção do historiador, permitiram o nosso acesso ao tratamento dispensado pela historiografia para com o produto do trabalho de Capistrano de Abreu. Esse contingente reflexivo não se configurou como um corpo lógico passível de ser classificado, e as referências ou juízos acerca da vida e obra de Capistrano de Abreu seguiram orientações distintas.

Notamos a existência de escritos elaborados ao sabor de uma subjetividade apaixonada, onde as emissões de juízos careciam de uma ponderação mais razoável. Na maioria das vezes, estes últimos textos foram produzidos na proximidade do falecimento de Capistrano ou nos momentos de comemoração do centenário de seu nascimento, caso das considerações de Alba Canizares[36], que escreveu um texto logo após a morte do historiador, e de Gustavo Barroso[37] e Rodrigo Octávio[38], dois autores que fizeram parte do "Curso Capistrano de Abreu"[39]. Em se tratando do historiador, uma personagem que angariou destaque no meio intelectual de sua época, pareceu natural para esses autores, que seus feitos, inclusive os mais prosaicos, fossem engrandecidos.

Situados numa outra corrente, mais próxima do tratamento dispensado pelo rigor historiográfico, observamos a presença de reflexões que buscaram situar a obra de Capistrano de Abreu no conjunto da produção em história que se fez em nosso país. Essas considerações, invariavelmente, também terminaram por enfatizar a importância de Capistrano de Abreu, e aprofundaram aspectos que, inclusive, concerniam às suas preocupações metodológicas ou interpretativas. Não apresentaram críticas à produção de Capistrano e, no mais das vezes, valeram-se da necessidade imperiosa de recuperação daquilo que, temiam, fosse esquecido. Os textos de José Honório Rodrigues[40], de Hélio Vianna[41] e mesmo de Barbosa Lima Sobrinho[42], se situaram nesse segmento.

Mais recentemente, foram elaboradas abordagens mais analíticas que, não desmerecendo os aspectos positivos da atuação do historiador cearense, sinalizaram aquilo que consideravam como características datadas. Esses estudos possibilitaram, então, a percepção dos equívocos a que teria chegado Capistrano de Abreu. Foram tributárias dessa orientação, as análises de Ronaldo Vainfas[43], de Denise Bottmann[44] e de Ricardo Benzaquen de Araújo[45]. Diga-se de passagem que todos esses autores não se detiveram na obra de Capistrano como um todo, mas sim, em um ou dois trabalhos do historiador.

Finalmente, em se tratando de um historiador cuja obra estabeleceu um referencial de abordagem no conjunto das reflexões acerca da época colonial brasileira, era natural que a produção de Capistrano de Abreu fosse pensada por historiadores que se especializaram nesse período da história. Estes foram os casos das reflexões operadas por Alice Canabrava[46], Fernando Novais[47], Laura de Mello e Souza[48] e Nilo Odália[49].

A partir do contato com esse conjunto de análises, observamos que a correspondência de Capistrano de Abreu, em alguns casos, não foi tomada como uma parte substantiva da obra do autor, e em outros, foi apenas utilizada como fornecedora de elementos ilustrativos. Mesmo que tomemos os anos de 1954 e 1956 como um marco, uma vez que o maior volume das cartas de Capistrano foi publicado nesse período, era possível aos analistas da vida e obra do historiador tomarem contato com uma parte de sua correspondência, ao menos desde 1931, ano em que se deu a publicação das cartas enviadas por Capistrano a José Veríssimo[50]. Até a edição de José Honório, a correspondência mantida por Capistrano para com Guilherme Studart[51], Lino de Assunção[52] e a Afonso Taunay[53], também já havia sido publicada. Mesmo assim, se citados por algum analista da obra de Capistrano, os trechos das cartas apenas serviam como apêndice de uma informação ou juízo emitidos.

Essa orientação, para o trabalho de reconstrução do percurso de Capistrano, não se alterou de uma maneira mais radical, mesmo após o lançamento do mais amplo volume das cartas enviadas pelo historiador. Nesse sentido, alguns questionamentos existentes nos textos de análise sobre a obra do historiador, que antecederam ao ano de 1954, continuaram a existir. Podemos inclusive apontar que, na medida em que a correspondência não foi tomada como uma fonte significativa, as análises sobre a vida e obra de Capistrano de Abreu não ganharam novos rumos e desdobramentos. Mesmo que a publicação da correspondência de Capistrano fosse cercada de muita expectativa e até mesmo, ansiedade, não nos deparamos com uma grande reformulação no tratamento dos elementos atinentes à vida e à obra do historiador.

E é curioso observar, que os estímulos na direção de uma reorientação existiram, e podiam ser percebidos desde antes da publicação, nos anos de 1954 e 1956, das cartas enviadas pelo historiador cearense. Foi o que depreendemos das investidas de Eugênio de Castro, participante da Sociedade Capistrano de Abreu, na direção da edição da correspondência de Capistrano, logo após o falecimento do historiador. Eugênio de Castro, que operou conjuntamente com Capistrano na edição do *Diário de Pedro Lopes de Souza*[54], o último título de uma coleção patrocinada por Paulo Prado, procurava o acesso às cartas que Capistrano enviou para João Lúcio, e que se encontravam impossibilitadas ao acesso, na Biblioteca Nacional, em 1931. Hélio Vianna, também reputava as cartas de Capistrano e, como escreveu seu *Ensaio Bibliográfico* no ano de 1953[55], época em que o maior volume da correspondência estava para ser publicado, enfatizou o seu valor. A mesma importância concedida às cartas de Capistrano de Abreu, pode ser observada quando das comemorações promovidas pelo Instituto Histórico e Geográfico Brasileiro (IHGB), no centenário de nascimento de Capistrano de Abreu. Vários autores, dos mais diversos campos de atuação, explicitaram o valor das cartas enviadas por Capistrano, e serviram-se de trechos que já eram conhecidos, posto que pertencentes ao volume que já fora publicado (caso das cartas enviadas a Guilherme Studart, a José Veríssimo, a Lino de Assunção e algumas daquelas enviadas a Afonso de Taunay). Barbosa Lima Sobrinho, por exemplo, na conferência intitulada "Capistrano de Abreu – Historiador"[56], procurou recuperar o percurso de vida do historiador, alinhavando-o com trechos de suas cartas. Mozart Monteiro, na conferência que recebeu o título de "Curso Capistrano de Abreu"[57], apontou que a história de Capistrano de Abreu não poderia jamais ser escrita se as cartas enviadas para João Lúcio de Azevedo permanecessem na Biblioteca Nacional, sem a possibilidade de acesso pelos pesquisadores. Finalmente, José Honório Rodrigues, no texto "Capistrano de Abreu e a Historiografia Brasileira"[58], apresentado às vésperas da publicação da correspondência que vinha estabelecendo, fez uso privilegiado de vários trechos até então desconhecidos pela maioria dos pesquisadores de então. Talvez pelo fato de ter sido o único a ter acesso às cartas, José Honório destacou a importância desse material, bem como apontou que ali residia um importante desdobramento da produção de Capistrano. Ou seja, Honório Rodrigues reputou o valor desse material para todo aquele que se detivesse no conhecimento, tanto da vida quanto da obra de Capistrano de Abreu.

Mas o que dizer acerca de um aprofundamento maior na correspondência de Capistrano? Que tipo de uso heurístico foi operado nas cartas enviadas pelo historiador? Que contribuição a correspondência trouxe na direção de uma reformulação das análises sobre a vida e obra de Capistrano? Se tomássemos como ponto de partida os juízos emitidos na época de sua publicação, poderia-se supor que essa revisão seria imediata. Tal é o sentimento que se tem, quando se toma contato com as menções de João Cruz Costa[59] ou de Pedro Moacyr Campos[60], uma vez que foram unânimes em afirmar que a correspondência de Capistrano de Abreu tornava-se uma fonte de primeira grandeza para aqueles que quisessem se deter na vida, na obra e mesmo na época a que pertenceu o historiador.

Cruz Costa, que havia realizado a resenha do lançamento da *Correspondência de Capistrano*, observou que:"O que caberia aqui fazer seria um estudo mais detido de tão importante quão interessante trabalho"[61].

Mas, Pedro Moacyr Campos realçou ainda mais o valor dessas cartas, e o fez retomando o pequeno número de informações fornecidas por Capistrano nos textos que publicou em vida. Para Moacyr Campos, "nestas condições, restam-nos apenas suas cartas como fontes para pesquisarmos os elementos diretores de sua atividade de historiador"[62].

Mais recentemente, observamos novamente uma recuperação dos aspectos preponderantes da correspondência de Capistrano. E isso pode ser notado nos comentários realizados por Francisco Iglésias na obra póstuma *Historiadores do Brasil*[63]. Retomando alguns aspectos contemplados pelas cartas do historiador – metodologia de trabalho, indicação de trabalhos e fontes, comentários acerca de sua época –, Iglésias salientou que:"Em suma, a correspondência deve ser colocada ao lado dos livros e estudos de Capistrano de Abreu, pois se completam. Na verdade, é também notável obra historiográfica, a ser lida com deleite e proveito"[64].

Mas as iniciativas na direção de um aprofundamento na correspondência de Capistrano de Abreu não ocorreram, e somente temos uma única tentativa de estudo desse material, e que foi realizada em 1955. Em um texto intitulado "Auto-retrato Capistraneano"[65], Virgílio Corrêa Filho recuperou passagens conhecidas da vida de Capistrano – período em que esteve no Ceará, ida para o Recife, vinda para o Rio de Janeiro, seus principais trabalhos – e encadeou trechos de algumas cartas que sinalizavam uma menção direta a esses instantes. Por não operar um estudo específico da correspondência, e não se perguntar acerca dos motivos que levaram Capistrano a se dedicar, com tanta obsessão, às cartas, Virgílio terminou por realizar uma resenha do recente lançamento editorial.

Este nos pareceu um caso exemplar onde, mais do que lançar luz sobre algumas dificuldades estabelecidas pela historiografia, a correspondência de Capistrano de Abreu foi apenas tratada como acessório. Nesse sentido, percebemos que somente se buscou nas cartas aquilo que pudesse satisfazer algumas questões que vinham sendo colocadas desde o falecimento de Capistrano de Abreu. Em nenhum momento nos deparamos com estudos que desejassem ver, no exercício da escrita de cartas realizado por Capistrano, um deslocamento daquilo que dele se esperava de uma forma pública. Não se pensou em analisar o fato de Capistrano poder ter demonstrado uma impossibilidade de expor seus pensamentos numa dimensão mais ampla. Em nenhum instante aprofundou-se nos elementos que caracterizavam uma certa obscuridade que Capistrano apresentava. Dito de outra forma, na medida em que não houve uma entrada vertical na correspondência do historiador, ela somente foi utilizada como exemplo comprobatório de um ou outro juízo. Nesses casos, torna-se mais nítido o que queríamos dizer com um uso apenas ilustrativo dos elementos retirados das cartas de Capistrano. E, notadamente nos casos dos textos mais apologéticos, podemos acrescentar que as citações da correspondência de Capistrano, vinham higienizadas de todo e qualquer risco de uma tensão maior, fosse relacionada ao trabalho ou à dinâmica existencial de Capistrano de Abreu. Tais análises caminharam na direção do estabelecimento de uma espécie de monumento, onde Capistrano ocuparia um lugar de proeminência. Se se detivessem nos elementos constantes das cartas do historiador, tais autores poderiam ao menos perceber o quanto a personalidade de Capistrano não era afeita ao tipo de entronização que terminaram por realizar. Nessa direção, a possibilidade de acesso a um novo e precioso conjunto de fontes, ajustou-se sem grandes alterações ao itinerário das questões que vinham sendo colocadas pela tradição historiográfica, que se deteve na vida e obra de Capistrano de Abreu desde o seu falecimento.

E se não foram aprofundados os aspectos qualitativos, que a correspondência de Capistrano de Abreu apresentava com generosidade, o mesmo pode ser dito quanto às reflexões sobre o próprio exercício epistolar do historiador. Como salientamos, ainda não se perguntou acerca dos motivos que teriam inclinado Capistrano a escrever tantas cartas. Não se inquiriu também sobre o fato do historiador ter escrito um volume de laudas epistolares que se equiparou aos textos formais que elaborou. Em nenhum momento, os analistas se dispuseram a se deter num paradoxo, para o qual, talvez tivessem algo a contribuir: por que Capistrano demonstrou estar mais à vontade num exercício privado – a correspondência – do que nas práticas públicas – autoria de livros, conferências, cursos etc.?

Por não se aprofundar na correspondência de Capistrano de Abreu e na própria reflexão acerca dessa prática, a tradição historiográfica que se deteve sobre sua vida e produção, estabeleceu alguns temas que se tornaram recorrentes. E acreditamos que, na medida em que muitos desses autores somente refletiram sobre a produção tornada pública em vida de Capistrano, foram concebidos dilemas para os quais não conseguiram encontrar respostas. E diga-se que, em sua maioria, os estudos analíticos sobre Capistrano de Abreu foram levados a cabo com bastante acuidade. Mas, terminaram por emitir juízos que só poderiam ser questionados à luz de uma fala mais subjetiva e relativista, que é aquela com que nos deparamos na correspondência do historiador.

Em primeiro lugar, um aspecto reincidente das análises realizadas sobre a vida e obra de Capistrano diz respeito a uma expectativa frustrada. "Por que Capistrano de Abreu não escreveu uma grande história do Brasil?", é uma pergunta que vem sendo colocada, *mutatis mutandis*, desde a década de 1940 até os dias de hoje.

Vejamos, por exemplo, as reflexões de Januário Pinto do Carmo. Sua *Bibliografia de Capistrano de Abreu*[66], publicada em 1942, trazia uma síntese da vida e obra do historiador. Pinto do Carmo resumiu o período de vida do historiador ainda em Fortaleza, sua rápida passagem pelo Recife, sua participação intelectual no Ceará, bem como sua vinda para o Rio de Janeiro e os desdobramentos de seus trabalhos na capital do país. Por enfatizar os aspectos afeitos à erudição do historiador, bem como o livre trânsito que tinha sobre os documentos históricos, a biografia elaborada por Pinto do Carmo, terminou por emitir o seguinte juízo:

> Entre nós, ninguém como Capistrano de Abreu esteve mais bem habilitado a ser historiador, no sentido rigoroso da palavra. À universalidade de conhecimentos, ajuntava estudos especiais de geografia, etnografia, etnologia e, ainda, sobriedade de expressão, estilo claro e raciocínio seguro. Impediu-lhe a realização da obra, que todos esperavam produzisse, a pouquidade de fontes. Estas, por mais autorizadas que parecessem, mereciam-lhe exame demorado, reflexão acurada. Mesmo depois de intenso estudo, ficavam-lhe dúvidas quanto à documentação, que exigia a mais completa possível. E nisso se comprazia, porque era sua vocação desbravar, e descobrir o que toda a gente ignorava, e ele pouco se lhe dava que, nessa faina incessante, sacrificasse a sua obra mestra por excelência, a obra portentosa e duradoura, que não chegou a escrever.[67]

As considerações de Pinto do Carmo deram o tom do que costumeiramente viria a ser dito, acerca do fato de Capistrano não ter escrito uma história do Brasil mais robusta. Outros analistas da obra de Capistrano de Abreu, como veremos, também entenderiam que o historiador não faria uma grande obra, enquanto não tivesse acesso a um número muito maior de documentos atinentes à história do Brasil.

Guardando alguma distância de Pinto do Carmo, Gustavo Barroso, conferencista do "Curso Capistrano de Abreu", colocou a mesma questão na palestra que proferiu, intitulada "Capistrano de Abreu e a interpretação do Brasil"[68]: "Por que, então, esse estudioso consciente, esse analista culto, esse narrador seguro não escreveu a monumental História do Brasil que era lícito dele se poder esperar?[69]".

E, na tentativa de resposta, Barroso apontou que:

> Capistrano mergulhara nos estudos históricos não para tirar deles ensinamentos, vulgarização, glória, a perfeição duma obra completa, mas pela avidez de saber, de fartar sua curiosidade peculiar, própria, de se sentir se-

nhor, para gáudio seu, dos segredos do passado. Realizava um gosto, um prazer pessoal, que transmitia alegre aos raros de sua privança"[70].

Incapaz de observar com mais atenção os elementos afeitos à personalidade de Capistrano, Barroso, na tentativa de responder à questão que formulou, abordou aspectos notadamente mais complexos e atinentes ao comportamento do historiador. Mas, talvez pelo tom apologético das palestras promovidas pelo IHGB, Gustavo Barroso terminou por tratar esses aspectos mais profundos com superficialidade. Ao nosso ver, terminava por abandonar o que lhe poderia fornecer elementos mais concretos que dessem conta da própria pergunta que elaborou. Vejamos:

> Não havia no seu espírito a menor preocupação com o grande público. Proclamava-se a contragosto membro da sociedade humana. Individualista consumado, aprazia-lhe mais do que tudo fugir do meio atordoante do Rio de Janeiro, recolher-se à bucólica paz duma fazenda ou retiro fluminense, paulista ou mineiro, para enterrar semanas a fio no gozo da leitura! Bastavam-lhe uma sóbria alimentação, o silêncio e uma rede. O elogio da preguiça que ouvi a sua geração fazer no Ceará... Foi assim o precursor do slogan posto em curso pela gíria atual: sombra e água fresca. E teve, por isso com o talento, tudo aquilo que basta a desarmar a inveja"[71].

Mozart Monteiro, outro participante do "Curso Capistrano de Abreu", também terminou por colocar-se a mesma questão, mas aprofundou-se mais na direção de uma possível resposta.

> A questão que mais se levanta, a respeito da obra de Capistrano, é esta: por que não escreveu a História do Brasil? (...) Diz Mário de Alencar que esta era uma pergunta reiterada, que os amigos faziam ao grande historiador. Este sempre respondia "que não era chegado o tempo, ainda lhe faltava muita coisa". (...) Pretendeu Capistrano escrever a História do Brasil? (...) tenho razão para acreditar que Capistrano começou a escrever "uma"

História do Brasil, e não "a" História do Brasil, como lhe pediam os amigos. (...) Devia Capistrano escrever a História Geral do Brasil, como o fez o grande Varnhagen? Não, não devia. Além de outros motivos, porque, no terreno das fontes da nossa história, ainda se encontra, desconhecido ou inédito, um material imenso. (...) Devia Capistrano ter escrito a História Geral do Brasil? Não. Quando os amigos lhe faziam este pedido, não sabiam, com certeza, o que pediam. A síntese, que o mestre começou a fazer, não era o que eles queriam. E nem essa, afinal, foi terminada[72].

É importante mencionar, que as considerações de Mozart Monteiro foram entremeadas sistematicamente por referências textuais à correspondência de Capistrano de Abreu, ou por relatos de seus conhecidos mais próximos. Mesmo assim, acreditamos que as questões colocadas por Monteiro, não o permitiram vislumbrar aspectos mais oblíquos presentes nas cartas de Capistrano. E com isto queremos dizer, que o uso das cartas se fez de uma forma direta, a saber, buscou-se nas cartas de Capistrano menções concretas quanto ao fato de não ter realizado uma grande obra de história do Brasil. Essa opção de encaminhamento interpretativo, terminou por eliminar a possibilidade de um trabalho mais analítico, que desse conta, por exemplo, de um espectro relativo às questões pessoais e críticas, atinentes à personalidade de Capistrano. Ao deixar de abordar esses elementos mais tensos e difusos, as respostas de Mozart Monteiro terminaram por estabelecer um consenso explicativo que pensava oferecer uma explicação cabível.

Na medida em que era enaltecido um grande conjunto de aspectos relacionados à erudição de Capistrano, como compreender que não tenha escrito uma obra semelhante à de Varnhagen, por exemplo? A mesma questão foi colocada por outros historiadores, tais como Hélio Vianna[73] e José Honório Rodrigues[74]. Evidentemente que as diferentes orientações metodológicas desses analistas, terminaram por estabelecer formas distintas de abordagem para a mesma pergunta. Mas, mesmo assim, chegaram ao mesmo dilema. Hélio Vianna, procurou recuperar os inúmeros trabalhos e contribuições de Capistrano como meio de demonstrar que se tratava de uma questão equivocada. José Honório Rodrigues apontava que o contato com as cartas de Capistrano, por si só demonstraria que se não produziu um grande volume de obras, apresentou uma intensa gama de projetos e aspirações que se encontravam na correspondência. E, expressamente nos casos de Honório Rodrigues e Hélio Vianna, a correspondência de Capistrano foi utilizada no sentido de demonstrar que o próprio historiador não manifestava o desejo de realização de uma grandiosa história do Brasil. Assim, para responder a uma pergunta elaborada no interior de uma específica abordagem da vida e obra de Capistrano de Abreu, buscou-se na correspondência um meio de resolução de uma tensão. Isto feito, o percurso rumo ao enaltecimento de Capistrano poderia continuar sem grandes turbulências. Curioso observar que essa questão terminava por apresentar uma expectativa que guardava mais ligações com a estrutura das reflexões elaboradas por aqueles que se detiveram sobre a obra de Capistrano. Na medida em que alguns desses textos eram apologéticos, era difícil justificar o fato de que Capistrano tenha escrito tão pouco. E como aceitar que Capistrano não tenha realizado sua erudição numa volumosa obra de história?

Semelhante surpresa causa o fato de não se ver no exercício de escrita de uma copiosa correspondência, um deslocamento de Capistrano frente ao que dele se esperava como historiador. Nesse sentido, o que esses autores podem ter deixado de lado, é a percepção de que Capistrano guardava uma espécie de tensão com os meios típicos de realização de feitos como historiador (livros, editoras, instituições de pesquisa etc.). Ao mesmo tempo, o que se ansiava dele, como historiador erudito que foi, pode ter encontrado eco e vasão, tão somente em meio à sua privacidade. A opção pela escrita de cartas, pode então sinalizar, uma resposta possível a uma grande inadequação de Capistrano para com os canais mais corriqueiros de exposição de saber histórico. E, diga-se, esses meios públicos eram bastante limitados. Se a correspondência de Capistrano de Abreu fosse tratada como uma obra de sua lavra, o que foi de fato, talvez esses autores pudessem ter um número maior de elementos que dessem conta das questões e dilemas que colocaram para si ou para a historiografia.

Acreditamos que Francisco Iglésias tenha sido aquele que mais próximo chegou de uma explicação mais abrangente, acerca dos motivos de Capistrano não ter escrito uma grande obra de história do Brasil. Segundo o autor, que recuperava a questão, "Capistrano tem sido objeto de crítica por não deixar obra maior, mais coerente e sistemática"[75].

Foi na tentativa de cercar esse tema, que Iglésias se remeteu aos motivos mais afeitos à personalidade de Capistrano:

> É ocioso divagar sobre as razões da falta de uma obra de síntese que ele podia fazer: se ausência de melhor preparo metodológico, de um sistema filosófico, da idéia da ambição temerária por tal trabalho. Pode-se atribuí-la também a certa dispersão natural, modéstia, falta de sentido promocional[76].

É de se lamentar o fato de Iglésias não ter se detido mais na análise que elaborou sobre a vida e obra de Capistrano. Mesmo assim, em se tratando de uma obra que almejava estabelecer alguns contornos sobre uma ampla gama de historiadores, deixamos aqui a menção de que Iglésias tenha sido um dos poucos estudiosos a reputar a personalidade de Capistrano como meio de acesso ao seu desempenho público. Faltou-lhe, quem sabe, o relacionamento mais direto e enfático entre as expectativas que cercam a produção de Capistrano de Abreu, as possibilidades de divulgação de conhecimento, e o exercício obsessivo da escrita de cartas.

Em segundo lugar, observamos a presença, por vezes constante, de um juízo emitido para com a obra de Capistrano, a saber, o de que fosse positivista e determinista. Nesse caso, o que se percebe é a persistência a uma alusão que somente pode ser encontrada nos primeiros escritos de Capistrano. Ou seja, as concepções históricas de Capistrano são tomadas como imutáveis tão somente por ter manifestado crenças nas idéias de Comte, Spencer, Buckle ou Taine, nos primeiros escritos que elaborou. Tal é a impressão que nos deram as colocações de Nilo Odália:

> Se, de um lado, Capistrano de Abreu é o exemplar único de uma interpretação histórica que privilegia o indígena e sua sociedade como centro irradiador de suas preocupações, de outro, ele se inscreve no extenso rol de historiadores brasileiros que, submissos e dependentes das teorias importadas da Europa, positivismo, spencerismo, teorias raciais etc., se dilaceram na dicotomia de, ao mesmo tempo, terem de atender às imposições teóricas que condenavam o Brasil a um triste destino, e contribuírem para que a profecia altamente negativa de homens como Lapouge, Gobineau, Buckle etc. não se realizasse; o Brasil deveria constituir-se uma nação[77].

Essas remissões, que dispunham a obra de Capistrano como tributária do positivismo, já foram sinalizadas no trabalho de Denise Bottmann, *Padrões Explicativos da Historiografia Brasileira*[78]. Objetivando um trabalho de recuperação dos conceitos utilizados por Capistrano nos textos que elaborou, especialmente nos *Capítulos de História Colonial*, a autora procurou se desvencilhar de toda chegada pré-concebida à obra do historiador. Realizando um exercício conceitual de rara acuidade, Denise iniciou o seu texto com uma pergunta instigante: "Quantas vezes não nos ocorre darmo-nos por satisfeitos com o adjetivo" 'positivista', para designar meio século de produção historiográfica, aquele que vem estacar à soleira dos anos 30?"[79].

E, ao mesmo tempo em que preparava a entrada distinta de sua análise, Bottmann salientava acerca de Capistrano que: É usual ser considerado, juntamente com a historiografia brasileira da segunda metade do século 19 até as primeiras décadas do século 20, um positivista. Ilustrativos a respeito são os comentários de E. O. França, Carlos G. Mota e Emília Viotti da Costa"[80].

E de fato, se nos primeiros textos que elaborou, próximos à sua chegada ao Rio de Janeiro, o próprio Capistrano se manifestava como adepto de um tipo de orientação teórica relacionada a

Spencer, Buckle ou Comte, o mesmo não se depreende de todo o restante de sua produção. A utilização diferencial da correspondência de Capistrano, seria o suficiente para a percepção de que suas certezas teóricas se alternavam, terminando por permitirem a chegada a um relativismo mais amplo. Num sentido, por optarem por operar o estudo da obra de Capistrano tão somente pelos textos que publicou em vida, tais autores – que classificaram Capistrano, como positivista ou determinista – abandonaram toda a rica possibilidade de acesso aos aspectos existenciais do historiador. Ao seguirem essa orientação, a obra de Capistrano pode ser tratada de uma forma mais objetiva, o que permitiu que fosse situada dentro de um contexto lógico. No entanto, por não investirem nos aspectos mais privados, apresentados com generosidade pelas cartas de Capistrano, essas leituras terminaram por transparecer uma certa superficialidade ao emitirem juízos categóricos, sem ao menos ponderar todas as possibilidades apresentadas pelas fontes acerca da vida e obra do historiador.

E esses riscos já eram apontados por Pedro Moacyr Campos em 1961, no texto a que já nos referimos. Retomando a discussão historiográfica que visava demarcar as influências teóricas afeitas a Capistrano de Abreu, o historiador tratou, numa outra direção, de indicar as "dificuldades para a determinação das diferentes influências a que esteve submetido Capistrano"[81]. E, nessa investida, Moacyr Campos asseverou que algumas tendências – estrita verificação de fontes ou a pesquisa das relações do homem com o meio – circulavam pelo campo das idéias brasileiras desde fins do século XIX, pertencendo "ao domínio comum dos especialistas do Ocidente"[82]. Mas, o que nos parece mais importante na nossa discussão, Moacyr Campos sinalizou a quase impossibilidade de se pesar essas questões, partindo tão só e unicamente dos textos que Capistrano publicou em vida. Para o historiador,

> (...) suas obras não se prestam a permitir uma avaliação do grau das influências; na maioria, não se publicaram em forma de volumes durante

sua vida, mas sim esparsamente, como artigos, críticas, introduções a trabalhos de outros autores etc. Significa isto a ausência do prefácio em seus livros, que, reunidos após sua morte, viram-se privados de uma explicação concernente às linhas mestras do autor ao compor o seu trabalho"[83].

E, ao se remeter à correspondência de Capistrano de Abreu como a fonte que, por excelência, poderia fornecer tais subsídios, Moacyr Campos arrematou: (...) a sua leitura leva-nos a concluir, de fato, pela inexistência de qualquer preconceito de ordem cultural, ou de uma influência exclusiva de algum autor ou país em qualquer momento de sua vida. No que toca à atividade intelectual, jamais pecou pela unilateralidade"[84].

De fato, aqueles que se detiveram na obra de Capistrano com o objetivo de inseri-la no interior de uma corrente historiográfica bem definida, poderiam ter chegado a outras conclusões, se tivessem tomado a correspondência do historiador como uma fonte de primeira grandeza. O material epistolar de Capistrano fornece elementos para que pensemos sua produção a partir de um ponto de vista mais pessoal e relativista. Em última instância, ao estabelecer considerações críticas para com o que já havia sido produzido em história pela geração que o antecedeu e, ao remeter para o horizonte do que estava por fazer – elementos fartamente contemplados pelas cartas do historiador –, as considerações de Capistrano de Abreu são passíveis de serem tratadas como completas. Ou seja, deixamos de ver a obra de Capistrano como uma expectativa – como se tratasse um historiador marcado pela insuficiência – e passamos a vê-la de uma forma integral, no momento em que nos detemos naquilo que a correspondência oferece. E um aprofundamento nas cartas de Capistrano sinalizaria uma série de informações, inclusive historiográficas e metodológicas, que não foram contempladas pelos textos que o historiador publicava.

Essa percepção já era constatada pelo professor Pedro Moacyr Campos, no texto já citado, em que abordava a historiografia brasileira. Pela ótica de Moacyr Campos, muitos dos estudos históricos realizados por historiadores que foram contemporâneos a Capistrano, de fato, não primaram por estabelecer um tratamento crítico diferenciado. Nesse sentido, as obras históricas do Barão de Rio Branco, de Joaquim Nabuco, de Oliveira Lima ou de Pandiá Calógeras, por exemplo, valeram-se da aplicação de teorias européias como meio de se aprofundar ou compreender a história do Brasil. Mas, ainda na visão de Campos, era por isso que deveríamos voltar a Capistrano,

> (...) a fim de passarmos à nova etapa dos estudos de história do Brasil: ao esforço, agora de final ruptura do isolamento no campo histórico, de se atingir aquilo que – com as reservas exigidas por tal expressão – correspondesse mais de perto a uma realidade histórica brasileira, de abrir a possibilidade de sua pesquisa a mais amplas camadas da população. É o que nos leva à liquidação da progênie de Rocha Pita, ao movimento modernista e à fundação da Universidade[85].

Ou seja, da maneira que compreendemos as considerações de Pedro Moacyr Campos, não se tratava de se buscar em Capistrano – em estado de potência, uma orientação de estudos em história que somente viesse a se estabelecer na sua posteridade. Pelas preocupações teórico-metodológicas sinalizadas pelo historiador cearense, a reorientação das análises de história do Brasil já estava consumada. Por isso, para Campos,

> Capistrano, o historiador, que somente poderia atingir o nível característico de sua obra através da maior identificação possível com a realidade brasileira, cuja visão do passado se alicerçava no contato vivo, consciente e ininterrupto com o mundo seu contemporâneo, presta-se melhor do que ninguém, a ilustrar a passagem para uma nova fase, em cujo âmbito os estudos históricos passariam por uma total renovação. Referimo-nos àquilo que, na falta de uma expressão mais justa, tem sido designado pelo nome de Modernismo[86].

E, o que também enfatizamos nas referências de Pedro Moacyr Campos, foi o fato de salientar a interlocução privada de Capistrano como meio de se perceber que já era evidente a reformulação historiográfica apresentada pelo historiador. Assim, para Campos: "Mais uma vez invocamos a correspondência de Capistrano. Revelam-nos as cartas o zelo de compreensão do Brasil, tal como é, e não como se desejaria que fosse"[87].

A mesma impressão, quanto ao fato da obra de Capistrano sinalizar uma reformulação no campo dos estudos históricos, foi apresentada pelos historiadores Alice Canabrava e Fernando Novais. Ambos os pesquisadores observaram que as investidas de Capistrano de Abreu no campo da historiografia sinalizavam uma transformação perante aquilo que até então era feito. Percebendo e apontando a contribuição de Capistrano para com a história do Brasil, Alice Canabrava[88], por exemplo, enumerou qualidades que iam do correto acesso às fontes, até o uso inovador da geografia, do ponto de vista humano. Manifestando conhecimento e consideração pela correspondência de Capistrano de Abreu, a autora utilizou-a no sentido de demonstrar a erudição do historiador cearense, conhecedor de teóricos das ciências sociais e de geografia do período em que viveu. Para Alice Canabrava,

> Na cronologia de sua vida, João Capistrano de Abreu se coloca entre duas concepções de História: a História como narrativa do empírico, dentro do juízo moral, que tem em Varnhagen, no Brasil, seu representante máximo, e a História no quadro das ciências sociais, numa dimensão nova, segundo o caminho apontado em 1900 por Henri Berr. O grande historiador cearense tem a significação de um elo entre essas duas gerações[89].

De uma maneira semelhante e constatando a importância dos trabalhos de Capistrano de Abreu, no deparamos com as considerações do historiador Fernando Novais. No Prefácio à edição norte-americana dos *Capítulos de História Colonial*[90], Novais recuperou o percurso de trabalho de Capistrano, bem como salientou os seus grandes feitos como historiador. Distinguiu sua obra daquela preconizada pelo IHGB e ao mesmo tempo, aproximou-a da que seria elaborada pela geração de 30 – personificada em Sérgio Buarque de Hollanda, Caio Prado e Gilberto Freyre, por um lado, e na fundação da Universidade de São Paulo, por outro. Para Fernando Novais, o distanciamento de Capistrano para com Varnhagen já se apresentava nas críticas que fez ao historiador sorocabano, quando da publicação do necrológio de Varnhagen[91]. Evidenciando essas distinções, ao mesmo tempo em que apontando a reorientação da historiografia dirigida por Capistrano, Novais indicava que: "Abreu did not merely suggest different themes; he argued for transcending sectional history in favor of global history, for going beyond purely narrative history, and writing history that, while still narrative, would also be explanatory or, at least, comprehensive"[92].

E, por entender que Capistrano inaugurava um novo momento na historiografia brasileira, Fernando Novais apontava que: "Abreu cleared the way for what might be called modern Brazilian historiography, which began in the 1930s"[93].

Guardando proximidade com as colocações de Pedro Moacyr Campos, Fernando Novais também compreendia que a obra de Capistrano já trazia muitos elementos concernentes a uma renovação dos estudos de história do Brasil. E deixando de ver nos trabalhos do historiador, uma proximidade para com a linha historiográfica de cunho positivista, Novais finalizava indicando que: "Capistrano de Abreu built a bridge between the first (IHGB) and third (university) phases of Brazilian historiography. His bridge precluded a break in continuity. This is the meaning of his work and his activity in all its grandeur and in all its short-comings"[94].

Nesse conjunto de citações e referências, é necessário que se perceba que esses historiadores que reputaram a obra de Capistrano, alguns agregando e enfatizando a correspondência do cearense, outros não, o fizeram a partir de um tratamento específico. Ou seja, partiram daquilo que o corpo da produção de Capistrano poderia autorizar à interpretação. Em outras palavras, não buscaram classificá-lo como um historiador *proto-moderno*, possuidor em latência de todo um repertório que somente viria a florescer na sua posteridade. Essa preocupação também nos orientou na busca pela compreensão da obra de Capistrano através daquilo que ela própria ofereceu. É nesse sentido expresso que valorizamos as contribuições de Moacyr Campos, de Alice Canabrava e de Fernando Novais.

Finalmente, os biógrafos e analistas da obra de Capistrano de Abreu costumam mencionar os estudos etnográficos e lingüísticos realizados pelo historiador em torno de duas tribos indígenas, os bacairis e os kaxinawás. No entanto, não observamos em nenhum momento, um aprofundamento nesse tipo de trabalho realizado por Capistrano. As menções vinham freqüentemente associadas a um gosto, uma preocupação ou uma inclinação do historiador para com os estudos indigenistas. No mais das vezes, não observamos a existência de análises mais profundas que buscassem, por exemplo, inquirir-se acerca dos motivos que teriam levado Capistrano rumo a tal investida[95]. Essa lacuna chega a ser alarmante, na medida em que um dos três únicos livros publicados pelo autor em vida, se remeteu diretamente ao estudo da cultura e da língua kaxinawá. Quanto aos bacairis, se somente houve um único texto publicado na *Revista Brasileira* de 1895[96], a correspondência do historiador indicava que Capistrano teria, ao menos, se dedicado por 23 anos de sua vida no estudo dessa tribo. Seja pelo fato de ser um tema exótico aos olhos da historiografia, ou por não ter havido uma entrada profícua no teor das cartas enviadas por Capistrano, podemos dizer que a reação posterior aos estudos lingüísticos de Capistrano, em muito se assemelhou àquela que o autor percebeu em vida, ou seja, não contaram com interesse dos estudiosos em história.

E, mais do que se deterem no estudo objetivo dos resultados dos trabalhos de Capistrano sobre as línguas indígenas, os analistas da obra do historiador, poderiam ter se perguntado sobre os motivos que o levaram rumo à semelhante empreitada, que lhe consumiu anos de estudo e mínimos retornos de publicação. Essa orientação de

Capistrano, em direção a um trabalho que contaria com poucos interlocutores e, no mais das vezes, com a ausência de editores, poderia fornecer elementos que dessem conta, inclusive, da tão mencionada expectativa de que o historiador viesse a publicar uma grande obra de história do Brasil. E, salientamos, não se trataria de simplesmente atestar que Capistrano não teve tempo para se dedicar à história do Brasil, por conta de se devotar anos a fio, ao estudo da cultura indígena. O que enfatizamos aqui é que, ao se mover obsessivamente em direção aos estudos etnográficos, Capistrano pode ter reagido frente àquilo que dele se esperava, na atmosfera intelectual da época em que viveu. Talvez Capistrano desejasse escrever uma história do Brasil, mas seu empenho nos estudos etnográficos – onde se sentia a vontade – pode significar que não a realizaria dentro daquele contexto de idéias, apresentado pelo circuito intelectual que o circundava.

Uma vez que apontamos o que entendemos ser os limites existentes em muitos textos que buscaram vistoriar a vida e obra de Capistrano, é chegado o momento de apresentarmos a maneira pela qual o presente trabalho foi orientado. Pelas considerações que realizamos até agora, pode-se perceber que a correspondência de Capistrano de Abreu foi tratada aqui como a principal fonte de acesso, tanto à vida quanto à produção do historiador. Mais do que isso, operando conjuntamente com os textos que Capistrano publicou em vida, bem como com toda a série de expectativas que existiam em torno de uma propalada elaboração de uma vultosa obra de história do Brasil, passamos a nos deter na correspondência como meio de observação de um deslocamento por parte do historiador. Tomamos, então, a prática obsessiva da escrita de missivas, como decorrente de uma insatisfação de Capistrano para com o meio intelectual do qual fazia parte. Acreditamos, então, que o exercício epistolar de Capistrano se configurou como uma resposta privada – subjetiva – frente a um impedimento que se deu na esfera pública. Nas cartas, nos detivemos nos vários elementos que concerniam à sua estranheza para com o estado de coisas de sua época. Mas, pelo volume de considerações ácidas para com as práticas de conhecimento, para com vários intelectuais de seu tempo e, finalmente, para com as instituições que se relacionavam à formalização do saber histórico, percebemos que Capistrano canalizava suas angústias no próprio exercício epistolar.

Não nos distanciamos do uso da correspondência que fizeram alguns historiadores no sentido de se perscrutar os elementos atinentes ao campo da "sociabilidade intelectual"[97]. Michel Trebitsch, por exemplo, reputou a correspondência como um instrumento de grande importância numa orientação de estudo que visasse dar conta das dimensões mais privadas do circuito intelectual. No estudo que realizou sobre a correspondência travada entre Henri Lefebvre e Norbert Guterman, dois notáveis intelectuais franceses, o pesquisador apontou o seguinte:

> Les correspondances peuvent être un instrument majeur d'aproche des sociabilités intelectuelles pour au moins trois raisons. En premier lieu, elles sont une des rares sources écrites sur un mode de relation sociales dominé par la parole et l'oralité. En second lieu, elles ont un statut de récit personnel proche de l'autobiographie ou du journal intime et différent des textes destinés à la publication, ce qui leur confère un contrat d'authenticité en vertu duquel l'arriére-texte a pour fonction d'expliquer ce qui est à l'avant-scene, l'intime de rendre compte de l'exprimé. Enfin, elles constituent par elles-mêmes un lieu de sociabilité, lieu "privé" certes, par opposition à des lieux "publics" comme les revues, les coloques ou les manifestes, mais aussi lieu d'échange, non seulement entre des personnes, mais entre des comportements individuels et des règles imposées de l'exterieiur, codes sociaux ou normes d'ecritures"[98].

De fato, a correspondência, via de regra, se qualifica como um documento de ordem privada, onde os missivistas emitem juízos que nunca tornariam públicos[99]. Este foi o caso das cartas enviadas por Capistrano de Abreu, na medida em que acompanhamos uma série de alusões – às personalidades, instituições, à sociedade etc. – que não são encontradas em nenhum dos textos que publicou em vida. E foi nesse sentido, que o aprofundamento nesse material, pôde lançar luz sobre uma ampla gama de dúvidas, percebidas por aqueles que se detiveram somente nas manifestações públicas do historiador. Além do mais, o cotejamento entre essas diferentes fontes nos contemplou com a reflexão sobre os motivos que teriam levado o missivista a se sentir mais à vontade em um meio privado – cartas – e não no público – jornais, revistas, livros, conferências etc.

Mas, mesmo que de foro reservado e quase íntimo, as cartas se constituem, como apontou Trebitsch, um *espaço de troca*, onde podemos nos aproximar de uma série de alusões, na maioria das vezes, não contempladas nos espaços públicos existentes – ou por não existirem em profusão, ou por restringirem as possibilidades de reflexão. Fazendo as vezes dos meios públicos de divulgação de conhecimento, a correspondência entre intelectuais pode nos remeter a todo um conjunto de considerações que não seriam encontradas em nenhum outro tipo de reflexão elaborada pelo missivista. A correspondência de Capistrano de Abreu se ajusta perfeitamente a essas colocações, o que pode ser percebido pela maneira com que dela se serviu.

As preocupações de Trebitsch também nos foram úteis para que refletíssemos sobre o tratamento a ser destinado para com a correspondência de Capistrano de Abreu. E, por discordarmos da maneira com que esse material vinha sendo tomado pelos analistas que nos antecederam, buscamos elaborar uma nova orientação de acesso às cartas. Percebemos, então, que para a maioria dos casos, senão a totalidade, a correspondência de Capistrano era apenas e tão somente tomada como fonte de estudo, no sentido estrito da acepção. E foi nesse sentido, que as considerações de Trebitsch nos foram mais úteis. Para o autor, se a correspondência tem a sua importância como fonte, inclusive pelo fato de serem relatos escritos, elas também se configuram como um *espaço de sociabilidade*. Trata-se de um meio privado de troca, em oposição aos públicos – revistas, livros, colóquios etc. É assim que, para Trebitsch:

Ce double statut de source et d'objet d'étude est d'ailleurs une difficulté. Dans la mesure où la correspondance est par elle-même acte de sociabilité, elle entre, comme le montre Roger Chartier, dans une pratique sociale plus vaste et, loin d'être du seul ordre du privé, elle tend au contraire à faire s'interpénétrer la sphére privée et la sphére publique[100].

De fato, concebemos dois planos de tratamento para a correspondência de Capistrano de Abreu. No primeiro – a correspondência como objeto de estudo –, procuramos observar os motivos que teriam levado Capistrano ao próprio exercício da escrita de cartas. Nesse sentido, tomamos as cartas de Capistrano como um dos resultados de sua aspiração por conhecimento e como um meio de exposição daquilo que pesquisava, uma vez que, além dos aspectos subjetivos, a correspondência também contemplava objetivamente os próprios métodos de trabalho do historiador. Ao nosso ver, essa chegada à correspondência de Capistrano tornou-se o grande diferencial para com todos os outros analistas que se detiveram sobre a produção do historiador cearense. Não nos servimos de suas cartas tão somente como fornecedoras de respostas para uma expectativa não cumprida. Procuramos nos questionar se a prática obsessiva da escrita de cartas – meio privado – não simulava um deslocamento frente ao universo público. Enfatizamos a pergunta sobre os motivos que teriam levado o historiador a escrever uma tão robusta correspondência, e limitamos a expectativa na direção de saber por que não escreveu uma grande e copiosa obra pública.

No segundo plano de tratamento das cartas – a correspondência como fonte de estudo –, buscamos operar com as informações que ela apresentava com profusão. E, ao nos encaminharmos nessa direção, encontramos elementos que permitiram conceber os interesses de pesquisa, os métodos de trabalho, as dificuldades apresentadas pelo historiador. O trabalho analítico da correspondência nos permitiu a aproximação à personalidade do historiador, o que enriqueceu o debate acerca de alguns dos dilemas apresentados pela tradição historiográfica que se debruçou sobre o historiador. Essa forma de trabalho – com as informações apresentadas pelas cartas –, não se diferenciou daquilo que já foi operado pelos estudos anteriores. De uma forma geral, é o que tem sido feito desde o momento em que as primeiras cartas enviadas por Capistrano foram publicadas. No entanto, como estabelecemos chegadas distintas de interpretação para algumas questões dirigidas para a vida e obra do historiador, tratamos de uma forma diferente as informações a que tivemos acesso. Assim, para cercarmos o tema da "pequena produção pública" de Capistrano, importou-nos mais perceber as dificuldades e angústias subjetivas contempladas com generosidade pela correspondência. Essa chegada às fontes, valeu-se em muito do fato de não pensarmos na elaboração de uma obra apologética ou engrandecedora dos feitos do historiador. Dessa forma, as informações objetivas emitidas pelo próprio Capistrano, e que se relacionavam aos motivos de não ter se dedicado à produção de uma monumental história do Brasil, valeram tanto quanto outras, atinentes à sua personalidade e às angústias existenciais mais profundas. Não procuramos encontrar na correspondência, informações que pudessem aplacar tensões – por que Capistrano não produziu tanto?; por que Capistrano não se aproveitou dos meios que lhe facultavam o IHGB?; por que Capistrano não se serviu das amizades que tinha com políticos eminentes, caso de Rio Branco e Pandiá Calógeras?. De forma diferente, a correspondência nos valeu, em muito, pelo fato de permitir uma melhor configuração dessas tensões e, para alguns casos, acreditamos que nos dirigimos para a compreensão desses dilemas.

E essas informações também foram tratadas no interior de um diálogo com a época em que Capistrano de Abreu viveu. Pensamos especialmente nos meios de que dispunha para a realização de seus feitos como historiador e intelectual que foi. Essa orientação de estudo, enriquecida por reflexões acerca do espaço intelectual na época em que viveu o historiador, permitiu que tomássemos a escrita de cartas, por parte de Capistrano, como uma resposta às dificuldades de relacionamento com as poucas editoras, jornais, revistas e instituições de pesquisa existentes no Rio de Janeiro na virada do século XIX para o XX. A percepção desse quadro de rarefação intelectual – os parcos e cifrados espaços públicos viabilizadores da divulgação de conhecimento – permitiu que configurássemos uma época, onde o intelectual tinha um número restrito de possibilidades de interlocução pública. Pensamos, por exemplo, no incipiente circuito editorial que contava com um número reduzidíssimo de pessoas alfabetizadas e dentre estas, um número ainda menor de interessados em adquirir livros. O mesmo poderia ser dito quanto aos jornais ou revistas. Poucos os compravam, as tiragens eram baixas e havia pouco interesse de leitura. Se essa conjuntura pode não ter funcionado como inibidora da produção de muitos intelectuais desse período, pode ser um dos motivos que dêem conta das questões que cercam a pequena produção pública de Capistrano de Abreu.

Procuramos evitar a demarcação mais nítida do contexto intelectual da época de Capistrano de Abreu, para que não passássemos a idéia de que se tratasse de um mercado editorial em estado de gestação. A partir desse princípio, agregamos elementos que concerniam à pratica de pesquisa, produção e divulgação de conhecimento no período de vida de Capistrano. Observamos que havia um grupo que se distinguia pelo fato de se orientar pelas reflexões intelectuais – históricas ou não –, que existiam instituições voltadas para a pesquisa e divulgação de estudos, que os jornais e revistas da época abriam espaço para a publicação de textos referentes à história do Brasil, e enfim, que havia uma demanda pela edição de textos históricos por parte das chamadas tipografias do período. Ou seja, o circuito letrado do qual Capistrano de Abreu fez parte, pode ser definido tangencialmente, tanto pela demanda apresentada pelos canais de divulgação de conhecimento, quanto pelas respostas dadas pelos próprios intelectuais.

Nessa direção de análise, e tomando a exigüidade dos meios de divulgação de conhecimento como um item de importância, a prática incisiva da escrita de cartas ganhou uma nova tessitura, podendo mais uma vez, ser caracterizada pelo deslocamento da produção de Capistrano de Abreu. Notório pelas dificuldades de convívio social e profissional, Capistrano pode ter encontrado na prática de escrita de cartas, uma saída frente às impossibilidades mais amplas que via no diálogo com as instituições divulgadoras de conhecimento que existiam em sua época. Nesse sentido, fato não observado pelos diversos analistas da obra de Capistrano, a compulsão pelas epístolas pode ter correspondido a uma forma de equilíbrio a que tenha chegado o historiador. Na mesma direção, e operando com elementos afeitos à personalidade de Capistrano, procuramos mensurar as dificuldades que manifestava em se expor publicamente, bem como os usos que fazia de um meio essencialmente privado que é a correspondência. E um dos sentimentos que se tem quando se realiza o aprofundamento na sua correspondência, bem como na conjuntura intelectual da época em que o historiador viveu e produziu, pode ser sintetizado em três questões: escrever para quê? Para quem? E de que forma?

Pensada como prática, a correspondência de Capistrano possibilitou a elaboração de um itinerário de perguntas. Por ser um exercício privado, onde os leitores são escolhidos por aquele que escrevia as cartas, caminhamos na direção da reflexão sobre os bloqueios presentes em Capistrano e que o impediam de se declarar de uma forma pública. Nesse sentido, diferentemente da tradição historiográfica que se deteve sobre a obra e vida do historiador, não buscamos elementos que justificassem positiva e objetivamente o fato de Capistrano não ter escrito uma grande obra. Mas sim, vistoriamos os motivos pelos quais o historiador se sentia impedido de "se soltar" de uma forma pública. Assim, procuramos perceber a maneira específica que Capistrano ajuizava o seu meio, a sua ambiência intelectual. E, no sentido de nos distanciarmos de nosso objeto de pesquisa, questionamo-nos se a forma que Capistrano via o seu meio intelectual vinha como resposta a uma inadequação ou se era uma justificativa frente a uma dificuldade intransponível. Ou seja, Capistrano de Abreu foi um crítico mordaz de sua época, do ponto de vista privado, por não aceitá-la, ou essa atitude tratou-se apenas de uma reação inconsciente frente a uma dificuldade de origem, um bloqueio?

Para que pudéssemos circundar esses temas, operamos uma reflexão sobre algumas correspondências específicas de Capistrano de Abreu. Optamos por aquelas onde o historiador se mostrava com mais franqueza e que fazia alusões a um espectro maior de considerações, fosse aos trabalhos que realizava, às suas angústias, ou às dificuldades pessoais. Dessa forma, dentre os correspondentes mais significativos, aqueles para os quais Capistrano se remeteu repetidas vezes, fosse aos trabalhos que estava realizando, aos métodos que utilizava, à orientação de trabalhos de pesquisa ou às questões de ordem pessoal, destacaram-se para nós João Lúcio de Azevedo[101], Paulo Prado[102], Mário de Alencar[103] e Afonso de Taunay[104]. Se as cartas enviadas para João Lúcio mereceram uma atenção maior, isto se deveu ao fato de compreenderem vários projetos e aspirações de Capistrano, bem como muitos aspectos de sua vida particular. Demos destaque à correspondência enviada para Paulo Prado igualmente pelo fato de desenvolver um projeto audacioso e comum, o da edição dos textos que compuseram a "Série Eduardo Prado". As cartas enviadas a Mário de Alencar nos expuseram um diferencial quanto à personalidade de Capistrano, na medida em que se apresentou de uma maneira mais fluida, aconselhando o jovem escritor, revendo-se e apresentando suas idiossincrasias. A correspondência mantida com Afonso de Taunay permitiu que nos aproximássemos da interlocução existente entre o historiador experiente e seu ex-aluno.

Finalmente, à medida que estabelecemos um diálogo com os analistas da vida e obra de Capistrano de Abreu, sentimos a necessidade de refletirmos sobre as maneiras pelas quais se deu a própria construção da memória de Capistrano de Abreu. E, a partir do aprofundamento na correspondência do historiador, observamos um hiato entre os pontos de vista dispostos por ele, e aqueles que seriam enfatizados por futuros analistas de sua vida e obra. Como as citações das cartas do historiador demonstravam, Capistrano não guardava consideração pelo tipo de trabalho conduzido pelos participantes do Instituto Histórico e Geográfico Brasileiro (IHGB); era profundamente crítico para com a sistemática de bajulações que pudesse permitir a elaboração de um trabalho de pesquisa; não aceitava a monumentalização de personagens da história do Brasil; era avesso às comemoração de datas consideradas marcantes para a história do Brasil; era cético quanto à condução política do país.

Em vista desses elementos, causou-nos surpresa o fato de que tivesse sido saudado pelo IHGB – quando do centenário de seu nascimento – como nacionalista e patriota. Ao mesmo tempo, detivemo-nos com atenção no tipo de leitura que muitos analistas da vida do historiador operaram para com os elementos afeitos à personalidade de Capistrano. Como entender que os aspectos mais críticos e tensos, apresentados com volúpia em suas cartas, tivessem se tornado obscuros e que somente se realçassem os elementos mais positivos e equilibrados? E, nessa direção, percebemos que a trajetória de Capistrano de Abreu foi sendo recuperada e gestada pelas hostes intelectuais para as quais o historiador não devotou afinidade. E, por terem aberto mão de um aprofundamento nas cartas de Capistrano – ou por terem triado as informações que lhe interessavam – muitos analistas da vida e obra de Capistrano, terminaram por enfatizar nuanças equivocadas que se apegaram à memória do historiador.

A partir dessas questões, buscamos o estabelecimento de todos os instantes em que uma obra de Capistrano de Abreu foi editada. Essa investida permitiu que percebêssemos que se trataram de apenas dois os grandes editores da obra do historiador: a Sociedade Capistrano de Abreu (fundada em 1927 e extinta em 1969) e José Honório Rodrigues (1913-1987). A leitura das notas introdutórias às publicações póstumas de Capistrano de Abreu ou dos textos que propunham estabelecer uma análise da vida e da obra do historiador possibilitaram a configuração do trabalho desses dois grandes editores responsáveis pela publicação da obra do historiador cearense.

Pareceu-nos que os primeiros editores da obra de Capistrano de Abreu, aqueles que se reuniram na Sociedade que levou o nome do historiador, procuraram avidamente levar ao público um sentimento que era percebido apenas privadamente. Como muitos desses primeiros editores fossem correspondentes de Capistrano, acreditamos que compartilhavam de uma idéia comum, a saber, que o melhor de Capistrano se encontrasse apenas ventilado no interior da privacidade, epistolar ou não. É o que depreendemos da iniciativa da própria fundação da Sociedade Capistrano de Abreu, meses após o falecimento do historiador, que deu início à republicação de todos os textos estabelecidos pelo historiador. E quando caminhávamos na análise dos motivos que teriam levado à formação dessa associação, nos deparamos com algumas relações para com a vida privada de Capistrano de Abreu. Observamos que esses primeiros editores, pela intimidade que os unia a Capistrano, aspiravam pela divulgação de uma série de elementos que entendiam ser amplamente válidos. Como não puderam publicar a correspondência de Capistrano – algo que almejavam no estatuto da Sociedade –, procuraram estabelecer, além das reedições dos livros de Capistrano, uma série de coletâneas que apresentavam os textos do historiador, publicados primeiramente em revistas, jornais ou prefácios de obras já esgotadas. Mesmo que não disposto objetivamente, os participantes da Sociedade Capistrano de Abreu, pareceram desejar continuar uma prática que havia sido estabelecida pela correspondência do historiador cearense, ou seja, tentaram formalizar a rede de pesquisas que se estabeleceu por meio das epístolas de Capistrano.

Mesmo que de forma mais difusa e indireta, a mesma relação subjetiva nos pareceu relacionada às investidas de José Honório Rodrigues. E talvez tenha pesado o fato de ter sido este o historiador que veio a estabelecer, primeiramente, o maior conjunto da correspondência de Capistrano de Abreu. Um leitor especial – um dos primeiros a fazê-lo após os correspondentes diretos do historiador –, operando com os manuscritos, num momento em que as cartas ainda não podiam ser pesquisadas por ninguém, é provável que Honório Rodrigues tenha se deixado levar pela própria intimidade e franqueza presentes nas cartas de Capistrano. Diferentemente dos primeiros editores póstumos de Capistrano de Abreu, o trabalho de Honório Rodrigues não se valeu de uma unanimidade, e observamos com atenção as menções que poderiam significar discordância ou uma própria tensão no que diz respeito à construção da memória de Capistrano de Abreu.

E, à medida que íamos compondo o itinerário das publicações de Capistrano de Abreu, também observamos a importância que vinha sendo conferida à correspondência do historiador. Nesse sentido, as investidas na direção, em primeiro lugar, do acesso às cartas enviadas para João Lúcio de Azevedo e, em segundo, rumo à própria edição das cartas, deixaram entrever o valor que era concedido a esse material. Pareceu-nos que os participantes da Sociedade Capistrano de Abreu, pelo fato de terem sido alguns dos correspondentes de Capistrano, ainda se movimentavam na atmosfera de conhecimento promovida pela prática epistolar do historiador cearense. Já Honório Rodrigues, mostrou-se mais motivado a sair em busca da obra completa de Capistrano, após o contato que teve, ainda como funcionário da Biblioteca Nacional, com a correspondência do historiador. Ou seja, o estudo das práticas de edição dos textos de Capistrano de Abreu – na medida em que contemplou a publicação de sua correspondência – também permitiu a nossa chegada a alguns elementos diferenciais, e que também se remetiam às cartas do historiador. E, importou-nos perceber que tipo de aspectos eram enfatizados nas cartas enviadas pelo historiador, principalmente pelos analistas afeitos à linha mais oficiosa, como aquela preconizada pelo IHGB.

Uma palavra final deve ser dita quanto à forma com que estruturamos nosso texto. Na maioria das citações da correspondência que apresentamos, era natural que Capistrano se remetesse a um ou outro momento de sua vida. Ou seja, quando visávamos comentar um aspecto oferecido por uma carta, deparávamos com menções de Capistrano para aquilo que vinha realizando naquele momento. Por isso, acreditamos que se fizesse necessária a retomada do percurso biográfico do historiador, apontando cronologicamente alguns instantes de sua vida, no mais das vezes, aqueles que o próprio Capistrano nos sinalizou nas suas cartas. Ao apresentarmos esses dados biográficos, buscamos facilitar o acompanhamento das associações que elaboramos a partir da leitura da correspondência de Capistrano. Optamos também, por manter as citações das cartas de Capistrano de Abreu, da mesma maneira que foram editadas por José Honório Rodrigues, ou seja, não operamos qualquer tipo de correção ortográfica.

2. O "lobo da estepe"

Aspectos da vida de Capistrano de Abreu

Minhas aspirações, depois de cinqüenta anos de Rio – cheguei aqui a 25 de abril de 1875 – reduzem-se a morrer sem escândalo, sair do mundo silenciosamente como nele entrei.
Capistrano de Abreu a João Lúcio de Azevedo, em 15 de abril de 1925.[1]

Em 1901, Guilherme Studart, historiador e amigo de Capistrano de Abreu, estava às voltas com uma pesquisa que redundaria no *Dicionário Bio-Bibliográfico Cearense*[2], uma obra que visava dispor a contribuição dos cearenses para a história do Brasil. E foi com essa preocupação que Studart solicitou a Capistrano que apontasse os elementos que compunham a sua biografia. Em carta datada de 18 de agosto de 1901, Capistrano respondia a Studart:

Columinjuba, freguesia de Maranguape. Primeiras letras começadas em escola particular na Ladeira Grande, continuadas no Colégio dos Educandos, sob a direção do Padre Antonio Nogueira de Braveza, concluídas no Ateneu Cearense, onde foi começado o estudo secundário. Em 1860, partida para Pernambuco, onde foram prestados alguns exames. Em meados de 1871, volta para o Ceará, e permanência aí até 1875. Deste tempo: artigos no *Maranguapense*, na *Constituição*, talvez na *Fraternidade*. Abril de 1875, partida para o Rio de Janeiro – artigos no *Globo*. Julho de 1879, nomeação de oficial da Biblioteca Nacional, colaboração no catálogo da Exposição de História. Colaboração na *Gazeta de Notícias*, durante anos seguidos. 1883, nomeação por concurso, como também na Biblioteca Nacional, para lente de Corografia e História do Brasil do I. C. D. Pedro 2º.[3]

Capistrano então relatava o que tinha realizado como tradutor, os textos que estabelecera e as análises sobre os assuntos relacionados à história do Brasil. Após concluir um parágrafo em que expunha o rol de sua produção, Capistrano se remetia ao *Livro do Centenário*[4], obra onde tinha sido encarregado de realizar um texto sobre o descobrimento do Brasil. A esse respeito, distanciando-se do relatório que terminou por realizar, o historiador disse que: "Escreveu a primeira parte; mas não está disposto a escrever o resto, porque não lhe pagaram"[5].

Na mesma direção de afrouxamento frente aos dados que dispunha ao amigo e conterrâneo, Capistrano adicionava: "Não quis fazer parte da Academia Brasileira, e é avesso a qualquer sociedade, por já achar demais a humana. Por exceção única pertence ao Instituto, do qual pretende demitir-se em tempo, se não morrer repentinamente"[6].

Como deve ter percebido a inconveniência desses últimos comentários, Capistrano resolveu-se a alertar Studart acerca de algumas restrições:

> Pode aproveitar dela [da biografia que mandou] o que lhe convier para o Dicionário de Cearenses, mas não a transcreva integralmente, porque não a fiz para este fim. De repente, vieram-me saudades suas e comecei a escrever-lhe intimamente, como se estivéssemos entre *quatre yeux*, e não houvesse gente à escuta[7].

Finalmente, como se houvesse dúvida sobre alguma informação que Capistrano tivesse passado à Guilherme Studart, o historiador voltou ao assunto numa nova carta datada de 2 de janeiro de 1906. Capistrano retomava os livros que havia traduzido, bem como relacionava os trabalhos originais que tinha feito. Ao final, aparentemente cansado de tanto falar de si, Capistrano dizia: "Basta de informações. Se és meu amigo, peço-te poupes os epítetos. Se soubesses como os achamos ridículos aqui e como aproveitarão para dar-me um trote..."[8].

A atitude de Capistrano perante o pedido de Studart, nos permite uma introdução aos problemas que cercam a elaboração de uma biografia. Tratar-se-ia da simples exposição de uma lista de feitos? E o que deveria constar? Somente os dados mais objetivos? Mas, se desejamos nos aproximar da personalidade de Capistrano, não afeita aos elogios e bajulações, aqueles comentários que pediu que não fossem transcritos se tornam muito valiosos. E qual seria o tom a ser impresso na biografia de Capistrano de Abreu? O que se desejaria lançar luz e o que permaneceria obscuro?

É seguramente nesse sentido, que a recuperação de um percurso biográfico esbarra em dificuldades por vezes intransponíveis. Em primeiro lugar, nos deparamos com a necessidade de escolha daquilo que deve compor o relato dos feitos do biografado. Em segundo lugar, nos ocorre a impossibilidade de se cercar esses feitos com um número razoável de fontes que atestem verossimilhança.

O primeiro problema nos parece o mais terrível, uma vez que uma opção específica dos acontecimentos relacionados ao sujeito da biografia, termina inevitavelmente por inseri-lo dentro de um contexto lógico, que pressupõe um ponto de partida e outro de chegada. Assim, mesmo que evidentemente não imaginasse o seu percurso, o biografado surge como alguém predestinado ao fim que chegou. Nesse sentido, é importante a contribuição de Giovanni Levi, quando colocava a questão: "Pode-se escrever a vida de um indivíduo?"[9]. Preocupado, então, em cercar o tema, Levi apontava que:

> Em muitos casos, as distorções mais gritantes [observadas nas biografias] se devem ao fato de que nós, como historiadores, imaginamos que os atores históricos obedecem a um modelo de racionalidade anacrônico e limitado. Seguindo uma tradição biográfica estabelecida e a própria retórica de nossa disciplina, contentamo-nos com modelos que associam uma cronologia ordenada, uma personalidade coerente e estável, ações sem inércia e decisões sem incertezas[10].

Um tanto próximo desse viés de abordagem, estão as colocações de Pierre Bourdieu que também se deteve no assunto[11]. Recuperando aspectos relacionados às tentativas de se escrever uma biografia, Bourdieu enumerava palavras que estariam associadas a essa prática:

> Uma vida, uma vida é inseparavelmente o conjunto dos acontecimentos de uma existência individual concebida como uma história e o relato dessa história. É exatamente o que diz o senso comum, isto é, a linguagem simples, que descreve a vida como um caminho, uma estrada, uma carreira, com suas encruzilhadas (Hércules entre o vício e a virtude), seus ardis, até mesmo suas emboscadas (Jules Romains fala das "sucessivas emboscadas dos concursos e dos exames"), ou como um encaminhamento, isto é, um caminho que percorremos e que deve ser percorrido, um trajeto, uma corrida, um *cursus*, uma passagem, uma viagem, um percurso orientado, um deslocamento linear, unidirecional (a "mobilidade"), que tem começo ("uma estréia na vida"), etapas e um fim, no duplo sentido, de término e de finalidade ("ele fará seu caminho" significa ele terá êxito, fará uma bela carreira), um fim da história[12].

A menção ao vocabulário afeito à filosofia da história – deslocamento linear, percurso, trajeto, fim da história –, certamente permite que nos aproximemos das dificuldades apresentadas pelos relatos biográficos. Como não se ter a impressão de que a recuperação da trajetória de uma personagem, não termine por esbarrar num tipo de teleologia? E, mais ainda: por que os relatos biográficos passam uma idéia de processo coerente, predestinado? Quantas foram as vezes que nos deparamos com textos onde o biografado apenas aparecia como títere de uma série de eventos, que terminariam por conduzi-lo ao ponto que ansiava inconscientemente?

Apesar de se distinguirem quanto aos instrumentos de análise e conceitos que utilizaram, Levi e Bourdieu chegaram a uma conclusão semelhante, quando entenderam que a possibilidade da prática biográfica residia na recuperação do contexto em que viveu o biografado. Tanto para um autor como para o outro, a retomada da época de vida da personagem em questão, depende de um grande número de variantes que se colocam sobre questões de difícil exploração. Nesse sentido, para Levi,

> Os conflitos de classificações, de distinções, de representações interessam também à influência que o grupo socialmente solidário exerce sobre cada um dos membros que o compõe, além de revelarem as margens de liberdade e de coação dentro das quais se constituem e funcionam as formas de solidariedade[13].

Semelhante situação foi colocada por Bourdieu, que via a possibilidade da recuperação biográfica, na medida em que se operasse rumo ao conhecimento de todo um espectro de elementos, afeitos ao campo[14] a que se remetia o biografado. Para Bourdieu,

> A necessidade desse desvio pela construção do espaço parece tão evidente quando é anunciada – quem pensaria em evocar uma viagem sem ter uma idéia da paisagem na qual ela se realiza? – que seria difícil compreender que não se tenha imposto de imediato a todos os pesquisadores, se não soubéssemos que o indivíduo, a pessoa, o eu, "o mais insubstituível dos seres", como dizia Gide, para o qual nos conduz irresistivelmente uma pulsão narcísica socialmente reforçada, é também a mais real, em aparência, das realidades, o *ens realissimum*, imediatamente entregue à nossa intuição fascinada, *intuitus personae*[15].

Aceitando essas considerações como explanação de uma possibilidade de concepção de uma biografia, somos remetidos à compreensão de que isso ainda não foi operado para com Capistrano de Abreu. Os textos que se voltaram para a recuperação de sua vida, valeram-se de uma orientação teleológica. Monumentalizado em vida, Capistrano de Abreu teve seus feitos narrados pelos biógrafos no sentido da exploração de suas qualidades mais positivas. Não se percebeu a preocupação de se operar analiticamente com o meio em que viveu, observando aí as permanências, as rupturas, ou os limites dos juízos emitidos para com a vida de Capistrano. Desde sempre, ele foi tomado como um historiador, apesar de ter se detido, por muitos anos de sua vida, no estudo das línguas e costumes indígenas. Suas contribuições para com a geografia – traduziu obras de geógrafos e orientou análises que vinculavam a geografia à história –, foram costumeiramente tratadas como uma tentativa de melhorar os conhecimentos históricos, valendo-se de uma "ciência auxiliar". O pessimismo do historiador, aspecto enfatizado nas biografias, foi normalmente associado aos seus percalços familiares, consubstanciados na perda da esposa e filhos. Finalmente, as biografias do historiador não se aprofundaram em toda a série de dificuldades relacionadas às investidas rumo aos estudos indígenas. E essa falta pode ser explicada pelo fato de os biógrafos de Capistrano não se deterem no aprofundamento dos aspectos oferecidos pela sua correspondência. Diga-se, nessa direção, que não há menção nas biografias para com esse exercício obsessivo do historiador, que foi o de se dedicar à escrita de cartas.

Por sua vez, as biografias de Capistrano são fartas em elementos que dizem respeito à sua aparência física, seu desalinho, bem como citam um bom número de anedotas relacionadas ao historiador. Rodrigo Otávio Filho, por exemplo, que conheceu pessoalmente Capistrano de Abreu, assim se referia ao historiador:

> Mais gordo do que magro, nem alto, nem baixo, mal vestido, dando a impressão de que o paletó e as calças lhe despencavam pelo corpo; uma gravata preta de laço feito, esfiapada a ultrapassar o colarinho; barba crescida, esgrouviada, e a cabeleira com evidente saudade de um pente e da tesoura de um fígaro amigo; sério e sorridente ao mesmo tempo, falava baixo e sonora era a sua voz; dois olhos pequenos, semicerrados, também olhavam com enternecimento e candura[16].

Barbosa Lima Sobrinho, era outro a comentar a aparência de Capistrano de Abreu:

Mas é preciso considerar que o que Capistrano de Abreu detestava não era o convívio humano, mas sim o cerimonial das entidades mais ou menos solenes, as convenções e o ritual da vida associativa. E vamos convir em que tinha, para isso, razões atendíveis. Se, apesar de toda a despreocupação de seu vestuário e da desordem de sua vida, como já se observou, o grotesco não o atingiu, qual teria sido, porém, o efeito de sua presença em ambientes adversos a essa liberdade de indumentária? Quem consegue imaginá-lo de fardão acadêmico, com chapéu de dois bicos e o espadim de punho de madrepérola?[17]

Quanto ao anedotário, basta dizer que eram muitas e diversas as histórias que se contaram acerca de Capistrano de Abreu. Costumeiramente jocosas, por vezes contando com um ataque implícito ao procedimento incomum do historiador, as anedotas também apareceram normalmente sem que se saiba suas origens. Afeitas à apresentação do historiador, às dificuldades de convívio social ou ao seu estilo de trabalho, as "histórias" sobre Capistrano de Abreu se acumulavam nos textos elaborados sobre a sua vida. Para se ter uma idéia, nos onze textos que compuseram o "Curso Capistrano de Abreu", promovido pelo IHGB com a intenção de se comemorar o centenário do nascimento do historiador, observou-se que pelo menos quatro fizeram menções diretas ao anedotário existente em torno de Capistrano de Abreu.

E se muitos foram os estudos sobre a época em que viveu Capistrano de Abreu, não se notou a existência de um trabalho que tenha se voltado para o cotejamento desses elementos para com a vida do historiador. Parece-nos, então, que as biografias de Capistrano de Abreu guardavam uma proximidade maior com a época em que foram escritas. A recuperação dos aspectos de sua vida se ajustava aos instantes em que se visava comemorar uma efeméride, como se percebeu no caso do centenário de seu falecimento. Assim, não se detendo nos aspectos relacionados ao contexto socio-cultural, os biógrafos terminaram por se remeter ao monumento que se erigiu em torno do historiador quando este ainda se encontrava vivo.

O maior número de biografias de Capistrano de Abreu começou a ser escrito após a morte do historiador, em 1927. E a partir de então, não contando, como no caso daquela apresentada por Studart, com a troca de informações com o próprio biografado, pode-se dizer que caminharam na direção do estabelecimento de um perfil mais apologético do historiador. De uma maneira geral, além do relato dos postos que ocupou e dos textos que estabeleceu ou produziu, os fatos associados à vida de Capistrano eram dispostos na direção do engrandecimento de seu percurso. Caso exemplar nesse sentido, foi o texto de Alba Canizares Nascimento publicado em 1931[18]. Muito provavelmente pelo fato de ter sido escrito proximamente ao falecimento do historiador, o texto se distanciou de qualquer chegada mais ponderada e abalizada. Tratou-se, então, de um exemplo – o primeiro –, de uma biografia apologética, onde Capistrano de Abreu sobressaiu-se como um grande homem.

No mesmo ano de 1931, Tancredo de Paiva, um antigo alfarrabista fluminense conhecido pelo historiador cearense, apresentava uma bibliografia de Capistrano de Abreu[19]. Nesse caso específico, o autor dispôs a produção de Capistrano e estabeleceu os textos dos autores que se remeteram à vida e obra do historiador. Tancredo de Paiva não emitiu nenhum juízo ou comentário sobre Capistrano de Abreu. O mesmo não pode ser dito acerca de um trabalho semelhante, a *Bibliografia de Capistrano de Abreu*, da lavra de Januário Pinto do Carmo, publicada no ano de 1942[20]. Nesse caso, uma introdução biográfica antecedia ao relato dos textos relacionados ao historiador cearense. Os principais momentos de sua vida foram retomados, sendo que Pinto do Carmo também se remeteu à imagem de Capistrano, no sentido de enfatizar os seus grandes feitos. Ao final dessa introdução, após um relato sumário das obras que Capistrano de Abreu realizou, Pinto do Carmo se referiu a elas apontando que: Equivalem a imenso farol iluminando e indicando o caminho a quantos desejem escrever a história pátria".[21]

O estímulo maior à produção de textos biográficos sobre Capistrano de Abreu deu-se por volta do centenário de seu nascimento. Nesse sentido, os vários autores que fizeram parte do "Curso Capistrano de Abreu", a homenagem capitaneada pelo IHGB no ano de 1953, retomaram vários aspectos da vida do historiador. Pareceu-nos que foi a partir de então, que um novo conjunto de alusões se associou à imagem de Capistrano de Abreu. Além de prosseguirem nos elogios e nas menções aos sucessos de Capistrano, vários autores começaram a dar vasão ao anedotário relacionado ao historiador cearense. Como muitos dos participantes da homenagem tivessem conhecido Capistrano, ou fossem amigos daqueles que o conheceram de uma forma mais privada, percebia-se que muitos casos, às vezes vexatórios, vinham tão somente de uma tradição oral. Assim, era comum que as citações viessem introduzidas por comentários como "um amigo de Capistrano contou", "estava em sua casa quando...", "segundo uma testemunha ocular" etc. Dois textos dessa homenagem se diferenciaram nesse aspecto. Trataram-se daqueles realizados por Barbosa Lima Sobrinho[22] e por José Honório Rodrigues[23]. Em ambos os casos, além de se observar um aprofundamento mais analítico na produção de Capistrano de Abreu, notou-se a ida às cartas de Capistrano como meio de se esclarecer um ou outro aspecto que se relacionava à sua vida. Nessa direção, pelo fato de estar terminando a edição da correspondência de Capistrano de Abreu, sobressaiu-se José Honório Rodrigues.

Caso emblemático de um texto que se apoiou nas anedotas relacionadas a Capistrano de Abreu foi o livro de Raimundo de Menezes. Intitulado *Capistrano de Abreu: um homem que estudou*[24], a obra de Menezes alinhava uma série de casos onde a figura de Capistrano era relacionada ao cômico. Talvez pelo fato de desconhecer a origem desses relatos orais, ou por não ter preocupação com a origem dessas falas, Menezes não citou as fontes utilizadas. Através do texto de Menezes, tomava-se contato com alusões que iam do descuido de Capistrano para com a sua apresentação, passando por anedotas que expunham o seu exagerado gosto pelas leituras, além de casos pitorescos relacionados ao seu trabalho com os índios das tribos bacairi e kaxinawá.

Mas o centenário de nascimento de Capistrano, também propiciou a publicação de uma obra que se tornou uma referência biográfica para aqueles que se detiveram na vida de Capistrano de Abreu. O livro *Capistrano de Abreu: vida e obra do grande historiador*[25] publicado em 1953 e escrito por Pedro Gomes de Matos, notabilizou-se pelo fato de introduzir um novo conjunto de fontes que permitiram o acesso aos momentos obscuros da vida de Capistrano de Abreu. De fato, o principal mérito da obra de Gomes de Matos foi ter lançado luz sobre minúcias afeitas à fase em que Capistrano de Abreu ainda se encontrava no Ceará. Conseguindo ter acesso aos documentos que sinalizavam a vida escolar de Capistrano, bem como aos relatos orais que davam conta de elementos relacionados à família do historiador, Gomes de Matos terminou por apresentar fatos que indicavam que Capistrano de Abreu tivera uma vida agitada – ao menos no que se relacionava ao seu comportamento para com as instituições formais de ensino. O péssimo aproveitamento de seus primeiros estudos passou a ser uma informação absorvida pela tradição biográfica que, a partir de então, se deteve na vida de Capistrano de Abreu. Note-se que Gomes de Matos valeu-se de cartas de Capistrano, aspecto em que também foi precursor. Mesmo que o texto de Matos também terminasse por entronizar a figura de Capistrano de Abreu – aliás, como o próprio título deixava bastante claro –, o cuidado com a recuperação de alguns fatos relacionados à vida do historiador, fez com que esse livro inaugurasse uma nova chegada às biografias de Capistrano de Abreu.

Muito próximo dessas aspirações esteve o trabalho de Hélio Vianna[26]. O trabalho fora premiado num concurso destinado a comemorar o primeiro centenário de nascimento de Capistrano de Abreu[27] e foi publicado em 1955. A novidade desse estudo estava no fato de que, além de dispor os textos que compuseram a produção de Capistrano de Abreu, o autor os intermediou com aspectos relacionados à própria vida do historiador. Alem disso, Vianna também deu espaço para comentar a vida de Capistrano com seus principais amigos, a importância de sua correspondência recém-publicada, além de se deter nos questionamentos mais comuns relacionados ao historiador ("por que Capistrano de Abreu não escreveu uma grande obra de história do Brasil", por exemplo). Por ser igualmente um historiador, notava-se uma preocupação maior com o correto estabelecimento dos textos produzidos por Capistrano de Abreu e, de forma semelhante, com os dados relacionados à vida do cearense.

A última das obras voltadas para o estabelecimento daquilo que Capistrano produziu, bem como para a composição de sua biografia, foi publicada em 1969. Era *Capistrano de Abreu: uma tentativa biobibliográfica*[28] de José Aurélio Saraiva Câmara. Demonstrando conhecimento sobre o que até então tivera sido escrito sobre Capistrano, e acrescendo o relato de Sebastião de Abreu, irmão do historiador cearense, Câmara Saraiva terminou por apresentar uma obra que mais se aproximava da objetividade. Ou seja, seu livro diferenciou-se dos anteriores pelo fato de não se destacar pelo uso excessivo de elogios ou adjetivos positivos, associados à figura de Capistrano de Abreu. Afoito e criativo na utilização de fontes, Saraiva buscou aprofundar-se na fase cearense do historiador. Para tanto, operou com a ambiência de época, por exemplo, quando se deteve no período em que Capistrano começou a produzir ainda em Fortaleza. Demonstrou uma inquietação atípica quando procurou associar o gosto de Capistrano pelas redes, ao fato de ter produzido pouco em sua vida. Aprofundando esse aspecto, entendia que o uso freqüente da rede favorecia mais a leitura, uma vez que seria difícil conseguir escrever. Além de se servir fartamente das cartas enviadas ou recebidas por Capistrano de Abreu, um mérito de Câmara também se deve ao fato de ter apresentado uma vivência mais trágica do historiador. Distanciava-se sobremaneira das anedotas e até mesmo das colocações eufemísticas, e apresentava um Capistrano mais relativista.

Recuperado o percurso das biografias escritas sobre Capistrano de Abreu, e a partir dos elementos analíticos apresentados por Giovanni Levi e Pierre Bourdieu, o que dizer sobre as páginas seguintes? Pensamos na recuperação dos elementos mais citados pelas fontes a que tivemos acesso e, nesse sentido, não apresentamos nada de novo perante o que já foi colocado pelos nossos antecessores. Entendemos que a relação cronológica sumária, sem a presença de um texto encadeador, não possibilitaria a introdução de elementos mais difusos. Por sua vez, na medida em que acentuamos um ou outro aspecto atinente à vida de Capistrano, o fizemos como meio de reforçar alguma menção a que tivemos acesso na correspondência do historiador. Corremos o risco de cairmos nas ciladas de nossa própria interpretação, e de termos caminhado para a realização de um texto teleológico, não obstante nossas divergências em em relação a isso.

Buscamos, em última instância, expor a trajetória de Capistrano de Abreu como meio de facilitar as associações dos leitores deste trabalho. Acreditamos que muitas referências de Capistrano em suas cartas, poderiam ser mais bem analisadas a partir do conhecimento dos fatos a que se remete. Dessa forma, optamos por tornar desnecessária a explicação desses fatos quando nos detivermos tão somente na análise da correspondência de Capistrano.

Via de regra, tanto as biografias quanto as análises historiográficas da obra de Capistrano de Abreu costumam apresentá-lo como um dos maiores historiadores do Brasil. Autor de três obras publicadas enquanto vivia – *O descobrimento do Brasil e seu desenvolvimento no século XVI*[29], *Capítulos de História Colonial*[30] e *Rã-txa hu-ni-ku-i – A Língua dos Caxinauás do Rio Ibuaçú, Afluente do Murú (Prefeitura de Tarauacá)*[31] –, Capistrano muito dificilmente não figuraria numa lista em que se pretendesse apontar os três maiores historiadores brasileiros de todos os tempos. E se também fossem relacionadas as obras mais marcantes sobre a história do Brasil, *Capítulos de História Colonial* também seria enfaticamente citado.

Mas, se não se notabilizou pela ampla produção de livros, Capistrano deixou muitos textos em forma de prefácios ou artigos para jornais e revistas. Após sua morte, foram editadas cinco compilações[32] – *Os Caminhos Antigos e Povoamento do Brasil*[33] e as quatro séries dos *Ensaios e Estudos*[34]. Ainda assim, é comum que Capistrano seja tomado como um historiador que pouco produziu. O mesmo não se pode dizer acerca de sua correspondência. Demonstrando uma obsessão, pode-se dizer o historiador tenha erigido uma obra informal nas mais de mil cartas que enviou para vários amigos e colegas, espalhados pelo Brasil e pelo mundo. E se nos preocupássemos somente com a quantidade, diríamos que a produção epistolar de Capistrano, equivale ao volume completo dos escritos que publicou em vida.

Entretanto, se Capistrano foi um historiador de poucos textos ou livros, o mesmo pode-se dizer acerca dos elementos que se reúnem acerca de sua vida. Somos então conduzidos por Brito Broca, quando apontava que mais "facilmente poderemos ter um estudo completo e profundo da obra de Capistrano do que uma biografia definitiva de sua curiosa e estranha figura"[35]. Tratado por Broca como o "Lobo da Estepe", Capistrano angariou para si, uma insigne notoriedade conquistada tanto pelos postos que ocupou – participante da Exposição de História e Geografia do Brasil na Biblioteca Nacional do Rio de Janeiro no ano de 1881, onde era funcionário, professor do Colégio Pedro II, a mais significativa instituição de ensino básico do Segundo Império e redator da *Gazeta de Notícias*, importante jornal da capital do país nas últimas décadas do século XIX – quanto pelos documentos que estabeleceu – dentre outros, a *História do Brasil* de Frei Vicente do Salvador, *Do Princípio e Origem dos Índios do Brasil e de seus Costumes, Adoração e Cerimônias* de Fernão Cardim, e dos *Diálogos das Grandezas do Brasil* de Brandônio. Nestes dois últimos casos, Capistrano encontrou a real identidade dos autores desses textos, como o faria com relação a André João Antonil, concluindo que se tratava do jesuíta toscano, João Antonio Andreoni.

Sobre esse historiador, a partir da leitura de seus biógrafos e comentadores, temos então a expor alguns elementos de sua vida, ao menos para que se possa recuperar parcialmente o seu percurso, neste trabalho que pretendeu se deter, especificamente, na correspondência que Capistrano deixou.

* * *

"Averte oculos meus ne videant vanitatem, Domine!" "Afastai meus olhos da vaidade, Senhor!"[36], era um dos salmos presentes para o dia 27 de outubro na edição do Flos Sanctorum, livro que trazia a relação dos santos do dia e que era utilizado desde o avô paterno de Capistrano, João Honório de Abreu, para a escolha dos nomes de seus filhos. Neste dia, João de Capistrano era o santo indicado. Nascido em 1853, no sítio Columinjuba, em Maranguape, a cerca de 25 quilômetros de Fortaleza, João Capistrano Honório de Abreu era filho de Jerônimo Honório de Abreu, major da Guarda Nacional e de Antônia Vieira de Abreu. Era fruto da união de duas predileções do velho João Honório de Abreu, seu filho e sua neta. Ao nascer, Capistrano, o primeiro de uma série de dezesseis filhos, tornava-se ao mesmo tempo neto e bisneto de Antônia Maria de Abreu e de João Honório de Abreu.

João Honório, o avô de Capistrano, foi aquele que iniciou a saga da família em Maranguape. Era natural de Sobral, Pernambuco, onde teria nascido talvez em 1783. Migrou para a região de Maranguape entre o fim do século XVIII e início do XIX. Ali, ao que parece por ter caído nas graças de um comerciante português de sesmarias, João Honório ganhou a permissão da exploração das terras da região. Com a morte de seu benfeitor, o avô de Capistrano adquiriu a propriedade dessas terras onde, por volta de 1835, estabeleceu o sítio Columinjuba. Típico colonizador de uma região ainda não habitada, João Honório granjeou para si a fama de severo, de trabalhador de sol a sol, e de extremamente duro para com os escravos, o que lhe teria valido a alcunha de amansa-negro. Católico fervoroso, mandara construir em Columinjuba um quarto especial para a estadia do Bispo do Ceará, que ali costumava pernoitar quando estava em Maranguape. A casa também possuía um oratório, cuja permissão de construção havia sido dada tanto pelo Delegado Apostólico do Papa Pio IX, quanto pelo Ministro da Justiça do Império, que apenas ratificou a decisão papal.

Jerônimo Honório, o pai de Capistrano, foi o quinto filho de Antônia Maria de Abreu e de João Honório e nasceu na casa-grande de

Columinjuba aos 28 de dezembro de 1824. Casou-se em 1852 com sua sobrinha, Antônia Vieira, que ainda não havia completado treze anos de idade. Figura benemérita em Maranguape, o Major Jerônimo parece ter sido o principal seguidor e interlocutor de seu pai, tanto no que dizia respeito às orientações práticas de desenvolvimento do sítio, quanto nas espirituais. Em uma palavra, Jerônimo afincou-se à terra, tomou para si a responsabilidade do trabalho e projetou para seus filhos uma educação que talvez pouco se distinguisse daquela que recebera de seus pais. Em Columinjuba cultivou cana-de-açúcar, algodão, mandioca, feijão, milho etc. Jerônimo Honório, como indicação dos benefícios que trouxera à região, ocupou posições de destaque regional, relacionadas ao Juizado Municipal ou às obras da igreja local. Foi dentro dos moldes de um patriarcalismo incontestes, entre as visões modelares do trabalho e da fé, que Capistrano de Abreu passou a sua primeira infância. A esse respeito, Eugênio de Castro Rebello, amigo e colaborador de Capistrano de Abreu apontou que:

> O mais singular, pelo rumo particular que deu aos estudos, em que viria logo a alçar-se com indispensável autoridade, e pelo comportamento intelectual que manteve durante toda a existência, João Capistrano de Abreu, primogênito de um casal de agricultores cearenses, com ascendência, em parte, pernambucana, distinguiu-se pela posse de predicados contraditórios, em que não é talvez, temerário reconhecer-se a confluência de predisposições ancestrais, contrariadas na infância ou na adolescência pela educação paterna, ou incompreendidas, então, do meio social a que teve de ajustar-se[37].

Ainda menino, sem que se saiba ao certo sua idade, Capistrano teria aprendido a ler e escrever por intermédio de Luís Mendes, um mestre-escola que lecionava proximamente a Columinjuba. É provável que em 1860, então com sete anos de idade, Capistrano tenha sido matriculado no Colégio dos Educandos, escola sediada em Fortaleza e dirigida pelo padre Antônio Nogueira de Braveza[38], amigo próximo de Jerônimo Honório. Considerada uma instituição de ensino voltada para os mais pobres, e sendo Capistrano de Abreu oriundo de um extrato mais abastado, em 1863 foi transferido para o Ateneu Cearense. Essa instituição, talvez a mais prestigiosa escola do Ceará naqueles anos, professava uma educação clássica, destinada a alguns dos cearenses que se destacariam nos anos futuros nos mais variados campos de trabalho, como, por exemplo, Guilherme Studart, Raimundo Antônio da Rocha Lima, Xilderico de Farias, Tomás Pompeu[39], dentre outros. Dessa época, é comum que se veja entre as biografias de Capistrano, uma citação de Rodolfo Teófilo, colega do historiador nessa instituição de ensino: "Sempre pelos cantos, isolado, mal amanhado... Lendo, sempre lendo"[40].

Capistrano permaneceu no Ateneu por pouco tempo, e já nos primeiros meses de 1865, estava matriculado no Seminário Episcopal, escola recentemente aberta em Fortaleza e que ganharia a fama de ter sido o local onde também estudara o padre Cícero Romão Batista. No ano seguinte, em 1866, por conta do péssimo aproveitamento de estudos de Capistrano, fora aconselhado ao seu pai, pela direção da escola, que o jovem retornasse à Maranguape.

Em 1869, aos dezesseis anos de idade, Capistrano seguiu para o Recife onde faria cursos preparatórios para o acesso à Faculdade de Direito. Na capital de Pernambuco, se Capistrano não atingiu a meta de seu pai de conseguir uma vaga no curso de Direito, teve tempo e liberdade para se dedicar às leituras e, provavelmente, respirar o oxigênio local que reunia ingredientes de destaque no campo da cultura letrada. Há um consenso em se apontar, que Capistrano se empenhava nas leituras dos arquivos e bibliotecas locais, orientando-se de forma mais independente, e não se atendo aos estudos específicos que poderiam lhe abrir a vaga na Faculdade de Direito. Dentre os futuros personagens que se destacariam nos campos intelectuais e políticos do Império e da República, o Recife era o local onde estavam Tobias Barreto, Sílvio Romero, Joaquim Nabuco, além de pessoas que ainda se encontrariam com Capistrano no seu retorno à Fortaleza, os seus antigos colegas da época do Ateneu. Nessa curta estadia no Recife, Capistrano deve ter tomado o seu primeiro contato com os modelos teóricos e filosóficos destes estudiosos – a teoria evolucionista de Spencer, o positivismo de Comte, o determinismo de Taine e de Buckle. É bem provável, igualmente, que Capistrano tenha trazido do Recife, a queda pela reflexão nos assuntos que envolvessem a literatura, o campo de estudos a que mais se dedicaria no início de sua vida, tanto quando do retorno para Fortaleza, bem como nos seus primeiros anos no Rio de Janeiro.

Mas a aproximação de Capistrano com o grupo que receberia o nome de "Escola do Recife", deve ser vista com ressalvas. Em primeiro lugar, Capistrano passou pouco mais de um ano nessa capital. Em segundo lugar, tinha dezesseis para dezessete anos, e não contava com nenhum texto ou formação que lhe autorizasse um contato mais próximo com esses autores, que nesse instante já estavam iniciando uma produção mais verticalizada. Pode-se supor, no entanto, que a curta estadia no Recife, bem como os encontros futuros que Capistrano teria com aqueles cearenses – seus conterrâneos que se formaram na Faculdade de Direito –, possam ter servido como um modelo de trabalho intelectual. O tipo de estudo ao qual Capistrano se dedicou nos quase oito anos de sua vida futura – a crítica literária –, pode ser inserido nesse contexto. Nesse sentido, Barbosa Lima Sobrinho dizia que: "Pode-se afirmar, todavia, que se não se estabeleceu influência direta da escola do Recife, nem por isso deixou ela de chegar à inteligência de Capistrano de Abreu, escolhendo outros caminhos, que iriam encontrar um Capistrano mais amadurecido para essa espécie de cogitações"[41].

Em meados de 1871, Capistrano novamente se encontrava em Columinjuba, onde fora ordenado por seu pai que regressasse, uma vez que novamente frustrara os desejos de continuidade formal de estudos. A partir de então e até o ano de 1875, quando foi definitivamente para o Rio, Capistrano de Abreu participou de associações que marcariam o cenário intelectual da capital do Ceará. Juntamente com Rocha Lima, Tomás Pompeu, Araripe Júnior, João Lopes, Xilderico de Farias, dentre outros, esteve presente a uma série de reuniões onde se discutiam os temas filosóficos preponderantes na época. Com o nome de Academia Francesa do Ceará, a associação desses pensadores levou à fundação de um semanário – A Fraternidade –, de uma escola noturna – a Escola Popular –, e de uma série de conferências abertas ao público. Possuindo forte orientação positivista, contando com o auxílio da maçonaria e advogando idéias anti-religiosas, a reunião desses pensadores pareceu ter marcado o ambiente intelectual de Fortaleza entre os anos de 1873 e 1875. Tornou-se lugar comum, a referência a este grupo quando se procura estabelecer um mapa da história das idéias do Brasil nos últimos trinta anos do século XIX. José Aurélio Saraiva Câmara[42], por exemplo, na biografia de Capistrano, encontrou dados que revelavam a importância que em Fortaleza era dada às bibliotecas, arquivos, casas de impressão ou instituições de ensino. Inserindo a Academia Francesa do Ceará, nesse contexto propício para as discussões intelectuais, Saraiva Câmara procurou recuperar a repercussão desse movimento na época de sua vigência, bem como nos anos que se seguiram. E, com relação a Capistrano, pode-se dizer que este tenha sido o primeiro momento em que direcionou-se para o trabalho a que se ligaria até o fim da vida.

No prefácio que realizou ao livro póstumo de Raimundo da Rocha Lima, *Crítica e literatura*, de 1878, Capistrano assim se referiu à Academia Francesa do Ceará:

> Grande foi a influência da Escola Popular não só sobre as classes a que se destinava como sobre a sociedade cearense em geral, por intermédio de conferências ali feita, em que o ideal moderno era apregoado por pessoas altamente convencidas de sua excelência. Maior ainda foi a influência da Escola sobre os espíritos audazes e juvenis, que congregou, reuniu e fecundou uns pelos outros. Era em casa de Rocha Lima que se reuniam os membros do que chamávamos "Academia Francesa". Quanta ilusão! quanta mocidade![43]

Nesse grupo de pensadores, Capistrano se destacaria na reflexão sobre a literatura brasileira e faria uma conferência sobre o assunto no ano de 1874, na então Escola Popular, mais tarde publicada no jornal *O Globo*, de 1875, com o título de "A Literatura Brasileira Contemporânea"[44]. Esta não foi a sua estréia na divulgação de seus textos. Um ano antes, em 1874, publicava no semanário *Maranguapense*, o texto "Perfis Juvenis"[45], onde se deteve na análise da obra de Casimiro de Abreu e Junqueira Freire. Tanto num texto como no outro, Capistrano demonstrava conhecimento seguro dos autores de que tratava, mas se mostrava seguidor inconteste fosse de Comte, de Spencer ou de Buckle. É natural, talvez pela pouca idade do autor, que não se percebesse uma maior independência de pensamento, aquela, diga-se de passagem, que estaria presente na maioria de suas produções futuras. Assim, menos do que textos de Capistrano, esses escritos parecem ser mais tributários do clima intelectual de sua época. A ligação de Capistrano para com o determinismo fica bastante clara no objetivo que dispôs no seu texto "A Literatura Brasileira Contemporânea"[46]:

> A literatura é a expressão da sociedade, e a sociedade a resultante de ações e reações: de ações da Natureza sobre o homem, de reações do Homem sobre a Natureza [Buckle, *History of Civilization in England*, 1, 35 – nota de Capistrano de Abreu] Está, pois, traçado o caminho: em primeiro lugar, tratarei das influências físicas no Brasil; em segundo lugar, da sociedade que medrou sob essas influências e da literatura que exprime essa sociedade[47].

Foi nesse momento que Capistrano de Abreu conheceu José de Alencar, que teria retornado a sua terra natal com o intuito de aprofundar-se nas pesquisas sobre o folclore regional. O fato de tê-lo hospedado um vizinho de Columinjuba, o coronel Joaquim José de Souza Sombra[48], deve ter facilitado o contato entre o romancista e político com o jovem Capistrano, que o ajudou na tarefa de colher dados sobre os elementos folclóricos do Ceará. Pode-se supor igualmente que, nesses tempos, Capistrano já contasse com algum renome local pelo fato de ter participado do grupo da Academia Francesa. O encontro de Capistrano com José de Alencar traria ao primeiro a possibilidade de se ir para a capital do Império. Alencar o apresentou a Joaquim Serra no Rio de Janeiro, para que este interviesse na imprensa e que buscasse uma colocação para Capistrano. O respeito de Capistrano para com José de Alencar, permaneceria na intensa relação que estabeleceria com Mário de Alencar, filho do romancista, e em vários aspectos de sua obra, especialmente quando se detivesse nas questões atinentes aos indígenas brasileiros.

Nesse sentido, é importante que se recorra a um dos mais citados textos de Capistrano de Abreu, aquele em que analisa e critica a obra de Sílvio Romero, *A Literatura Brasileira e a Crítica Moderna. Ensaio de generalização*[49]. Capistrano se indispôs com Romero, pelo fato de ele ter reputado as origens africanas como explicativas das diferenças havidas entre Brasil e Portugal. Nesse texto, indigenista como o fora José de Alencar, Capistrano recuperava as qualidades do romancista e apontava que: "A morte ainda não apagou, mas apagará em breve os sentimentos hostis; e então todos reconhecerão que José de Alencar é o primeiro vulto da literatura nacional"[50].

O contato de Capistrano com José de Alencar, a expectativa depositada por este no intelectual, bem como um aparente esgotamento do percurso da Academia Francesa do Ceará, podem ter contribuído para que Capistrano embarcasse para o Rio de Janeiro no ano de 1875. Com relação ao fim da Academia Francesa, Capistrano de Abreu diria o seguinte:

> Essa existência comum [dos participantes da Academia] durou até 1875. Então uns retiraram-se da província; outros entraram em carreiras e ocupações contraditórias com a essência da Academia; outros acharam que a comédia se prolongara por demais, e lançaram para longe a máscara a que deviam a introdução no santuário[51].

Uma vez no Rio de Janeiro, Capistrano iniciou um trabalho para a Livraria Garnier, onde deveria enviar notas aos jornais, comentando um ou outro lançamento dessa casa editorial. Um dos biógrafos de Capistrano, Januário Pinto do Carmo, apontou que o cearense teria se indisposto com seus patrões no momento em que tecera crítica desabonadora a um volume publicado pela editora e que por isso, logo abandonou essa ocupação[52]. Passou a lecionar e viver no Colégio Aquino em 1876, uma renomada instituição particular de ensino, onde ministrava aulas de português e francês. Além da ocupação no Colégio Aquino, onde ficaria até 1880, e das aulas particulares que dava com o objetivo provável de aumentar seus ganhos, em 1879, Capistrano entrou para o corpo de redatores da Gazeta de Notícias. Seu trabalho era o de realizar críticas literárias em duas colunas, "Livros e Letras" e "Recibos". Nesse órgão de imprensa, era colega de Artur de Azevedo, Luiz Delfino, Valentim Magalhães, Adelino Fontoura, Aluízio Azevedo, Luís Murat, Silvestre Lima, Raul Pompéia, Raimundo Correia, dentre outros. Capistrano permaneceu na Gazeta até 1882 e segundo Brito Broca, esta teria sido a "primeira tentativa de crítica militante, entre nós, que logrou êxito"[53]. A participação de Capistrano na Gazeta de Notícias, além de introduzi-lo na sociedade intelectual da capital do Império, coincidiu com os momentos finais do relacionamento do autor com temas exclusivamente literários.

De fato, a morte de Francisco Adolfo de Varnhagen aos 29 de junho de 1878, o maior historiador brasileiro do Império e aquele que melhor teria encarnado os ideais do Instituto Histórico e Geográfico Brasileiro, motivaria Capistrano a escrever um necrológio[54] em que passou em revista a obra do sorocabano. Se ao morrer, Varnhagen – o Visconde de Porto Seguro –, não contava com a notoriedade esperada, Capistrano retomou nesse necrológio as contribuições e as mudanças estabelecidas na pesquisa histórica, a partir dos trabalhos do historiador. Da maneira como foi realizado, esse texto de Capistrano granjearia muita repercussão, vindo a ser tomado como reabilitador dos trabalhos de Varnhagen.

Além disso, o que já seria suficiente, esse necrológio expôs o estilo e o grau de conhecimento de um jovem de 25 anos de idade. Se, até então, os textos de Capistrano se apresentavam como um exercício aplicado de seu entendimento de Comte, Buckle ou Spencer, no necrológio que elaborou sobre Varnhagen, Capistrano se mostrou mais independente, como se seguisse as próprias orientações, tributárias de uma leitura atenta e compenetrada da obra do historiador. Para o historiador José Honório Rodrigues, caberia então a Capistrano de Abreu o "começo da reabilitação de Varnhagen, agora reputado o maior historiador brasileiro"[55].

O trecho mais citado desse necrológio é o seu início, costumeiramente retomado pelos biógrafos de Capistrano e pronunciado, quando do falecimento do cearense em 1927, na voz de Ramiz Galvão. Capistrano abriu o necrológio de Varnhagen da seguinte maneira:

> A pátria traja de luto pela morte de seu historiador, morte irreparável, pois que a constância, o fervor e o desinteresse que o caracterizavam dificilmente se hão de ver reunidos no mesmo indivíduo; morte imprevista, porque a energia com que acabara a reimpressão de sua História, o vigor com que continuava novas empresas, a confiança com que arquitetava novos planos, embebeciam numa doce esperança de que só mais tarde nos seria roubado, depois de por algum tempo gozar do descanso a que lhe dava direito meio século de estudos e trabalhos nunca interrompidos[56].

Ainda com relação a Varnhagen, em 1882, Capistrano voltaria a carga e apresentaria mais uma de suas reflexões acerca do historiador. Nesse texto[57], encontramos um Capistrano ainda mais solto que no primeiro, e o que se tem é uma entrada historiográfica, sem maiores preocupações com apologias e elogios. Tratava-se de uma apurada investida na produção do historiador, com direito às críticas e a um balanço do então estágio atual da produção historiográfica, após o vazio deixado pela morte de Varnhagen. Na opinião de Capistrano, o Visconde de Porto Seguro teria sido o único historiador a realizar uma obra sobre a história do Brasil de tamanho peso e fôlego. Mas esse feito não o deixou imune às críticas. Veja-se, por exemplo, o seguinte comentário extraído do texto que publicou em 1882:

Sob as mãos de Varnhagen, a história do Brasil uniformiza-se e esplandece; os relevos arrasam-se, os característicos misturam-se e as cores desbotam. Vê-se uma extensão, mas plana, sempre igual, que lembra as páginas de um livro que o brochador descuidoso repete. E, todavia, mesmo as pessoas que conhecem a história pátria infinitamente menos que Varnhagen, percebem que as épocas se sucedem, mas não se parecem, e muitas vezes não se continuam[58].

E num outro momento do texto, parafraseando o historiador inglês, Robert Southey, que teria dito que sua *História do Brasil*, seria lida por muitos séculos, tornando-se o que a obra de Heródoto era para a Europa, Capistrano apontava que: "Daqui a séculos também a obra de Varnhagen será lida, porém por profissionais, que a consultarão como a um dicionário de arcaísmos, um como *Glossário de Santa Rosa de Viterbo*: o povo só o conhecerá de tradição"[59].

E, para finalizar essa comparação, Capistrano arrematava:

> Ele não pensava assim, escusamos de acrescentar. Por isso, a cada instante, tomava certas atitudes estudadas com vista aos pósteros. Aqui lembra uma estátua, além uma capelinha que deve ser gótica, mais adiante outras, que quem ler descobrirá facilmente. Uma vez, até, faz concorrência ao Formicida Capanema, lembrando a criação de tamanduás para dar cabo das formigas[60].

Em linhas gerais, o estilo de Capistrano de Abreu que se manifestou nesses dois textos sobre Varnhagen, era aquele que iria se preservar ao longo de sua produção futura. Nesses escritos, nos encontramos frente a um aprimorado conhecimento das fontes, ao claro encadeamento lógico dos argumentos, à interlocução para com a produção que antecedeu a Varnhagen, à elegância e, finalmente, à predileção por temas relativos à história do Brasil, especialmente aquela dos séculos XVI e XVII. Diferentemente de Varnhagen, que se deteve ao longo de sua vida a estudos tão díspares, quanto a mineralogia ou a botânica, Capistrano se dedicaria quase que tão somente aos assuntos ligados à história do Brasil. Quando não o fosse, devotaria seus estudos aos temas afins, como, por exemplo, a geografia ou a etnologia.

Ainda com relação a Varnhagen, por duas vezes em sua vida, Capistrano se propôs a comentar a *História Geral do Brasil*. Na primeira vez, um incêndio na Companhia Tipográfica do Brasil, em 1907[61], colocou a perder grande parte das anotações realizadas pelo historiador, permitindo que somente o primeiro volume viesse a público. A segunda tentativa, por volta de 1916, não redundou em nenhum produto escrito por parte de Capistrano.

O concurso, em 1879, e a posterior entrada em 1880 nos quadros da Biblioteca Nacional do Rio de Janeiro, concorreram para que seu perfil de historiador se tornasse mais demarcado. Em 1881, a Biblioteca Nacional foi palco da Exposição de História e Geografia do Brasil, evento que, além de apresentar uma série de obras valiosas para o conhecimento do Brasil, expôs um catálogo que fazia constar toda menção bibliográfica até então conhecida e relacionada ao país.

A realização desse catálogo foi um trabalho que contou com a ajuda de Vale Cabral, João Ribeiro, Menezes Brun, além de Capistrano de Abreu. Os funcionários da Biblioteca Nacional, capitaneados por Ramiz Galvão, então diretor da instituição, tiveram cerca de um ano para organizar tanto a exposição quanto o catálogo. A partir de uma determinação ministerial de 21 de dezembro de 1880, quando os trabalhos de pesquisa começaram, até o dia 2 de dezembro de 1881, os pesquisadores se multiplicaram no desejo de estabelecer todo e qualquer referência fosse à história ou à geografia do Brasil, numa margem de tempo que cobria 380 anos. O resultado dessa pesquisa terminou por apresentar 20.337 entradas de documentos, num total de 1.753 páginas impressas. Organizado de forma temática, o catálogo reunia menções à geografia, à história, geral e das províncias do país, às histórias eclesiásticas, administrativas, constitucionais e militares. Figuravam ainda remissões à literatura, às artes e à história natural. No prefácio que realizou para a *História do Brasil* de Frei Vicente do Salvador, na edição de 1918, Capistrano assim se referia à exposição:

> Pelos salões e corredores do velho casarão da rua do Passeio peregrinaram sete mil seiscentos e vinte e um visitantes. Não é muito. Podia ser menos sem inconvenientes. A exibição figurava aparato transitório, mero pretexto da obra verdadeira, o Catálogo. Desde o primeiro dia distribuíram-se dois volumes, somando mil seiscentos e doze páginas, arrolando dezenove mil duzentos e setenta e oito objetos. Com o suplemento, as páginas subiram a cerca de mil e oitocentas, os objetos excederam vinte mil[62].

A partir de então, pelo que se pode depreender da leitura de seus biógrafos, já havia notoriedade em se reportar a Capistrano como um historiador, de tal forma esse trabalho lhe conferiu fama e consagração. Foi também por conta da referida Exposição, que Capistrano tomou contato com uma obra que chamaria a sua atenção durante grande parte de sua vida: a *História do Brasil* de Frei Vicente do Salvador. Por muitos anos, Capistrano vasculharia arquivos nacionais e estrangeiros, onde por intermédio de alguns de seus correspondentes, buscaria tornar essa obra completa. Nesse sentido, se corresponderia vigorosamente com Lino de Assunção e João Lúcio de Azevedo, com o objetivo de deparar- se com o primeiro livro de história escrito por um brasileiro – no ano de 1627 – e que trouxe o nome do país. Além de começar a edição dessa obra em capítulos no *Diário Oficial* entre os anos de 1886 e 1887, Capistrano faria o prefácio ao lançamento da obra no ano de 1918[63].

Capistrano permaneceria nos quadros da Biblioteca Nacional até o ano de 1883, quando concorreu a uma vaga de professor no Colégio Pedro II, obtendo o primeiro lugar com o trabalho *O descobrimento do Brasil e o seu desenvolvimento no século XVI*. Fundado em 1837, o Colégio Pedro II era a mais prestigiosa instituição de ensino do Segundo Império. Capistrano de Abreu seria o terceiro professor a ocupar a cátedra de História e Corografia do Brasil. O primeiro tinha sido Gonçalves Dias, e o segundo Joaquim Manuel de Macedo. Em carta enviada para Raul Pompéia datada do dia 24 de julho de 1884, Capistrano de Abreu assim se referia ao seu trabalho: "Agradeço-lhe os parabéns. Já ontem tomei posse do lugar, e amanhã vou dar a primeira lição. Versará sobre a guerra holandesa, que foi onde Berquó[64], já meado o ano, deixou o assunto"[65].

Sobre esta tese e o próprio concurso, os biógrafos de Capistrano trouxeram vários elementos, onde se realçava o alto nível de conhecimento professado pelo historiador, bem como a distância havida entre seu trabalho e o de seus concorrentes. É bem provável, que para a qualificação de sua tese, devam ter concorrido os estudos que praticamente acabara de realizar para a Exposição de História da Biblioteca Nacional, uma vez que a distância entre as reflexões de Capistrano para com as realizadas pelos demais concorrentes ao posto de professor do Pedro II, deixava bastante claro o alto nível de preparo do historiador. O que se disse sobre os demais era que não passavam de bons resumos de obras já realizadas, como, por exemplo, a de Varnhagen. Já em Capistrano o que se realçava era o ineditismo, especialmente no que dizia respeito à maneira que conduziu o seu texto, terminando por estabelecer um diálogo com aquilo que havia sido escrito sobre o tema que abordava. E essa interlocução foi estabelecida de uma forma tridimensional, ou seja, Capistrano submetera vários documentos a um trabalho de exegese. D. Pedro II participou dessa escolha, ao menos como observador das defesas e argüições.

Acerca desse concurso, é comum que os biógrafos de Capistrano de Abreu, se remetam às impressões do viajante alemão Karl von Koseritz. De fato, o relato de Koseritz terminou por passar uma boa idéia do que fora a defesa de tese de Capistrano:

> A tese de Capistrano que trata com verdadeira maestria e grande saber do descobrimento do Brasil e do seu desenvolvimento no século XVI, era sem dúvida a melhor e tão excelente era que ia muito além dos horizontes

dos dois limitadíssimos examinadores Moreira de Azevedo e Matoso Maia. (...) foi um verdadeiro exemplo de dois examinadores ignorantes e intelectualmente limitados, aos quais o examinado superava de longe, e que, por isto, com ele se chocavam e se comprometiam a cada momento. Eles faziam as mais extraordinárias e, por vezes, mesmo, tolas objeções à tese do talentoso jovem, e via-se claramente como o Imperador se aborrecia com a incapacidade dos examinadores. O candidato bateu-os em toda linha e brilhou realmente à custa dos seus argüidores. Cada um deles examinou desta forma nada menos que satisfatória, cerca de meia hora, e assim que a hora tinha corrido o Imperador deu o sinal para cessar a brincadeira cruel[66].

Capistrano também se reportou ao concurso do Colégio Pedro II, numa carta enviada para Antonio Joaquim de Macedo Soares, no ano de 1883. Agradecendo as felicitações recebidas pelo resultado do exame, Capistrano sinalizava que:

> Foi geralmente acolhida com surpresa, não a nomeação, que foi simples conseqüência, mas a classificação que foi causa. Eu nunca esperei unanimidade, tanto mais quanto na comissão julgadora havia um membro que era meu inimigo. Quanto ao concorrente, ele tinha certeza que, se não fosse classificado em primeiro lugar, sê-lo-ia em igualdade de circunstâncias comigo, o que lhe dava preferência[67].

Além de Capistrano, os outros pleiteantes ao posto de professor do Pedro II, foram Feliciano Pinheiro Bittencourt, Evaristo Nunes Pires, João Franklin da Silveira Távora e João Maria da Gama Berquó. Era a este último que Capistrano se reportava na citação acima. Já o examinador que preocupava o historiador cearense era Matoso Maia. E Capistrano tinha motivos para apontar a inimizade. Num artigo publicado na *Gazeta de Notícias* de 29 de abril de 1880 – não assinado, segundo José Honório Rodrigues[68] – o historiador desqualificou a *História do Brasil* realizada por Matoso Maia. Capistrano apontava que a obra não era má, entretanto apresentava dois grandes defeitos:

O primeiro é não mostrar estudo de fontes. Que um professor de história universal as não conheça, é desculpável, é mesmo justo: mas professor de história particular – professor que rege a cadeira há anos, história que pouco mais abraça três séculos – não nos parece que tenha a mesma desculpa. (...) [o segundo defeito grave] é estar pouco a par dos estudos críticos que entre nós se têm feito sobre alguns pontos da história pátria. A *Revista do Instituto* traz alguns; mas o ilustrado professor do Imperial Colégio parece que embirra com a *Revista Trimensal*, e não julga-a digna de leitura[69].

E como fosse argüido por Matoso Maia, Capistrano voltou à carga em novo artigo, dessa vez de 17 de julho de 1880. Ainda mais enfático, Capistrano dirigindo-se a Matoso Maia como "Sua Sapiência", desferiu os seguintes ataques:

Quiséramos poder declarar que nossas censuras foram injustas, e que S. Sª as aniquilou. Infelizmente nos é impossível confessá-lo, e com grande pesar afirmamos que quanto dissemos ficou em pé. Vamos prová-lo. Dissemos que o professor do Imperial Colégio ignora as fontes da história do Brasil. Em resposta S. Sª assegura que tem lido *o que tem julgado necessário*, e gasto alguns contos de réis na aquisição de livros sobre a história pátria. A inveja é um sentimento baixo e feio; mas não podemos negar que lendo estas linhas sentimos inveja... Não de dinheiro, nem de emprego, Deus nos livre! Mas da *assurance*, da calma com que o autor assegura que tem lido *quanto julga de necessário*. Então tudo quanto S. Sª não leu é desnecessário, inútil! Que felicidade![70]

E, finalizando o artigo – muito próximo das polêmicas que apareciam com profusão nos jornais da época –, Capistrano parecia anunciar a sua aspiração de concorrer a uma vaga como professor do Colégio Pedro II[71]:

O professor do Imperial Colégio aceita o oferecimento de uma errata para a segunda edição e pede-nos que a enviemos desde já. Sentimos não poder satisfazê-lo, por dois motivos. O primeiro é que temos muitas ocupações menos ingratas e mais urgentes. O segundo é que muito provavelmente ainda havemos de nos encontrar frente a frente, e reservamos para então o prazer um pouco malicioso de dar-lhe alguns quinaus. Só lhe pedimos um obséquio. Não se lembre de quebrar algum braço.[72]

Passando então a lecionar história do Brasil, Capistrano permaneceu no Pedro II até 1899 quando, por força de um decreto ministerial, foi posto em disponibilidade por não desejar incluir os temas da história do Brasil a reboque da história universal. Em carta enviada para Domingos Jaguaribe, datada de 19 de março de 1899, Capistrano de Abreu disse o seguinte acerca de seu afastamento:

> Devia ter-lhe escrito antes; mas encontrei uma situação muito complicada, e que ainda não se desatou, relativamente à minha cadeira no Ginásio[73]. Quiseram fazer de mim, professor vitalício de História e Corografia do Brasil, professor de História Universal, lecionando não um ano como antes, porém três. Protestei perante a congregação do Ginásio, reclamei ao Ministro, e este, dando-me e negando razão, vai declarar-me extinto. Lembra-me uma carta sua antiga, em que V. estranhava que eu não tivesse alunos; pois agora há coisa melhor: não há mais professor de História e Corografia do Brasil no Ginásio Nacional. Não se podia acabar o centenário de modo mais expressivo[74].

Além do ordenado que receberia a partir da saída do então Colégio Nacional, Capistrano, conhecedor de inúmeras línguas (inglês, francês, alemão, italiano e holandês) dedicou-se também à tradução de várias obras, em sua maioria voltadas à geografia e a etnografia[75].

Em 1907, o acontecimento marcante foi a publicação daquele que seria o único livro de história de Capistrano: os *Capítulos de História Colonial*[76]. O texto havia sido encomendado pelo Centro Industrial do Brasil, cujo diretor, Luís Rafael Vieira Souto, pretendia compor uma obra estatística – *O Brasil, suas riquezas naturais, suas indústrias* – que também se destinasse à propaganda do Brasil no exterior. De tal forma, além de Capistrano, outras pessoas também se voltaram para o estabelecimento de temas que deveriam fazer parte do livro. Concluído no prazo de um ano, *Capítulos de História Colonial*, provavelmente devia a sua concisão, ao fato de ter que ser escrito com um número mínimo de laudas. Seu primeiro título, como parte integrante da obra do Centro Industrial, fora *Breves Traços da História do Brasil*. A separata tirada logo a seguir, recebeu o nome que seria marcado tanto na biografia de Capistrano, quanto no rol dos grandes livros sobre a história do Brasil.

Em carta enviada para Francisco Ramos Paz, datada de 2 de janeiro de 1906, Capistrano relatava o trabalho que estava fazendo e que iria redundar nos *Capítulos*: "Estou trabalhando a toda força num esboço histórico e geográfico do Brasil, que deve sair na *Estatística Industrial* lá para setembro. Marcaram-me o limite de 120 páginas em 8º; e tenho cinco meses para fazer tudo. Talvez seja um bem"[77].

É possível que o trabalho que então realizava, como vimos, de anotação à *História Geral* de Varnhagen, tenha contribuído para a elaboração dos *Capítulos*. Essa foi a idéia que deixou para Guilherme Studart, em carta datada de 28 de outubro de 1903:

> Pretendo acompanhar cada volume de Varnhagen (serão três, o 1º acaba na conquista do Maranhão) de uma introdução de cem páginas, fazendo a síntese do período correspondente. Se levar isto ao cabo, fica pronto o livro a que reduzi minhas ambições da *História do Brasil*, um volume de formato de um romance francês[78].

O resultado desse trabalho não agradou a Capistrano, pelo menos era o que se podia perceber do comentário que fez à Guilherme Studart, em carta datada de 7 de janeiro de 1907:

> Acabo de pingar o último ponto do meu esboço. Custou! Deu trezentas páginas o período anterior a D. João 6º. Se me perguntares se estou satisfeito com o que fiz, dir-te-ei francamente: não! Imaginava outra coisa e não pude realizá-la, parte por culpa minha, parte por culpa das circunstâncias. Acreditei muito na extensão da vida e na brevidade da arte, e fui punido. Quando, ainda no Ceará, concebi-a, a obra tinha outras dimensões. Cada ano levou

consigo um lance ou um andar. A continuar mais tempo, ficaria reduzida a uma cabana de pescador. Mesmo agora acho-lhe uns ares de tapera[79].

Capistrano continuaria insatisfeito com a sua realização por muitos anos. Era comum que se reportasse ao desejo de dar uma segunda edição dos *Capítulos*, o que não ocorreu.

A mesma reação de desgosto pelo trabalho realizado, pode ser percebida quando dos trabalhos de estabelecimento da *História do Brasil*, de Frei Vicente do Salvador. Durante os anos de 1917 e 1918, era comum que o historiador se reportasse para seus destinatários, apontando as dificuldades por que passava na preparação dessa edição. E o que mais lhe preocupava, eram os prolegômenos que antecederiam cada um dos cinco livros que compunham a obra. Capistrano comentava as questões levantadas por Frei Vicente, indicando o percurso do autor, ou as fontes de que se serviu. Em carta enviada para João Lúcio de Azevedo, datada de 17 de novembro de 1917, Capistrano apontava que:

> Estava de partida para S. Paulo e Rio Grande. À última hora adiei a viagem por motivo muito agradável: está quase fechado o ajuste de uma nova edição de Fr. Vicente do Salvador. Nela trabalho. Como não sou marinheiro de primeira viagem, deixei de parte as notas. Cada capítulo, digo cada um dos cinco livros levará uma introdução, em que estudo as fontes do autor, indico os documentos originais conhecidos, que servirão a quem quiser aprofundar o assunto, e as monografias existentes. Cada introdução pedirá cinco a dez páginas: assim aliviada, a introdução geral escrita para os An. da Bibl. Assumirá outra forma mais breve e precisa[80].

E, de forma semelhante ao que experimentou para com o resultado dos *Capítulos de História Colonial*, Capistrano se mostrou frustrado com o produto de seu trabalho. Em carta enviada para o amigo João Lúcio, o historiador se valia de uma anedota para expressar o que sentia:

Imagino sua decepção comparando o trabalho intenso de quatro meses com o resultado colhido. Para armar à sua benevolência, conto-lhe uma história de Bernardo Duarte, de Icó, fazendeiro ainda mais avarento do que rico, que prosperava pela era de 30 a 50. Fez por terra uma viagem a Pernambuco pelo caminho habitual, ribeira do Salgado, do Piranhas, do Paraíba, do Capibaribe. No Recife travou relações pouco platônicas com uma moça. Os irmãos surpreenderam e exigiram que casasse. Como, se já era casado? Quiseram abelardizá-lo, mas tanta lábia despendeu que os rapazes, menos inexoráveis que Fulbert, comutaram a mutilação em pena pecuniária. Voltou inteiro o Bernardo. Em casa, depois do alvoroço da chegada, perguntou-lhe a mulher o que tinha trazido para ela e ele com um gesto sóbrio apontou-lhe *los compañones*. Ora isto, isto, disse a senhora aborrecida. – Senhora, repreendeu Bernardo, cale esta boca e não diga mais nada. Isto! Isto! Para chegarem até aqui, tive de gastar dois contos de réis[81].

Na década de 1920, Capistrano também participaria efetivamente da criação da "Série Eduardo Prado: para melhor conhecer o Brasil", título que ele próprio havia criado em função da relação de afeto que o uniu a Eduardo Prado. Juntamente com Paulo Prado, o patrocinador da coleção, deu edições a documentos até então inéditos ou pessimamente estabelecidos no Brasil, como fora o caso tanto das *Confissões*[82], quanto das *Denunciações da Bahia*[83] no período da presença do Tribunal do Santo Ofício no Brasil, da *Missão dos Padres Capuchinhos ao Maranhão*[84], obra que considerava até então muito mal traduzida, bem como o *Diário de Pero Lopes de Souza (1530-1532)*[85].

A notoriedade que Capistrano teria como um historiador que estabeleceria fontes capitais para a história do Brasil também foi conseqüência das descobertas de que Fernão Cardim tivesse sido o real autor de *Do Princípio e Origem dos Índios do Brasil e Cerimônias, Adoração e de seus Costumes* em 1881 e de que Brandônio tivesse de fato escrito os *Diálogos das Grandezas do Brasil* em 1900. Ainda no que dizia respeito às origens da história do Brasil, caberia também a Capistrano a descoberta de que Antonil, o autor de *Cultura e Opulência do Brasil por suas Drogas e Minas*, era de fato o jesuíta João Antonio Andreoni, isto no ano de 1883. Capistrano narrou essa descoberta para Guilherme Studart em uma carta datada de 18 de junho de 1893:

> Uma vez estava eu na Biblioteca Nacional, lendo não sei o quê, quando lembrei-me da verificação a fazer. Levantei-me, fui ao Cabral, que estava escrevendo na mesa que agora lhe dirijo esta carta e disse-lhe: V. vai ficar furioso. – Por quê? Porque afinal vou descobrir quem é o nosso Antonil. – Neste caso vou ficar é alegre. Da mesa do Cabral fui à estante em que estava a *Bibliothèque des Écrivains de la Compagnie de Jesus* de Backer, abri o vol. VII, que contém o índice geral, e remeteu-me para o vol. VII, P. 14. Abri-o, e, apenas li as primeiras linhas, corri para a mesa do Cabral – Cabral! Cabral! achei! (...) Não preciso dizer que foi um dia de delírio. Jantamos juntos, tomamos cerveja juntos, conversamos até meia noite e separamo-nos à *contre coeur*. Que bom aquele tempo, em que a descoberta de um anônimo bastava para coroar de rosas um dia."[86]

Se, no caso de Antonil, não houve um prefácio ou texto que demonstrasse o conhecimento do historiador, nos demais, temos a elaboração de todo um percurso que conduzia o leitor com segurança até o momento em que se dava o nome dos reais autores. Esses prefácios se aproximaram então, dos dois textos já citados em que Capistrano se dedicou a Varnhagen, bem como à tese de acesso ao Pedro II. Em todos esses momentos observa-se a independência de Capistrano no tratamento de temas em que fluía com naturalidade e conhecimento profundo.

Além da publicação de uma série de ensaios em jornais e revistas, Capistrano também se dedicaria grandemente às gramáticas de duas tribos indígenas em vias de desaparecimento, os bacairis e os kaxinawás. Nessa empreitada, marcada por grandes afastamentos, na medida em que outros de seus projetos pediam tempo exclusivo, pode-se dizer que Capistrano tenha consumido mais de trinta anos de sua vida, isto se considerarmos que começou a colher informações sobre os bacairis entre os anos de 1893 e 1894, prosseguindo nesse trabalho até o ano de seu falecimento, em 1927. Como resultado, além do texto sobre os bacairis publicado em 1895[87], Capistrano lançou em 1914, o seu livro sobre a língua dos kaxinawás[88]. Essa obra lhe valeu uma comenda articulada pelo Instituto Histórico e Geográfico Brasileiro e que, da mesma forma que reagira perante uma outra premiação, por conta de seus esforços na Exposição de História de 1881, Capistrano nem sequer se deu ao trabalho de buscá-la.

Do ponto de vista pessoal, Capistrano enfrentou os grandes desgostos da perda de sua esposa, Maria José de Castro Fonseca, no ano de 1891, ex-aluna de Capistrano no Colégio Aquino, com a qual havia se casado no ano de 1881, e de seu filho Henrique, falecido aos cinco anos, vitimado pelo tifo, pouco tempo após a morte da mãe. A entrada de Honorina, sua filha dileta, para a clausura em 1911, foi outro dos acontecimentos pessoais que mais abalaram Capistrano, uma vez que, inclusive, comparava tal feito à própria morte da filha. Em carta enviada para João Lúcio de Azevedo e datada de 19 de março de 1917, Capistrano assim se reportava ao amigo, narrando o caso de sua filha Honorina:

> Minha filha mais velha teve aos vinte anos sua crise religiosa; o respeito da avó, que em novembro fará noventa anos, deteve-a no mundo quase dez; há cinco entrou para o Convento de S. Teresa, aonde assegura, goza de uma felicidade como não julgou possível. Não quis nem poderia contrariá-la: a vez em que tratamos demoradamente do assunto deixou-me a impressão de uma alma desapropriada por utilidade religiosa. Disse-lhe que pensava tão pouco em ir falar-lhe através de grades como entender-me com a mãe por meio do espiritismo; escreve, e cada carta é um sermão[89].

Finalmente, o falecimento de seu filho Fernando, vítima da gripe espanhola, em 1918, terminou por conferir uma sisudez ao historiador que, ao tratar de questões pessoais, principalmente em suas cartas, sempre o faria de um modo profundamente ressentido e cético. Acerca dessa perda, Capistrano também se dirigiu a João Lúcio, em carta datada de 7 de março de 1919, nos seguintes termos:

Da morte de meu filho tratarei em outra ocasião. Senti-me esfolado, vim ao Rio Grande criar couro e cabelo. No princípio desanimei, e quase resolvi voltar, mas persisti e venci o agudo da crise. Quem perde uma perna, trata de arranjar outra de pau. Durante muito tempo sente dores, e tão localizadas que pode dizer o dedo em que está a sede. Eis o meu caso[90].

Esses fortes choques emocionais, aliados a uma personalidade não afeita ao convívio social, devem ter auxiliado na formação de um juízo muito reincidente relativo a Capistrano de Abreu: o de que fosse pessimista e de uma obscuridade a toda prova.

Passando seus últimos anos de vida numa espécie de porão[91] de uma casa no Botafogo, mais entristecido, com dificuldades de leitura promovidas por uma forte miopia nunca tratada, acometido pela gota – o que lhe devia acarretar, além de outras restrições, dificuldades de manuseio de seus livros –, Capistrano faleceu em 13 de agosto de 1927, pouco antes de completar 73 anos de idade. Dentre as prováveis causa de sua morte, se encontravam uma broncopneumonia, resultado do agravamento de uma gripe.

O corpo de Capistrano de Abreu foi sepultado na cidade do Rio de Janeiro e, segundo Humberto de Campos "o cortejo fúnebre desceu do Largo dos Leões para a rua Voluntários da Pátria. No préstito mortuário, compungidos, alguns com os olhos úmidos, deputados, senadores, ministros, ex-ministros, banqueiros, acadêmicos, embaixadores"[92].

As homenagens póstumas ocorreram na Academia Brasileira de Letras e no Instituto Histórico e Geográfico Brasileiro. Foram pronunciados discursos no Senado e na Câmara dos Deputados.

Ao falecer, Capistrano já era reconhecido como grande historiador dos assuntos que envolvessem os primórdios da história do Brasil, especialmente os séculos XVI e XVII. Para alguns, havia reformulado o campo das pesquisas históricas e estabelecidos alguns dos textos e documentos capitais para o prosseguimento das análises. Para outros, o trabalho realizado por Capistrano tornava-se marcante na medida em que impusera o rigor no tratamento à pesquisa histórica em nosso país. E para a maioria destes, notadamente aqueles que não puderam tomar contato com sua generosa correspondência – nem como correspondentes, nem como leitores – sobrava uma grande dúvida: por que seu conhecimento não frutificou numa produção mais volumosa?

A fundação da Sociedade Capistrano de Abreu, apenas poucos meses após a sua morte, e que reuniria pessoas que de alguma forma se orientaram pelos estudos de Capistrano de Abreu, sinalizava a repercussão e a importância imediatas conferidas ao historiador. Tendo a frente Paulo Prado, a Sociedade escolheu como sede de funcionamento, a mesma casa onde Capistrano viveu seus últimos anos de vida, na travessa Honorina, chamada, após sua morte, rua Capistrano de Abreu. Iniciou-se assim, já no ano de 1928, uma série de reedições da obra do historiador, bem como as investidas no sentido da edição completa do volumoso material que compunha a correspondência de Capistrano de Abreu.

3. Entre o público e o privado

A edição da correspondência de Capistrano de Abreu

> Reunir artigos causou-me sempre repugnância. Mesmo se a não sentisse, teria de abrir mão da empresa, por que não coleciono tais aparas. Ultimamente pensei na possibilidade da coisa, fiado em que Paz devia possuir a maior parte e mos cederia com gosto. E Paz morreu.
> Carta de Capistrano para Mário de Alencar, datada do equinócio de 1919[1].

Francisco Ramos Paz foi um dos grandes amigos de Capistrano de Abreu. Ao falecer, em 1919, Capistrano fora chamado pela viúva para que atendesse a um pedido de Ramos Paz. Compadre de Capistrano, uma vez que era padrinho de Matilde, a filha mais nova do historiador, Ramos Paz desejou em vida, que Capistrano organizasse a sua biblioteca. Em carta enviada para João Lúcio de Azevedo, datada de 24 de julho de 1920, Capistrano de Abreu dizia que:

> Ninguém diga: desta água não beberei. Causou-me sempre repugnância a idéia de reeditar artigos de jornais. Nos papéis do Paz encontrei alguns de que não possuía exemplar, porque não tenho jeito para guardar coisa alguma. Dizia-me um amigo da Bib. Nac.: para que V. há de ser besta, gastar o tempo em tomar notas, para depois perder? Disse a pura verdade e como invejo meus amigos Vale Cabral e Said Ali![2]

E foi no momento em que se encontrava organizando a biblioteca de seu falecido amigo Ramos Paz, que recebeu um convite de Fernando Gabaglia, para que publicasse algo no Anuário do Colégio

Pedro II. Capistrano narrou esse instante para João Lúcio de Azevedo, nos seguintes termos:

> Estou-me preparando para saltar o Rubicon. Além dos artigos conservados pelo amigo, mandei copiar outros e assim posso indicar-lhe o seguinte elenco: Carta de Vaz de Caminha já sua conhecida do Inst. Hist., Gandavo, Rocha Pita que ainda tem de ser procurado, dois sobre Varnhagen, um de 78, quando morreu, outro de 82: este custou-me caro. Dizia qualquer coisa desagradável ao velho Melo Morais e o filho, durante um ano, fez convergir a artilharia grossa do Corsário[3]. Pretendo juntar ainda um artigo de 95 sobre o povoamento de S. Paulo, outro sobre o povoamento do Brasil de 97. Ao todo cento e tantas páginas, se a longanimidade de Fernando chegar a tanto[4].

Nas cartas que se seguiram a esta, Capistrano ia dando detalhes quanto às dificuldades que encontrava para organizar todo esse material. Percebendo o volume do trabalho, Capistrano adiantava para João Lúcio, "Agora estou vendo que devia ter guardado meus artigos, que me teriam poupado muito trabalho"[5].

Mas, o fôlego editorial continuava, uma vez que Capistrano sinalizou ao amigo que: "Penso em dar outra coleção para o ano, e ficará a prova dos 9 fora 0, de quase meio século de existência sob as asas do Gigante de Pedra"[6].

As cartas que se seguiram a esta, não trouxeram mais informações acerca desses projetos. Os biobibliógrafos de Capistrano também nada disseram sobre a existência dessas publicações. Como Capistrano se encontrava nessa mesma época, às voltas com as edições da "Série Eduardo Prado", é de se supor que não tenha conseguido encontrar tempo para a realização de seu plano. A desejada reunião de seus artigos não foi publicada em vida por Capistrano de Abreu, tornando-se então, mais uma tentativa frustrada de edição de seus textos.

De fato, Capistrano demonstrava pouca atenção para com a sua produção, o que também pode ser observado num pedido que fez ao amigo Luís Sombra, quando estava às voltas com os estudos sobre as línguas e costumes indígenas. Em carta datada de 22 de outubro de 1912, Capistrano expunha ao amigo que estava terminando o seu trabalho sobre os kaxinawás. Ao mesmo tempo, lembrava-se dos artigos sobre essa tribo que tinha publicado no *Jornal do Comércio* nos anos de 1911 e 1912[7]. Capistrano se reportava a Sombra nos seguintes moldes: "V. guardou meus quatro artigos sobre os Dois Depoimentos? Meu exemplar perdeu-se. Ficar-lhe-ia muito obrigado se V. me arranjasse o seu para ser impresso em volume"[8].

Mas o historiador também perdeu alguns de seus trabalhos por outros motivos, fora a desorganização. Quando se mudou para a Travessa Honorina, no ano de 1923, Capistrano narrava como fora a arrumação de suas coisas com vistas à mudança para o novo endereço: "Na véspera da partida, um parente a quem dou casa, honrado, quase analfabeto, oficiosamente meteu-se a arrumar meus papéis e jogou fora, sem me consultar, todos que achou velhos"[9].

Essas citações terminam por passar uma idéia de que Capistrano demonstrava um desapego, para não dizer descuido, com a própria produção. E pelo que podemos acompanhar de alguns elementos mais subjetivos de sua personalidade, percebe-se, de fato, que não demonstrava zelo ou, quem sabe apreço, pelo que escrevia. Nesse sentido, parecia que o historiador possuía uma modéstia que, de tanto exacerbada, o fazia deixar de lado inclusive aquilo que tivesse refletido ou produzido. Ou, talvez, esse desapego para com própria produção fosse um desdobramento de um sentimento mais sutil, relacionado à percepção da falta de importância que seus textos teriam no rarefeito circuito intelectual do Rio de Janeiro da época.

Avesso ao estabelecimento de sua própria biografia, desprovido de atenção para com seus feitos, Capistrano poderia demonstrar coerência quando agia de forma abnegada para com a própria produção. Por que guardar seus textos? A repugnância a que se referia na carta para Mário de Alencar talvez indicasse o desejo expresso de não monumentalizar-se em vida. Ao mesmo tempo, por que não,

Capistrano poderia estar se perguntando: guardar os textos para quê? Quem os leria? E que importância possuíam?

Não era esse o procedimento do historiador para com os documentos que desejava estabelecer. Inútil dizer que nutria um forte desejo de dar luz aos textos que entendia serem importantes para a história do Brasil. Mas, dentre esses textos, não postava os seus, fosse pela modéstia ou pela percepção da pouca importância que teriam na atmosfera cultural do Brasil de então. Mas talvez devamos ir mais longe: Capistrano parecia pensar que seus textos – ou mesmo de outros historiadores – não fossem necessários num país onde a vacuidade documental era paradigmática.

Mas os editores póstumos da obra de Capistrano, evidentemente, pensaram de uma maneira muito diferente com relação à obra do historiador cearense. Da forma como reputavam, não só as aspirações do historiador, mas também os juízos que fartamente emitia nas suas cartas, os primeiros editores dos textos de Capistrano não mediram esforços no sentido da publicação de seus estudos. É assim que compreendemos a obsessão dos participantes da Sociedade Capistrano de Abreu em editar tudo aquilo que se relacionasse à produção do historiador cearense. Viam na obra do mestre uma importância inconteste, questionada pelo próprio autor enquanto vivia. Nesse sentido, vale mencionar que um dos saldos da leitura da correspondência de Capistrano de Abreu é a percepção de que muitos de seus projetos não se realizaram. Assim, termina por parecer que o melhor da produção de Capistrano se encontrava na plena franqueza com que tratava da história do Brasil, nas várias cartas que enviava aos seus destinatários. Ousamos afirmar que, na medida em que os participantes da Sociedade Capistrano de Abreu eram amigos próximos do historiador, a percepção de sua importância era um sentimento comum, mas privado. Num sentido, essa devoção à memória de Capistrano, devia ser um sentimento compartilhado somente por aqueles que estiveram mais próximos do historiador. Estes, que faziam parte do seleto grupo de convivas de Capistrano, fosse através de um contato pessoal ou por intermédio das epístolas, pareciam perceber o valor das contribuições do mestre mais do que quaisquer outros que somente acompanharam seus poucos escritos que se tornaram públicos. Assim, uma das aspirações indiretas dos participantes da Sociedade Capistrano de Abreu, parece-nos ter sido a de tornar pública a grande importância que já reputavam ao historiador, dentro dos limites da privacidade.

E, como já apontamos, na medida em que muitos dos sócios da Sociedade Capistrano de Abreu eram correspondentes do historiador cearense, podemos supor que visavam, na fundação da instituição, a manutenção da rede de pesquisas promovida informalmente por Capistrano de Abreu. Talvez esses participantes, tenham desejado manter a atmosfera de conhecimento propiciada pela troca de cartas com Capistrano de Abreu. Na sua ausência, e como meio de prosseguimento de uma prática fértil para o conhecimento, os fundadores da Sociedade Capistrano de Abreu, mais do que preservar a memória de Capistrano, podem ter desejado a manutenção de uma ambiência, que lhes era favorável e positiva.

Nessa direção, rumo à construção da memória de Capistrano de Abreu, ou para com a manutenção de uma atmosfera propícia ao conhecimento, enfatizamos que os contatos pessoais ou epistolares devem ter sido os grandes impulsionadores. Esses primeiros editores da obra de Capistrano deviam ter se atido com grande atenção para tudo aquilo que a obra pública do historiador não demonstrava, mas que se encontrava com profusão nas cartas ou nas conversas com Capistrano. Num certo sentido, podemos auferir que os aspectos mais instigantes ou estimuladores do conhecimento histórico se encontravam muito mais na correspondência do historiador do que em seus textos que foram publicados em vida.

Assim, é interessante que se observe que a própria possibilidade futura de edição das cartas de Capistrano deve ser conferida aos participantes da Sociedade, uma vez que muitos de seus associados tinham sido correspondentes do historiador. Mais ainda, foram essas pessoas que guardaram muitas das cartas enviadas por

Capistrano, ou seja, deviam saber de sua importância no mesmo instante em que as recebiam e, talvez percebessem o fosso colocado entre o que nelas constatavam e no que o historiador manifestava publicamente. Se tomarmos por base a *Correspondência* que foi estabelecida por José Honório Rodrigues veremos que o volume de cartas escritas por Capistrano supera em muito o recebido. Em que pese o fato de Capistrano ter perdido as cartas que recebia em meio ao quadro de desorganização em que vivia, somos inclinados a apontar que os correspondentes do historiador percebiam que nas cartas se encontrava muito daquilo que se ansiava publicamente com relação ao conhecimento de Capistrano de Abreu. Este talvez fosse um sentimento coletivizado pelos fundadores da Sociedade Capistrano de Abreu. E pode ser a explicação para a voracidade com que passaram a ser publicados os textos do historiador cearense.

Mas, para que a importância do historiador começasse a ser estruturada na forma da recuperação de seus textos, Capistrano não poderia estar presente e isso por acreditarmos que sua aversão a qualquer manifestação elogiosa impedisse o trabalho de editores de seus textos. Ao mesmo tempo, a fundação da Sociedade, meses após o falecimento do historiador, parecia apresentar uma forte manifestação de um desejo reprimido por parte daqueles que conviveram com o historiador cearense. A aspiração de "prestar homenagem à memória de Capistrano de Abreu"[10] e de publicar a obra completa do historiador, também deve se ajustar a um sentimento mais difuso, relacionado à falta de importância que se dá, em nosso país, às figuras que se destacaram no campo intelectual.

Mas, de uma forma ou outra, pelos objetivos que esposava, a Sociedade Capistrano de Abreu não agia, digamos, de uma forma capistraneana, simplesmente pelo fato de ter lançado foco sobre a produção do historiador. E, para se ter ao menos uma idéia do quanto Capistrano execrava homenagens é bom que se tome contato com uma citação bem conhecida pelos biógrafos do historiador. Ela se remete a uma tentativa de comemoração do aniversário de Capistrano de Abreu, em 1923. Ao tomar conhecimento da homenagem, o historiador enviou um cartão impresso para alguns de seus correspondentes, com os seguintes dizeres:

> Segundo sou informado, trama-se para meu próximo aniversário uma patuléia, poliantéia, ou coisa pior e mais ridícula, se for possível. Aos meus amigos previno que considero a tramóia como profundamente inamistosa. Não poderei manter relações com quem assim tenta desmoralizar-me. Custe o que custar[11].

Parece-nos que, ao se dedicarem ao estabelecimento daquilo que Capistrano escreveu, e principalmente por desejarem preservar a sua memória, os editores póstumos de Capistrano inevitavelmente se afastavam do obscurantismo professado pelo mestre. Mas como poderiam agir de forma diferente se reputavam a produção de Capistrano de Abreu? Ao mesmo tempo, como se detiveram num campo inexplorado, os primeiros editores de Capistrano tomaram para si uma missão, que com o tempo, terminaria por associá-los intimamente à própria elaboração da memória que se estabeleceu acerca de Capistrano. Num certo sentido, poderiam ser vistos como tributários de uma herança intelectual não aspirada e não desejada pelo próprio Capistrano de Abreu. Não temos elementos para julgar, se esses editores valiam-se do espólio do historiador para almejar algum fim mais pragmático. Pelo que se conhece do afeto que Paulo Prado destinava a Capistrano, e sabendo que ele era o principal mantenedor financeiro da Sociedade Capistrano de Abreu, afirmamos que havia uma espécie de devoção entre ele e o historiador, ao qual chamava de mestre.

O segundo grande editor de Capistrano de Abreu, José Honório Rodrigues, se encontrava em outra situação. Não conheceu Capistrano pessoalmente e se detêve em sua produção alguns anos antes da comemoração do centenário de nascimento do historiador, no ano de 1953. E nessa investida, Honório Rodrigues caminhou muito mais na própria emissão de juízos acerca da vida e obra de

Capistrano. Como se notabilizara pelo estudo de temas afeitos à historiografia brasileira, José Honório Rodrigues buscava situar o pensamento de Capistrano, assim como evidenciar os aspectos que julgava mais importantes de sua obra. Mais distante da personalidade de Capistrano, no que se diferenciava daqueles que participaram da fundação da Sociedade Capistrano de Abreu, Honório Rodrigues encontrou um campo de atuação vasto e inexplorado, uma vez que poucos historiadores haviam se detido no estudo da obra de Capistrano de Abreu.

No entanto, diferentemente do caso da Sociedade Capistrano de Abreu, onde não observamos nenhuma espécie de tensão relativa aos desejos de estabelecimento da obra de Capistrano de Abreu, José Honório Rodrigues não parece ter contado com unanimidade, o que pode ser observado nos momentos que antecederam a edição das cartas de Capistrano de Abreu. Tais dificuldades podem, quem sabe, sinalizar aspirações contrastantes no sentido de se operar com a memória de Capistrano. No mínimo, indicam uma contrariedade para com a demarcação de um território de estudos como se este fosse propriedade privada. Se os participantes mais assíduos da Sociedade Capistrano de Abreu, como vimos, privaram da intimidade, inclusive epistolar, de Capistrano, o mesmo não ocorreu a José Honório Rodrigues. Os textos que compuseram o "Curso Capistrano de Abreu", como veremos, parecem autorizar a percepção de uma disputa pelo espólio do historiador cearense. Quem se indispôs contra José Honório Rodrigues foi uma pessoa – Mozart Monteiro – que além de ter travado relações pessoais com Capistrano, era relacionado ao círculo de amizades do historiador.

Pode ser então, que essa indisposição para com os trabalhos de José Honório Rodrigues se devesse ao conhecimento acadêmico que passou a ter de Capistrano de Abreu. Mas, o fato de ter sido o pesquisador responsável pelo estabelecimento da correspondência de Capistrano também deve ter pesado para que fosse visto com ressalvas. Como veremos adiante, Honório Rodrigues foi o único historiador que pôde ter acesso às cartas que Capistrano enviou para João Lúcio de Azevedo e isso por estar trabalhando na Biblioteca Nacional, onde as cartas se encontravam sem que pudessem ser consultadas. A leitura atenta que fez da correspondência de Capistrano de Abreu o autorizou a abordar mais proximamente a própria personalidade do historiador, dados apenas percebidos por aqueles que o conheceram pessoalmente. Essa falta de conhecimento pessoal não impediu a José Honório Rodrigues, a emissão de uma série de juízos sobre Capistrano de Abreu. De forma distinta daquela manifestada pelos participantes da Sociedade Capistrano de Abreu, o trabalho de José Honório Rodrigues terminou por estabelecer um perfil – tanto objetivo quanto subjetivo – do historiador cearense. Nesse sentido, José Honório não somente estabeleceu os textos de Capistrano, mas também caminhou na direção da interpretação da obra do historiador.

E como também tivesse se tornado uma espécie de seguidor inconteste das aspirações de Capistrano de Abreu, somos inclinados a apontar que a leitura da correspondência do historiador cearense, tenha sido fundamental para José Honório Rodrigues. É assim que interpretamos os trabalhos desse historiador, no sentido da edição completa das obras de Capistrano de Abreu, o que realizaria ao longo da década de 1970. E, se é rara a menção aos trabalhos da Sociedade Capistrano de Abreu, o mesmo não pode ser dito quanto às investidas de Honório Rodrigues. Todos os trabalhos recentes que visam o aprofundamento na obra de Capistrano de Abreu, terminam por, invariavelmente, apresentar referências bibliográficas relacionadas a José Honório Rodrigues.

* * *

Na perspectiva das práticas de edição da obra de Capistrano de Abreu, observamos que o próprio autor publicou apenas três obras, *O descobrimento do Brasil e seu desenvolvimento no século XVI*[12], os *Capítulos de His-*

tória Colonial[13] e *Rã-txa hu-ni-ku-i – A Língua dos Caxinauás do Rio Ibuaçú, Afluente do Murú (Prefeitura de Tarauacá)*[14]. A maioria de seus artigos saiu impressa em jornais ou revistas sendo que uma parte substantiva de seus textos figurou como prefácio ou introdução de obras. Foi por esse motivo, que os primeiros editores de Capistrano se preocuparam em reunir esses textos e publicá-los como compilações.

De todas as edições da obra de Capistrano, a partir de seu falecimento em 1927, notamos que foram dois os maiores organizadores dos textos do autor que vieram a público, aqueles que, num certo sentido, tornaram-se mediadores de suas atividades e do próprio perfil que a tradição historiográfica erigiu em torno do historiador. Pensamos na Sociedade Capistrano de Abreu (1927-1969) que, pouco após a morte do historiador, se propunha à edição de sua obra completa, bem como de tudo o que remetesse ao historiador, inclusive suas "cartas missivas", e também em José Honório Rodrigues (1913-1987). Este último deu novas edições às obras de Capistrano com o acréscimo de um novo volume para os *Ensaios e Estudos*[15], em 1975, além, é claro, dos três volumes da *Correspondência de Capistrano de Abreu*[16], publicados em 1954/1956 e 1977, seu maior trunfo perante todos aqueles que organizaram e editaram as obras de Capistrano. Nesses dois casos, mais do que publicar obras de Capistrano de Abreu, tratou-se do estabelecimento de novos textos, caso das compilações ou da *Correspondência*. E, no sentido de aprofundarmos o conhecimento acerca desses primeiros editores, iremos expor alguns aspectos pertinentes à gênese da publicação de textos de Capistrano.

Fundada em 11 de setembro de 1927, menos de um mês após a morte de Capistrano, a Sociedade Capistrano de Abreu tinha como sede a mesma casa em que o historiador viveu os seus últimos anos de vida, cuja rua passou a chamar Capistrano de Abreu (antiga Travessa Honorina, no Botafogo). A casa cercou-se de certa dose de mística, em parte construída pelos comentadores e biógrafos da vida e obra de Capistrano. Falou-se dela como um porão, lugar onde Capistrano passava a maior parte de seu tempo envolto em papéis, deitado em sua rede, junto ao pó e a insalubridade[17]. Ali, evidentemente, encontravam-se seus livros, anotações e jornais espalhados pelo chão. E, ao que parece, os participantes da Sociedade nada fizeram no sentido da alteração da ordem que ali reinava, posto que o desejo coletivo era o da preservação da memória do historiador.

A Sociedade Capistrano de Abreu possuía seus objetivos dispostos em estatutos[18] que se faziam constar ao final de cada edição promovida pela instituição e que davam as diretrizes básicas do trabalho que pretendiam realizar. Composta "por amigos e discípulos de Capistrano de Abreu, no propósito de prestarem homenagem à sua memória", a Sociedade se comprometia a promover "a edição de trabalhos inéditos e cartas missivas e a reedição de obras já publicadas de João Capistrano de Abreu".

De fato, o fôlego editorial da Sociedade pode ser mensurado pela série de publicações da obra do historiador. Em 1928, a Sociedade Capistrano de Abreu editava os *Capítulos de História Colonial (1500-1800)*[19], pela Tipografia Leuzinger. Em 1929, era a vez de *O Descobrimento do Brasil*[20], impresso pela Livraria Briguiet, assim como as demais publicações da Sociedade. Em 1930, apresentava-se a compilação de textos de Capistrano de Abreu que recebeu o nome de *Caminhos Antigos e Povoamento do Brasil*[21]. Na mesma linha de compilações de textos e prefácios produzidos por Capistrano, temos a 1ª série dos *Ensaios e Estudos (Crítica e História)*[22] de 1931 e a 2ª série dos mesmos *Ensaios e Estudos*[23], publicada em 1932. O ano de 1934 marcou o lançamento de uma 3ª edição dos *Capítulos de História Colonial*[24], uma vez que a edição anterior havia se esgotado. Em 1935, a Sociedade Capistrano de Abreu publicava a *Primeira Visitação do Santo Ofício às Partes do Brasil, pelo licenciado Heitor Furtado de Mendonça (Confissões da Bahia, 1591-92)*[25], com o prefácio de Capistrano de Abreu. Esse título já havia saído, em 1922, com a tiragem de 250 exemplares e fez parte da "Série Eduardo Prado: para melhor conhecer o Brasil". Em 1938, publicou-se uma outra compilação de textos esparsos de Capistrano, a maioria deles somente encontrada em jornais ou como prefácios, os *Ensaios e Estudos*, 3ª série[26]. No ano de 1941, a Sociedade publicava *Rã-txa Hu-ni-ku-i*[27], livro de Capistrano de Abreu sobre gramática e folclore da tribo kaxinawá. A Sociedade Capistrano de Abreu deu nova edição à obra, acrescida de emendas do autor e estudo crítico de Theodor Koch-Grünberg. Em 1954, quando das comemorações do centenário do nascimento de Capistrano de Abreu, a Sociedade editaria os *Capítulos de História Colonial (1500-1800)*[28], e em 1960, os *Caminhos Antigos e Povoamento do Brasil*[29]. Também publicou dois autores que haviam recebido o "Prêmio Capistrano de Abreu", *Anchieta na Capitania de S. Vicente*[30], de Antonio de Alcântara Machado e *Os Companheiros de D. Francisco de Souza*[31], de Francisco de Assis Carvalho Franco, ambos pela Livraria Briguiet, do Rio de Janeiro, e em 1929.

Ambas as editoras escolhidas pela Sociedade Capistrano de Abreu, a Leuzinger e a Briguiet, se situavam no Rio e eram conhecidas por Capistrano[32,] que também publicava seus textos por elas e as indicava para seus correspondentes. As edições eram feitas em dupla tiragem, sendo a primeira em maior número – que variou de 1.000 a 2.050 exemplares – e a segunda em papel especial, não raro acrescida do retrato de Capistrano[33] – de 125 a 150 exemplares – destinada aos membros da Sociedade Capistrano de Abreu. Todos os livros editados eram numerados e possuíam uma autenticação da Sociedade, uma marca d'água elíptica onde aparecia o símbolo da entidade, bem como o nome da cidade do Rio de Janeiro. Ao final de cada edição, além dos Estatutos, constava a relação da Comissão Executiva da Sociedade para o triênio em vigência. Abaixo dos doze nomes dos participantes – que não se encontravam em ordem alfabética –, constava o endereço da residência de cada membro, o que talvez sinalizasse a aspiração pela continuidade de uma correspondência. A mesma prática era percebida na Relação Nominal dos membros da Sociedade Capistrano de Abreu que vinha a seguir, em ordem alfabética. Na seqüência, havia um espaço para a divulgação daqueles que receberam o "Prêmio Capistrano de Abreu"[34]. Finalmente, havia uma homenagem da Sociedade aos sócios falecidos no triênio em questão ou do início deste até a publicação da respectiva obra[35].

Apesar de desejar promover um encontro anual de todos os participantes quando da data de nascimento de Capistrano, divulgar a concessão do "Prêmio Capistrano de Abreu" para aqueles que desenvolvessem um trabalho nos moldes daqueles do historiador cearense, a Sociedade Capistrano de Abreu parecia aproximar-se da personalidade de Capistrano no que dizia respeito à modéstia e a falta de foco em seus feitos. Os livros de Capistrano editados pela Sociedade saíam sem prefácio, introdução ou nota liminar, e apenas indicavam a procedência dos textos.

A visão de mundo e a maneira de se portar de Capistrano deveriam estar muito mais presentes para os participantes da Sociedade Capistrano de Abreu, que inclusive o conheceram pessoalmente e, quando não, foram os seus correspondentes diletos. Essa experiência epistolar era conhecida individualmente por Rodolfo Garcia, Paulo Prado e outros participantes da Sociedade, que inclusive poderiam vivenciar a coletivização desses elementos quando em conjunto. Ou seja, parece-nos provável, que a prática de edição dos textos de Capistrano de Abreu, operada pelos participantes da Sociedade, em muito se assemelhasse àquilo que o próprio historiador tenha almejado, quando do estabelecimento dos documentos que deparou em vida. Como Capistrano, a Sociedade que levava o seu nome, procurava realçar, tão somente, os textos que publicava. E, nesse sentido, restringia a ênfase no trabalho que realizava, rumo à edição dessas obras.

Os biógrafos e comentadores da vida e da obra de Capistrano são reticentes ao abordar o cotidiano da Sociedade Capistrano de Abreu. Mesmo que costumeiramente citada, seu nome aparece mais como uma referência de um espaço de cultivo da memória do historiador. Uma exceção foi observada na nota liminar de José Honório Rodrigues à 2ª edição da 1ª série dos *Ensaios e Estudos*, no ano de 1975[36]. No intuito de apontar os critérios para a escolha dos textos dessa compilação, Honório Rodrigues se deteve em alguns aspectos atinentes ao histórico da Sociedade que reunia os admiradores de Capistrano. Dizia que a responsabilidade pela edição das obras do historiador cearense cabia a Eugênio de Castro (o mesmo que pleiteou sem sucesso a pesquisa e edição da correspondência de Capistrano que pertencia à Biblioteca Nacional; coube também a Eugênio de Castro, a edição do *Diário de Pero Lopes de Souza*[37], o quarto título da "Série Eduardo Prado") e Rodolfo Garcia (que trabalhou com Capistrano nas anotações à *História Geral do Brasil* de Varnhagen e que continuou sozinho nesse projeto após a morte do historiador). José Honório apontava que nos primeiros anos de existência da Sociedade, os próprios sócios bancavam os recursos necessários para a edição, reunião, publicação de ensaios e reedições de livros de Capistrano. Nesse aspecto, por exemplo, vimos que a reedição de *Rã-Txa Hu-ni-ku-i*[38], em 1941, apresentava uma nota de verso que indicava o patrocínio de Guilherme Guinle, que também era homenageado pela Sociedade. Relatava José Honório que, quando entrou para a Sociedade (não colocou a data), ela já se encontrava em declínio e era ainda presidida por Rodolfo Garcia e Eugênio de Castro. Segundo Honório Rodrigues, em 1953, "por ocasião do centenário do nascimento de Capistrano de Abreu, houve um esforço de recuperação e por iniciativa do Deputado Adahyl Barreto conseguiu-se alguma verba para as comemorações, sobretudo edições"[39].

Continuando seu relato, dizia José Honório que

> o governo federal, o ministério da educação, a prefeitura do antigo Distrito Federal, o governo do novo Estado da Guanabara foram insensíveis aos apelos para ajudar a existência da Sociedade e assim, em 1969, decidiu-se transferir para a Universidade do Ceará, em Fortaleza, o acervo da Sociedade, a biblioteca, papéis e o restante das reedições que eram guardadas para sócios e futuros sócios[40].

Terminava Honório Rodrigues dizendo que a família de Capistrano manteve a doação do arquivo.

Não há outra menção, como dissemos, ao funcionamento da Sociedade que reunia membros aparentemente tão heterogêneos como Alceu Amoroso Lima, Alexandre José Barbosa Sobrinho, Clovis Beviláqua, Hélio Vianna, Julio Mesquita Filho, Mario de Andrade, Roberto Simonsen, Francisco de Assis Chateaubriand, Paul Rivet, Washington Luís ou H. G. Wells, dentre outros.

Uma consulta à relação dos membros da Sociedade Capistrano de Abreu para o seu primeiro triênio de funcionamento (1927-1930) foi feita na edição de 1929 de *O Descobrimento do Brasil*[41]. A Comissão executiva era formada por doze pessoas – os "sócios fundadores" – dispostas na seguinte ordem: Paulo Prado, João Pandiá Calógeras, Jayme Coelho, Arrojado Lisboa, Adriano de Abreu – filho de Capistrano –, Said Ali, Rodolfo Garcia, Afrânio Peixoto, Teodoro Sampaio, Afonso Taunay, Roquette Pinto e Eugênio de Castro. O tesoureiro era Heráclito Domingues. A relação de membros da Sociedade, que vinha a seguir, em ordem alfabética, era composta de 98 nomes. Destes, três membros eram discriminados como "sócios honorários", casos de Guilherme Studart, João Lúcio de Azevedo e Mário Behring, e quatro encontravam-se designados como "sócios correspondentes", casos de Carlos Malheiro Dias, M. Paulo Filho, Paul Rivet e H. G. Wells.

A disposição aleatória dos nomes na Comissão Executiva da Sociedade Capistrano de Abreu nos induz à hipótese de que Paulo Prado deveria ocupar um espaço de maior proeminência, uma vez que era o primeiro nome da relação. Pela leitura da correspondência de Capistrano de Abreu, percebia-se o carinho recíproco entre ele e Paulo Prado que, como relatava o próprio Capistrano, teria tomado gosto pela história do Brasil ao ler os *Capítulos de História Colonial* durante um acesso de gota[42]. Foi igualmente por intermédio e patrocínio de Paulo Prado, que Capistrano pode estabelecer os documentos que perfizeram a "Série Eduardo Prado"[43], e isto, evidentemente, porque Paulo financiava esses projetos. Além de Paulo Prado, podemos supor igualmente que esses sócios que pertenciam à Comissão Executiva, alguns chamados de fundadores, foram aqueles que mantiveram um contato mais próximo com Capistrano, ou pessoal ou de trabalho.

O falecimento de Paulo Prado em outubro de 1943, deve ter contribuído para o esgotamento das publicações da Sociedade Capistrano de Abreu, uma vez que somente duas novas edições viriam a público, como vimos, uma em 1954 e outra em 1960. Com a ausência de Paulo Prado, a Sociedade Capistrano de Abreu passaria a buscar apoio financeiro junto ao governo, o que deve ter contribuído para o seu definhamento. No entanto, no preparo das comemorações para o centenário de nascimento de Capistrano de Abreu, começava a se destacar a figura de um historiador que também se dedicaria intensivamente à divulgação dos trabalhos capistraneanos: José Honório Rodrigues.

Nascido no Rio de Janeiro no ano de 1913, José Honório era formado em Direito e tinha ocupado muitos postos relacionados aos estudos históricos. De 1939 a 1944, trabalhou com Sérgio Buarque de Hollanda no Instituto Nacional do Livro, obtendo nesse período uma bolsa da Fundação Rockfeller para a realização de um curso na Universidade de Columbia, nos Estados Unidos. De volta ao Brasil, após ausência de um ano, foi bibliotecário do Instituto do Açúcar e do Álcool e posteriormente, entre os anos de 1946 e 1958, foi diretor da Divisão de Obras Raras da Biblioteca Nacional. De 1958 a 1964, ocuparia o posto de diretor do Arquivo Nacional de onde sairia após seu cargo ter sido colocado em disponibilidade. Desse momento até o seu falecimento, em 1987, José Honório participaria de inúmeras conferências e atividades no exterior e no país, contribuindo para o estudo e aprofundamento do campo de estudos a que mais se dedicara, a historiografia brasileira. Ao falecer, José Honório Rodrigues deixava uma produção que contava com cerca de trinta livros, duas obras traduzidas, dezenas de opúsculos, colaborações em obras coletivas, índices anotados, edições críticas e prefácios.

Foi como funcionário da Biblioteca Nacional, como fora Capistrano de Abreu, que José Honório acompanhou e participou ativamente das comemorações dos cem anos de nascimento do historiador cearense. Amigo de Afonso de Taunay, correspondente e orientando de Capistrano nos estudos históricos, Honório Rodrigues vinha desde 1951 colhendo e organizando a vasta correspondência do historiador que se encontrava na Biblioteca Nacional, uma vez que o que até então era conhecido resumia-se a uma pequena parcela desse total. A primeira seleção de cartas de Capistrano de Abreu a ser publicada foi àquela dirigida a José Veríssimo, e foi impressa na *Revista da Academia Brasileira de Letras*, números 118-120, em 1931. As cartas dirigidas a Guilherme Studart foram publicadas no Boletim nº 6 da *Revista do Instituto do Ceará*, em 1942. As cartas dirigidas a Lino de Assunção foram impressas em Portugal, em 1946[44]. Pouco tempo antes do centenário de nascimento de Capistrano de Abreu, Afonso de Taunay vinha publicando no *Jornal do Comércio* as cartas que recebera do historiador cearense.

Mas o desejo de uma publicação mais robusta, que contemplasse quase a totalidade da copiosa correspondência de Capistrano de Abreu, já vinha de muito tempo. Segundo o relato do próprio Honório Rodrigues, no dia 7 de março de 1928, João Lúcio de Azevedo dirigiu-se em carta ao então diretor da Biblioteca Nacional, Mário Bhering[45], oferecendo a coleção de missivas enviadas por Capistrano[46]. Dizia José Honório, que o historiador português não se opunha à publicação das mesmas, mas que a família de Capistrano sim[47]. O próprio governo, através do Ministro da Justiça, Viana de Castelo, determinava em portaria de 1928 que as cartas permanecessem em sigilo. Mário Bhering conservou então as cartas no cofre da Seção de Manuscritos. Ainda segundo José Honório Rodrigues, foi em 1931 que o Comandante Eugênio de Castro, membro da Comissão Executiva da Sociedade Capistrano de Abreu, solicitou a permissão de consulta e publicação de algumas dessas cartas ao diretor da Biblioteca Nacional no que não foi atendido[48]. Segundo o Regulamento da Biblioteca, consubstanciado no decreto nº 8835, de 11/06/1911, artigo 106, a cópia dos manuscritos ou impressos reservados dependia de autorização ministerial expressa. Belisário Pena, então Ministro da Educação, em visita à instituição, confirmou a reserva dos documentos que continuaram inacessíveis até 1953. Nesse ano, em 2 de julho, era promulgada a Lei do Congresso Nacional nº 1896 que determinava a possibilidade da edição da correspondência. O consentimento da família de Capistrano foi obtido com o único pedido de que fossem subtraídos certos trechos ou cartas que contivessem temas ou aspectos considerados inconvenientes[49].

Honório Rodrigues também apontava que os recursos para a pesquisa e edição da correspondência foram providos pelo Congresso Nacional, por iniciativa do Deputado Adahyl Barreto, com a inclusão de uma verba de 300 mil cruzeiros no orçamento do Instituto Nacional do Livro para 1953, destinada exclusivamente à edição da correspondência[50]. Coube a José Honório Rodrigues a organização da edição que seria impressa e nisto concordaram as diretorias da Biblioteca Nacional e do Instituto Nacional do Livro.

O trabalho que José Honório realizava em 1953, e que redundaria nos dois primeiros volumes da *Correspondência de Capistrano de Abreu*, publicados em 1954, e no terceiro, apresentado em 1956, reunia, além do material já tornado público, um número maior que aspirava para a totalidade possível das cartas enviadas e recebidas por Capistrano de Abreu. A pesquisa que levaria Honório Rodrigues à edição desse material pode ser mensurada pela procedência das cartas colhidas na pesquisa para a edição dos volumes 1 e 2[51], bem como do volume 3[52], que ainda contava com a correspondência passiva do historiador[53].

A ligação de José Honório com a produção missiva de Capistrano ainda prosseguiria por muitos anos. Em 1957, publicaria na separata da *Revista de História* de julho-setembro, as "Novas Cartas de Capistrano de Abreu" dirigidas ao Padre Carlos Teschauer[54]. Em 1977, daria a segunda edição da *Correspondência de Capistrano de Abreu*[55], quando da passagem do cinqüentenário da morte do historiador. A reedição da obra fez parte de um projeto maior, que fora o da republicação das obras completas de Capistrano de Abreu. Num total de dez volumes, em uma coleção intitulada "Octalles Marcondes Ferreira", sempre contando com a organização, prefácios ou notas liminares de José Honório Rodrigues, foram impressos os *Capítulos de História Colonial*[56], *O Descobrimento do Brasil*[57], *Caminhos Antigos e Povoamento do Brasil*[58], as três séries dos *Ensaios e Estudos (crítica e história)*[59], além de uma 4ª série, até então inédita, dos *Ensaios e Estudos*[60]. Todas as obras foram editadas no Rio de Janeiro, entre os anos de 1975 a 1977, pela Civilização Brasileira em convênio com o Instituto Nacional do Livro.

No caso da 2ª edição da *Correspondência*, esta continha o mesmo prefácio da primeira, mas uma nota da editora salientava que houve o acréscimo daquelas cartas que não constavam quando do primeiro lançamento. Em Nota Liminar ao terceiro volume da 2ª edição da *Correspondência*, José Honório apontava que esse volume vinha então acrescido das cartas enviadas por Capistrano a Lino de Assunção, já impressas em Portugal por Luís Silveira em 1946, das cartas ao Padre Teschauer, já publicadas em separata, como vimos, da *Revista de História* de 1957, além de novas epístolas,

> copiadas dos originais da Biblioteca Nacional, ou porque a direção, em 1952-1953, determinou-me sua não publicação, por achá-las inconvenientes, e o autor destas linhas, como Diretor da Divisão de Publicações e Obras Raras tinha, como seu subordinado de obedecer-lhe, ou porque entraram no acervo daquela Casa depois da edição dos três volumes, em coleções particulares, como a de Tobias Monteiro[61].

Essa explicação foi relatada pelo o próprio Honório Rodrigues na Nota Liminar que antecedia o terceiro volume da segunda edição da *Correspondência*. Nela também se encontravam as cartas a João Lúcio de Azevedo, que não saíram na primeira edição da *Correspondência* por pedido expresso da família de Capistrano de Abreu.

A leitura das notas liminares e prefácios que José Honório Rodrigues fez constar das edições da *Correspondência de Capistrano de Abreu* indicou controvérsias que, no mínimo, sinalizavam que não houve uma unanimidade no sentido da avaliação do trabalho do historiador. No prefácio da primeira edição do volume 3 da *Correspondência* (1956), José Honório se reportava às críticas que recebeu tanto pelo atraso na publicação das cartas quanto pelo método que escolheu ao publicá-las – ausência de um maior número de notas explicativas, por exemplo[62]. Nas *Novas Cartas a Capistrano de Abreu* (1957), que saíram primeiramente nas páginas da *Revista de História*, a indignação de José Honório continuava e as cartas foram publicadas com um número maior de notas. Novamente, Honório Rodrigues mencionava as críticas que vinha recebendo, "com um certo sensacionalismo na imprensa, sinal de imaturidade e insensibilidade histórica".[63]

Uma outra indicação de descontentamento pode ser percebida quando das comemorações do centenário de nascimento de Capistrano de Abreu, momento em que José Honório Rodrigues ainda preparava a edição dos dois primeiros volumes da correspondência do historiador cearense. Como forma de homenagear a obra de Capistrano, o Instituto Histórico e Geográfico Brasileiro promoveu, entre os dias 2 de setembro e 23 de outubro de 1953, o "Curso Capistrano de Abreu"[64], composto de uma aula inaugural, oito conferências, uma oração e uma homenagem realizada na sede da Sociedade Capistrano de Abreu.

De uma maneira geral, o tratamento dispensado ao historiador cearense era pomposo, elogioso e apologético. Retomavam-se os aspectos mais recorrentes de sua vida e as principais investidas como pesquisador da história colonial do Brasil. Alguns palestrantes partiam quase que tão somente de reminiscências pessoais – lembranças orais de elementos da vida do historiador –, caso dos testemunhos de Rodrigo Octávio Filho[65] e especialmente o de Honorina de Abreu Monteiro[66], neta de Capistrano. As falas de Barbosa Lima Sobrinho[67] e de José Honório Rodrigues[68] sobressaíram por conterem um número maior de alusões ao método de trabalho de Capistrano de Abreu e se aproximarem mais da crítica historiográfica. As considerações mais destoantes ficaram por conta das palavras de Jayme Coelho[69], e daquelas pronunciadas pelo professor Mozart Monteiro[70].

Jayme Coelho pronunciou-se na sede da Sociedade Capistrano de Abreu, entidade de que fora um dos fundadores, e trouxe elementos mais críticos em comparação com a maioria dos textos que compuseram o livro publicado após a realização do curso. Aludia a um "mal entendido" acerca da vida de Capistrano que era o fato de se estranhar não ter realizado uma obra de vulto sobre a história geral do Brasil[71]. Segundo Coelho, essa nunca tinha sido a intenção de Capistrano posto que "o estado da documentação não era ainda favorável à tentativa de uma larga síntese, e que não lhe sobraria tempo para levar a bom termo as pesquisas que julgava imprescindíveis a tal empreendimento"[72].

O texto de Jayme Coelho, no entanto, era bruscamente interrompido e na seqüência vinha uma nota, ao que parecia, do Instituto Histórico e Geográfico[73]. Essa nita dizia que em virtude de um acidente – "uma fratura de braço impediu-lhe a mão direita de escrever as palavras que pronunciaria"[74] –, o conferencista somente pode se ater às poucas palavras que já havia escrito. A seqüência da nota justificava o número reduzido de palavras, mas enfatizava a importância de terem sido pronunciadas por alguém que conviveu com Capistrano.

O pronunciamento de Mozart Monteiro ocorreu em 23 de outubro de 1953 – data do centenário de nascimento do historiador cearense – e marcou o encerramento do "Curso Capistrano de Abreu". O conferencista era também natural do Ceará e apontava ter travado relações pessoais com Capistrano por intermédio de um amigo em comum, Pandiá Calógeras. Relatava Monteiro que, juntamente com Assis Chateaubriand, organizara a edição de *O Jornal* que, em 1925, comemorou o centenário de Pedro II. Esteve na última residência de Capistrano na Travessa Honorina, foi a seu enterro e participou da Sociedade Capistrano de Abreu. A conferência então prosseguia com Monteiro entrando no tema e descrevendo a formação de Capistrano como historiador. Eram então retomados os fatos mais recorrentes relacionados à biografia do historiador cearense: vinda para o Rio de Janeiro; entrada na Biblioteca Nacional; acesso ao Colégio Pedro II; o fato de ter sido posto em disponibilidade nessa instituição etc. Relatava algumas das anedotas relacionadas à figura de Capistrano, o que de resto também era tema notório para muitos daqueles que se debruçaram sobre a vida do historiador. O autor seguia abordando elementos da personalidade de Capistrano como, por exemplo, sua famosa modéstia. Perguntava-se também acerca do fato de Capistrano não ter escrito uma grande história do Brasil – questão que também não tinha o privilégio de ser original uma vez que, como vimos, a encontramos em vários outros comentadores da obra de Capistrano.

Finalmente, e o que nos interessa nessa referência, Mozart Monteiro questionava "porque não se pode ainda escrever a história de Capistrano de Abreu"[75]. Como resposta, Monteiro enfatizava que essa história não poderia ser escrita enquanto as cartas enviadas pelo historiador estivessem impedidas de serem consultadas. Relatava que já tivera a oportunidade de mencionar esse impedimento, quando em conferência realizada no mesmo IHGB em junho de 1952 e que foi publicada na sua seção "Letras Históricas" de *O Jornal*. Foi então retomando o seu percurso, quanto à série de investidas que fez para poder conhecer as cartas que se encontravam na Biblioteca Nacional.

Em uma citação que optamos por colocar na totalidade, Monteiro assim se questionava:

Apesar dessa revelação, dessa denúncia, desse protesto, feito em nome da cultura brasileira, por um dos grandes jornais do Rio[76], o tesouro epistolar capistraneano continuou escondido até hoje, exceto, naturalmente, para alguns funcionários da Biblioteca Nacional incumbidos de o guardar. É o caso de se perguntar: Para que existem, em qualquer país do mundo, os arquivos históricos? Qual é a missão desses arquivos? Para que serve a Seção de Manuscritos das bibliotecas públicas? Qual é o dever dos funcionários a quem são confiados esses tesouros? Para que o Estado os mantém? Para servirem ao público, ou para serem servidos, na utilização dos documentos que se encontram sob sua guarda?[77]

Prosseguia a indignação de Monteiro referindo-se ao número de cartas que se encontrava na Biblioteca Nacional, ao fato de não serem conhecidas quando do centenário de nascimento de Capistrano e talvez nem no bicentenário. Referia-se aos muitos companheiros de Capistrano que desde a sua morte, em 1927, permaneceram sem acesso às missivas. Finalizava rogando pela cooperação entre trabalhadores da Biblioteca Nacional, do Instituto do Ceará, do IHGB ou de "onde quer que, seguindo o caminho de Capistrano, se procure estudar honestamente o passado deste país, isto é – com a alma, com o coração e com o cérebro – amar e servir o Brasil"[78].

Difícil supor que as considerações de Mozart Monteiro não visassem José Honório Rodrigues e isto por acreditarmos que já houvesse alguma notoriedade de que ele viesse se dedicando à organização da correspondência de Capistrano de Abreu. Num outro momento da fala de Mozart Monteiro, o autor comentava alguns juízos emitidos sobre a vida do historiador. Salientava a importância dos comentários de José Veríssimo, tanto por se tratar de um autor criterioso, quanto por ser um amigo próximo de Capistrano. Finalmente, desferia um ataque genérico – dirigido, acreditamos, a Honório Rodrigues – contra outros pretensos analistas da obra ou vida do historiador cearense. Mozart dizia que,

> outros [analistas], menos entendidos, ou menos criteriosos que José Veríssimo, fingem que criticam a obra do mestre, chegando a nela ver teoria e filosofia que não existem. Salvo honrosas exceções, esse críticos andam à vontade, porque não são, por sua vez, criticados. Sem terem assimilado nenhuma destas matérias, e aparentando solenemente que as conhecem, misturam e baralham Teoria da História, Metodologia da História e Filosofia da História. Aplicam isso à obra de Capistrano, sem saber o que estão fazendo. So não são de todo censuráveis, porque o seu intuito é elogiar o mestre, e o mestre nada perde com isso[79].

Talvez Monteiro fosse um daqueles a quem José Honório se remetia quando apontava que teve de fazer todo o trabalho submetido às cobranças de agilidade e para que o lançamento da correspondência coincidisse com o centenário de Capistrano. Se essa era a intenção de Monteiro, o que não podemos mensurar, seu texto valia-se de uma cobrança bem razoável: que a correspondência de Capistrano se tornasse aberta às consultas e pesquisas. No entanto, como saber se as considerações de Mozart Monteiro apenas se valiam desse argumento como meio de sinalização de que também estava na luta pelo espólio epistolar do grande historiador?

De fato, nesse mesmo texto, Monteiro apontava que era sua intenção escrever um livro sobre Capistrano e que não o fizera uma vez que não podia ter acesso às cartas que se encontravam na Biblioteca Nacional. Para Mozart, "nenhum historiógrafo, nenhum historiador digno deste nome – sabendo da existência desse rico epistolário e não podendo vê-lo de perto, nem tampouco explorá-lo, ousaria escrever a História de Capistrano de Abreu"[80].

As críticas a que se reportava José Honório Rodrigues no prefácio do terceiro volume da *Correspondência de Capistrano de Abreu* poderiam talvez indicar a trincheira em que Monteiro se postava. Dizia José Honório que naturalmente lamentaram muitos que não tivessem sido anotados os dois primeiros volumes. O organizador desta edição tem consciência do acerto das críticas, mas sabe que as notas fariam atrasar a edição desta correspondência tão desejada pelo público. Aliás, já tem sido alvo de censuras pela demora de um ano e meio deste terceiro volume, tempo mínimo indispensável para a leitura, decifração, arrumo e preparo da correspondência[81].

A mesma justificativa foi dada por Honório Rodrigues na obra *Teoria da História do Brasil*[82]. Preocupando-se em expor as normas de edição de documentos, José Honório se reportava à correspondência dizendo que

> as notas são, de regra, essenciais a uma boa edição de documentos históricos; mas, às vezes, circunstâncias especiais podem sugerir a apresentação do documentário sem os esclarecimentos biográficos e históricos que esclarecem o texto e ajudam o leitor a dele se utilizar mais amplamente[83].

Uma nota de pé de página apontava que a edição da *Correspondência de Capistrano de Abreu* tornou-se uma excessão, posto que, segundo o próprio Honório Rodrigues,

> o responsável se viu diante da alternativa de atrasar a publicação para redigir as notas ou publicá-la sem notas, em vista da oportunidade do centenário que então se comemorava. Era muito forte a pressão exercida na imprensa sobre a necessidade urgente da publicação. Escolheu, então, a segunda hipótese[84].

Ainda acerca das pressões que Honório Rodrigues vinha sofrendo, quando da edição da *Correspondência de Capistrano*, é interessante que recorramos novamente à introdução que o historiador fluminense realizou, na ocasião da publicação das *Novas Cartas a Capistrano de Abreu*:

A anotação significaria retardá-la de um a dois anos, o que iria ainda mais aumentar o prurido dos curiosos aflitos pela leitura das cartas. Como elas se dirigiam a um público erudito e prestavam, com ou sem notas, grandes serviços, adotou-se a fórmula da publicação simples[85].

E esses comentários introdutórios ao lançamento das sete novas cartas de Capistrano de Abreu – seis para o Padre Carlos Teschauer e uma para Bruno Chaves –, devem ter sido fruto de uma ampla revisão por parte de José Honório. Nessa edição, o historiador apresentou 38 notas explicativas de pé de página, além de uma bibliografia do Padre Teschauer. Na edição dos três volumes da *Correspondência de Capistrano de Abreu*, Honório Rodrigues apresentou pouco mais que vinte notas explicativas e não dispôs, em nenhum momento, considerações aprofundadas acerca da produção ou da vida dos correspondentes de Capistrano de Abreu.

Mas, pelas considerações de José Honório, percebemos que ele era consciente de que não tivesse estabelecido a correspondência de Capistrano de Abreu, mas que apenas a editara. De fato, a edição das cartas do historiador prestaria mais às associações daqueles que com ele conviveram, tal era o pequeno número de notas explicativas ou de pé de página. Lidas após anos de sua primeira edição, as epístolas do historiador formam um imenso quebra-cabeça que talvez só possa ser visualizado se cotejado com a quase totalidade dos textos que se remetem tanto à vida do historiador quanto à época em que viveu. Honório não submeteu as informações contidas nas cartas a nenhuma espécie de pesquisa, o que significa dizer que não houve comentários sobre os nomes, lugares ou fatos citados por Capistrano de Abreu. O historiador leu os manuscritos, organizou as cartas de acordo com uma ordem cronológica e apresentou-as divididas por blocos de correspondentes.

Mas, no momento em que foram editadas, não nos deparamos somente com as considerações mais críticas. Em 1955, João Cruz

Costa elaborou uma resenha sobre a recém-publicada *Correspondência de Capistrano de Abreu* onde reputava a publicação das missivas, elogiava o trabalho de José Honório Rodrigues e acrescia que a publicação de semelhante obra mereceria um "estudo mais detido" que poderia ser alongado "no exame de todas as ricas facetas que ela apresenta"[86]. Comprometia-se Cruz Costa a retomar um dia o assunto com o vagar e a atenção impossibilitados de serem almejados em uma nota bibliográfica ou simples resenha. Lamentava, citando o mesmo parecer de José Honório, a ausência de algumas cartas selecionadas pela família de Capistrano de Abreu. Retomava as discussões sobre a dificuldade de acesso, pesquisa e publicação das cartas e comentava alguma das possibilidades de associação e conhecimento que se abriam com a publicação das cartas.

O primeiro comentador a fazer uso das cartas da edição da *Correspondência de Capistrano de Abreu* como meio de conhecimento de sua vida e obra seria, como vimos, Virgílio Corrêa Filho, que em 1956 lançava o *Auto-retrato Capistraneano*[87]. Corrêa Filho elogiava a publicação organizada por José Honório e encadeava trechos das cartas do historiador que se relacionavam a um ou outro aspecto de sua vida. Seu texto, que nem ao menos possuía as referências das cartas que escolheu, permite que o situemos na linha dos escritos apologéticos a Capistrano de Abreu.

Em 1961, na edição brasileira da obra de Jean Glénisson, *Iniciação aos Estudos Históricos*[88], coube a Pedro Moacyr Campos elogiar e incentivar a leitura e o estudo da *Correspondência de Capistrano de Abreu* publicada por José Honório Rodrigues. Em um apêndice intitulado "Esboço da Historiografia Brasileira", Moacyr Campos situava Capistrano de Abreu não só como um dos maiores intelectuais de sua época, mas também como o mestre e formador de uma nova corrente de historiadores no país. A correspondência de Capistrano de Abreu era citada, como já acompanhamos na Apresentação deste trabalho, como meio de adentrar os "elementos diretores de sua atividade de historiador"[89] ainda mais em se tratando de um autor que deixou poucos prefácios ou introduções aos trabalhos que realizou. Para Campos, "trata-se, na verdade, de um valiosíssimo material, tanto para o estudo da vida e das idéias de Capistrano, quanto para a história do Brasil em sua época, pois ele jamais deixa de narrar e criticar os principais acontecimentos e personalidades contemporâneas"[90].

Trechos de cartas eram citados com a finalidade de demonstrar sua importância como material de pesquisa não somente sobre o historiador, mas igualmente sobre um período da vida cultural brasileira.

A importância reputada por Pedro Moacyr Campos à correspondência de Capistrano de Abreu foi apenas em parte percebida pelos autores que se debruçaram sobre a obra do historiador nos anos que se seguiram à sua primeira edição. E se as cartas de Capistrano não foram mais reeditadas, o mesmo não se pode dizer com relação às suas outras obras. Em 1963, a Editora da Universidade Nacional de Brasília publicava os *Capítulos de História Colonial* e os *Caminhos Antigos e Povoamento do Brasil*[91] em um único volume. O mesmo livro seria relançado pela editora no ano de 1982[92]. Já a Editora da USP e a Itatiaia deram edições tanto dos *Capítulos de História Colonial*[93], quanto de *Caminhos Antigos e Povoamento do Brasil*[94]. Nos Estados Unidos, a Oxford University Press, publicou edições dos *Capítulos*[95], no ano de 1997 e 1998. Finalmente, em 1999, a Editora Martins Fontes relançaria *O Descobrimento do Brasil*[96], e no ano 2000, os *Capítulos de História Colonial* foram reeditados como parte integrante de uma série publicada pelo jornal *Folha de S. Paulo*[97].

Observamos que atualmente, as edições das obras de Capistrano não são mais promovidas por um editor em especial, podendo-se auferir que José Honório Rodrigues tenha sido o último a se notabilizar pela busca de uma edição completa daquilo que o historiador deixou. A republicação dos textos de Capistrano parece, então, se orientar por outros critérios. Acreditamos, por exemplo, que as edições das obras nos anos de 1999 e de 2000, bem como as referências ao trabalho do historiador que constaram de lançamentos que visavam comentar aspectos historiográficos (também nesses dois anos citados[98]), tenham se inserido no contexto das revisões, propiciadas pelas comemorações em torno dos 500 anos da primeira chegada dos portugueses ao Brasil.

Diga-se, no entanto, que as edições recentes tanto do já citado *O Descobrimento do Brasil*, quanto dos *Capítulos de História Colonial*, optaram por trazer as mesmas introduções, sejam as realizadas por José Honório Rodrigues, ou por Hélio Vianna, autor, como vimos, de uma biobliografia de Capistrano publicada às vésperas do centenário do nascimento do historiador. De uma forma ampla, o mesmo pode ser sinalizado quanto aos textos que analisavam aspectos historiográficos atinentes aos textos de Capistrano de Abreu, ou seja, é comum que se orientem pelas mesmas fontes reflexivas muitas das quais estabelecidas por José Honório Rodrigues. Stuart Schwartz, por exemplo, na introdução que deu à publicação dos *Capítulos de História Colonial* nos Estados Unidos, se referia a José Honório como "Abreu's most knowledgeable biographer and in some ways his intellectual sucessor"[99].

4. A configuração do deslocamento

A prática da escrita de cartas em Capistrano de Abreu

> Pretendo voltar à História do Brasil, mas sem gosto, como um boi que vai para o açougue. No prólogo de *Fausto* há um verso que sempre me comove: como Goethe, não terei o livro lido por aqueles que mais quisera. E além disso a questão terebrante: o povo brasileiro é um povo novo ou um povo decrépito? E os fatos idealizados pelo tempo valem mais que os passados atualmente?
>
> Carta de Capistrano de Abreu para Mário de Alencar, datada de 18 de janeiro de 1911[1].

Ao fazer a doação das cartas recebidas por Capistrano à Biblioteca Nacional, poucos meses após a morte do amigo cearense, o historiador português João Lúcio de Azevedo chamava a atenção para a importância que as cartas possuíam, tanto para o conhecimento de um dos maiores historiadores do Brasil, quanto para a própria história brasileira. Na epístola, enviada ao diretor da Biblioteca Nacional, Mário Behring, em 7 de março de 1928, João Lúcio dizia que, as cartas "encerram curiosas particularidades sobre o viver e pensar do escritor e poderão servir utilmente a quem um dia pretender traçar o perfil de uma figura de tanto prestígio entre os estudiosos"[2].

Por que Capistrano teria se dedicado tanto à correspondência, é uma pergunta que logo se coloca quando nos detemos na produção epistolar do historiador. Demonstrou uma dedicação incomum às cartas, o que está sinalizado no volume que escreveu, especialmente entre os anos de 1880 e 1927[3]. Esse material escrito ganha relevo, inclusive e especialmente, se cotejado com a produção pública de Capistrano, podendo-se dizer que rivalizam em quantidade. Porém, mais do que isso, foi no cotejamento com seus textos públicos que se percebeu a grandeza da correspondência do historiador. E se o valor das considerações que Capistrano dispunha nas suas cartas não foi analisado com acuidade por seus mais conhecidos biógrafos e analistas, o mesmo não se pode dizer daqueles que o conheceram e que foram seus correspondentes.

Algumas hipóteses podem ser ponderadas no intuito de se cercar os motivos que teriam levado Capistrano a se dedicar à escrita de epístolas. Capistrano nunca saiu do Brasil e pela profundidade de sua pesquisa e pelas questões que levantava, isso seria necessário. As cartas poderiam então cumprir a função de ligar o historiador aos arquivos e bibliotecas internacionais. Conhecedor do destino de vários documentos, especialmente aqueles atinentes aos séculos XVI e XVII brasileiros, Capistrano se dedicava em muito ao pedido de cópias ou cotejamento de documentos que julgava existirem no Brasil, valendo-se das amizades que se encontravam fora do país. João Lúcio de Azevedo e Lino de Assunção, por exemplo, o auxiliavam, uma vez que estavam em Portugal. Paulo Prado poderia eventualmente responder pela França e Inglaterra.

A leitura atenta que fez de Varnhagen, antes de 1878, ano de sua morte e mais tarde, quando convidado a fazer uma edição anotada da *História Geral do Brasil* (1903), talvez o permitisse supor onde se encontrava determinado original ou cópia de documento. O trabalho que realizou para a Biblioteca Nacional na Exposição de História e Geografia do Brasil em 1881, se não foi resultado de conhecimento prematuramente acumulado sobre a documentação histórica do país, também o orientou sobre a provável localização de inúmeros textos relacionados à história do Brasil. Possuidor incansável da aspiração de lançar luz àquilo que dissesse respeito ao passado brasileiro, Capistrano se servia da correspondência como meio de acesso suposto às fontes que buscava.

O fato de Capistrano não ter manifestado o desejo de saída do Brasil, bem como a profunda integração entre seu trabalho e os temas das cartas que enviava, sinalizava, quem sabe, uma explicação para o fato de Capistrano possuir tão vasta correspondência. Questões familiares também poderiam ter pesado para que Capistrano permanecesse no Brasil e daqui estabelecesse a sua "rede de pesquisa". A perda da esposa com apenas nove anos de casamento e o fato de possuir quatro filhos para criar, podem igualmente ter pesado nessa decisão. Os vínculos profissionais não o seriam, ao menos, especialmente, a partir de 1899, quando foi posto em disponibilidade no então Colégio Nacional, antigo Pedro II. A partir de então, sem a obrigação do cumprimento de horários junto às instituições, o que possuía eram vínculos de trabalho mais informais: pedidos de estabelecimentos de documentos, textos para coleções (tal foi o caso dos *Capítulos de História Colonial*), traduções, prefácios ou artigos para jornais. O trabalho sobre as línguas bacairi e kaxinawá talvez fosse aquele que mais tivesse mobilizado Capistrano nesse período, e isso pelo fato de ter de estar com os índios remanescentes dessas tribos a fim de cotejar o seu estágio de conhecimento sobre a língua e costumes desses povos. Mesmo assim, era de se supor que Capistrano pudesse se afastar do Brasil. Os convites para a saída do país existiram. Na correspondência a João Lúcio há a menção a uma pessoa – José Pinto Guimarães – que desejava levar Capistrano para a Alemanha, primeiramente, e depois para a Suíça:

> Há dois meses, na Avenida Rio Branco, dirigiu-se muito apressado para falar o Paulo Prado. Disse que, obrigado a ficar em casa por um acesso de gota, lera meus *Capítulos* e achara seu caminho de Damasco, e convidou-me para almoçar com um amigo que desejava muito conhecer-me. Chama-se José Pinto Guimarães, é rio-grandense, foi até o ano passado secretário da legação na Alemanha, agora vai como cônsul geral em Zürich. Verifiquei ser o mesmo de quem recebera há tempos, antes da guerra, um recado: que fosse para Berlim, que durante todo o tempo ficaria lá todo o tempo [sic] que quisesse sem a mínima despesa: continua com a mesma idéia:

agora quer levar-me para Zürich. São simpatias que afinal vexam: nascem espontaneamente e quando o real não combina com o ideal: aqui-del-rei, estou roubado"[4].

A possibilidade de que Capistrano tenha ficado no Brasil por conta de sua família deve ser ponderada. Nesse sentido, contamos com um registro em uma de suas cartas enviadas a Mário de Alencar. Dentro de um contexto em que contava para Mário, os sentimentos que lhe provocaram a decisão de sua filha Honorina de entrar para o convento, Capistrano se revia e dizia com angústia:

> Considero-me uma ave qualquer que desde vinte anos outra coisa não faz senão perder penas; as novas não substituem as antigas, e o vôo faz-se cada vez mais rasteiro. E lá um dia virá, sobre todos desejado, em que cesse a faculdade de voar. Eis o meu caso, querido Mário. Não sou pessimista, não sou otimista, sou um conformista, quem sabe? Um satisfeito, mas hoje gosto tanto de não ser obstrusivo! Se não fosse Matilde, creio que não moraria no Rio, e iria travar alhures relações banais, que são as mais seguras, pois substituem-se[5].

Mas Matilde se casa, Fernando, já casado, faleceria em 1918, e com Honorina no convento, e Adriano não mais dependendo do pai, Capistrano não saiu do Rio de Janeiro, salvo nas suas várias viagens que fazia por questões de saúde ou de trabalho. O trecho acima citado, se evidentemente não nos responde integralmente a dúvida acerca da permanência de Capistrano no Brasil, ao menos nos sinaliza que o historiador devotava atenção para com sua família.

Fosse por motivos familiares, ou não, talvez não tenha saído do Brasil por não entender que isso fosse necessário. Ao menos não parecia demonstrar que se tratasse de um problema ou obstáculo àquilo que desejava atingir no estudo da história do Brasil. Dos problemas que dispôs perante seu trabalho, o primeiro dizia respeito à dificuldade de se encontrar determinados documentos. E muitas vezes, eles não estavam aqui nem em nenhum outro local do mundo. Mas se um determinado documento existisse, e Capistrano conseguisse recuperar o seu destino, era bem provável que algum de seus correspondentes pudesse encontrá-lo, uma vez que a busca era bem sinalizada pelo historiador cearense. Nesse sentido, Barbosa Lima Sobrinho, que teve um contato superficial com as cartas de Capistrano antes que estas fossem publicadas, apontava que:

> (...) sem sair do Brasil, Capistrano de Abreu tinha, na memória, uma espécie de catálogo, ou de guia dos arquivos estrangeiros, sobretudo os de Portugal. Impressiona, na sua correspondência, verificar que ele sabe onde devem estar os documentos que precisa. Escreve, daqui, aos amigos como se acabasse de regressar de longas estadias nesses países e de prolongado manuseio de suas coleções de documentos[6].

A referência que Lima Sobrinho fez ao catálogo que Capistrano devia ter na memória não deve ser apenas uma figura de linguagem. Como funcionário que fora da Biblioteca Nacional, Capistrano era um leitor assíduo dos catálogos de várias bibliotecas, por exemplo, de Lisboa, Évora ou Sevilha. Além disso, costumava observar quando os autores de obras de história citavam a localização de um documento numa determinada biblioteca. Daí para encaminhar a checagem numa carta a algum correspondente que estivesse fora do Brasil era apenas um passo.

O zelo era de tamanha ordem, que Capistrano, inclusive, se preocupava em indicar o copista bem como o preço médio estipulado para a cópia. Na verdade, o historiador operava com baixos custos: na maioria das vezes suas pesquisas eram patrocinadas por amigos, como Paulo Prado, por exemplo. Uma demonstração dessas preocupações – que apareceram por várias vezes nas cartas de Capistrano – pode ser observada numa carta enviada para João Lúcio de Azevedo, datada de 30 de junho de 1916:

Quando vivia Lino de Assunção, mais de uma vez pedi e recebi de Portugal cópias a preços módicos. Mais tarde incumbi a um amigo, que ia para a Europa, de me trazer dois documentos, e chegaram em tais condições que não me animaram a repetir a experiência. Lino mandava fazer as cópias por pessoas cujas aptidões conhecia, o que para meus estudos era suficiente. Meu amigo trouxe-as legalizadas, autenticadas, como se se tratasse de questão judiciária. Daí a diferença escandalosa. Creio que será possível obter cópias nas condições do Lino (...). Se os seus trabalhos lhe permitissem tomar a maçada de procurar copista adequado, desejaria que as cópias fossem feitas só de um lado do papel para facilitar a impressão, que viessem à medida que fossem terminadas, registradas e acompanhadas das notas das despesas, que seriam logo satisfeitas[7].

Mas se não saiu do Brasil em nenhum instante de sua vida, o historiador parecia simular essa situação através da correspondência. E nesse sentido, é digna de nota a organicidade presente entre sua vida e a escritura de epístolas. Capistrano devia passar de uma leitura para outra, daí para as suas anotações e destas, quem sabe, para as cartas, de tal forma elas parecem integradas ao trabalho que realizava. Se o que estava fazendo era a tentativa do estabelecimento da *História do Brasil* de Frei Vicente do Salvador, as cartas a Lino de Assunção parecem ser apenas um desdobramento do estudo. Capistrano indicava as páginas ou trechos expressos dessa obra, sinalizando a Lino onde poderiam ser encontrados. Se o estudo estava se concentrando nas *Confissões e Denunciações da Bahia*, as cartas a João Lúcio de Azevedo expunham dúvidas, pedidos de interlocução e exploravam o estágio atual de seu conhecimento. Para se ter uma idéia, vejamos alguns trechos da correspondência de Capistrano de Abreu, como este, de uma carta enviada a Lino de Assunção:

A história do Brasil é um mundo, e o que existe nos arquivos portugueses pelo menos um continente. Seria preciso passar muitos anos aí, sem ter outra coisa a fazer, para dar cabo da tarefa. Disse-me o Leal que na Biblioteca Nacional existem dois volumes Mss. de cartas dos Jesuítas. (...) Incluo uma lista, a mais completa que pude organizar, dos documentos extraídos da Torre do Tombo e que aqui existem para veres o que há de novo por lá ainda não conhecido aqui (...)[8].

Ou este outro, retirado de uma carta enviada ao amigo João Lúcio de Azevedo: "Desejo os documentos sobre o navio de João de Souza, expedido de Pernambuco por Martim Afonso, e os de Pero do Campo Tourinho, com que espero fazer surpresa à gente da Bahia. Desejaria também o que houver a partir de 1580, até antes da guerra holandesa"[9].

Este, retirado de uma carta enviada ao Barão de Rio Branco, em 1886: "Agora peço licença a V. Ex.ª para fazer um novo pedido (...) foi publicado, há pouco tempo, o *Catálogo dos Mss. Espanhóis do British Museum*, organizado por D. Pascual de Gayangos. Não haverá nele indicada muita coisa sobre o Brasil?"[10].

E, finalmente, este último, sinalizado em uma carta enviada para Oliveira Lima, no ano de 1900: "A respeito das estradas da Bahia infelizmente restam-me dúvidas sérias que não sei como resolver. Talvez a solução se encontre aí em Londres. Existiriam no British Museum mapas da Bahia e Rio de S. Francisco dos últimos anos do século XVII e começo do século XVIII?"[11].

Mas, além da solução pragmática de seus dilemas de pesquisa, entendemos que a prática da escrita de cartas tenha sido para Capistrano quase que uma maneira de oxigenar a sua aspiração por interlocução, não só acerca dos assuntos profissionais, mas igualmente dos temas mais particulares e privados. Pela abertura que tinha ao tratar das pessoas que cita – eminentes políticos, ocupantes de cargos públicos de destaque, escritores ou intelectuais de sua época –, pensamos que esse espaço tenha permitido a Capistrano manifestar sua personalidade de uma maneira mais direta e menos problemática. Um exemplo nessa direção pode ser percebido numa carta que enviou para Quinquim, filha de Lídia e Assis Brasil, amigos íntimos de Capistrano. Era o ano de 1919, muito próximo, então, dos fortes sentimentos provocados pela perda de seu filho Fernando. Assim Capistrano se dirigiu à amiga:

> Bucólica Kiki, sua imagem aparece de preferência às horas da tarde, entregue às lidas de pastora, governando o gado manso, que tem em comum com os brasileiros não saber se governar pela própria cabeça. Sinto então um momento de saudades e interrompo o desencanto em que vivo. Amigos, conversas, passeios, livros, tudo passa e tudo é vão: quem afinal fica reduzido a si próprio é que vê a realidade e conhece como tudo é insuficiente. Is life worth living?[12]

Pelo que se observa, havia uma interação entre a produção de Capistrano, o seu próprio estado de espírito e a prática de escrita de suas cartas. Essa organicidade se acentua, na medida em que se vê a proximidade entre seus projetos e os assuntos mais pessoais que abordava em suas cartas. As epístolas de Capistrano, de uma maneira geral, e diferenciadas de acordo com o correspondente a quem se dirigia, expunham não só o percurso de seu trabalho, mas as dificuldades mais prosaicas pelas quais passava, fossem da ordem de sua saúde ou afeitas ao espírito. Visto como pessoa obscura, Capistrano se mostrou mais abertamente em suas cartas, fazendo com que estas, evidentemente, se constituam em fontes de primeira grandeza para aqueles que se detêm no estudo da personalidade do historiador.

Em uma carta enviada para Mário de Alencar datada de "12 ou 13 a ½ da madrugada de janeiro de 1920", Capistrano apontava o seguinte: "Que carta longa! Dirá V., se tiver a paciência de chegar até aqui. Bem longa mesmo! A culpa é da insônia. Preferi, a ler, conversar um pouco"[13].

O comentário solto, aparentemente desproposital e, após de fato ter escrito uma de suas maiores cartas, pode ter traído um sentimento contido no historiador, notório obsessivo pela leitura e que a trocava pela conversa, diga-se, a escrita de uma carta. Evidentemente que esse pequeno trecho de Capistrano não teria o dom de constituir-se num argumento razoável que desse conta dos motivos – se é que existiram – para que o historiador tanto se dedicasse à correspondência. Podemos, no entanto, sugerir que Capistrano também aspirasse, através das cartas, a constituição de um sentimento de amizade, de aproximação frente às pessoas de quem gostava, enfim, de sociabilidade. Nesse sentido, vale a lembrança de que nas cartas, Capistrano não só se dedicava ao trabalho, mas também à amizade que nutria por alguns de seus correspondentes. Arriscaríamos dizer que Capistrano experimentava sensações raras, e talvez únicas, no exercício da troca de cartas. E esses sentimentos, pelo que pode se depreender do que foi dito pelos biógrafos do historiador, não eram corriqueiros, nem tinham vazão em outros espaços sociais. Conhecido por um certo isolamento, Capistrano deveria exercer grande parte de sua interlocução através das cartas. Nessa direção, algumas vezes reclamava por uma resposta de algum destinatário, como por exemplo, Ramos Paz: "Não tenho tido cartas suas nem tido recebido notícias. Na última, avisava-me que iria aquela semana à Torre do Tombo mandar fazer as cópias. Tenho esperado por elas todos os vapores"[14].

Ou Afonso Taunay: "Esperava sua carta mas vejo que V. anda preguiçoso. Não se esqueça de me ver aquilo que já lhe pedi na documentação inédita do Morgado"[15].

E finalmente, para Lino de Assunção, neste trecho que apontava alguma ironia de Capistrano: "Tens-te fartado de festas a valer pelo que vejo dos telegramas, de sorte que acho a coisa mais natural do mundo que nos hajas inteiramente esquecido. Se nos mandares já alguma coisa pelo vapor de 10, será para nós uma surpresa, e muito agradável; bem podes supor"[16].

Na medida em que muitas de suas cartas apresentavam um prolongamento de seus trabalhos, pode-se supor que o historiador tenha encontrado um meio de satisfazer suas intenções profissionais, ao mesmo tempo em que tenha se deparado com uma forma de se sentir à vontade – o que talvez não ocorresse em meio aos horários e obrigações institucionais. Há notoriedade em se afirmar que o estado de espírito de Capistrano era sujeito a grandes variações e, em suas cartas, por vezes se remete a um torpor ou preguiça que tomava conta de si próprio. Mas, acima de tudo, Capistrano parecia expor com mais liberdade a sua personalidade, o que não faria tão abertamente de outra forma. Seus biógrafos e comentadores não escondem os desgostos de Capistrano para uma homenagem ou comenda que viesse a receber. Suas cartas também podem indicar que Capistrano, talvez estivesse na capital do país, muito mais pelas possíveis facilidades profissionais – num sentido mais particular e preciso, no interior da personalidade do historiador não desejoso do prosseguimento de uma carreira – e não pela vida social, que também sinalizava uma certa possibilidade de crescimento no meio em que vivia. Capistrano se indispunha contra as bajulações, conferências ou palestras que somente demarcavam o poder pessoal de um ou outro participante ou promotor.

Quando saía do Rio, e por várias vezes, levava consigo o material em que estava trabalhando no momento. Se esse trabalho fosse a respeito dos bacairis, os índios o acompanhavam. A esse respeito, veja-se o que Capistrano reportava ao amigo Assis Brasil:

> Desde o dia 14 estou aqui na Serra dos Órgãos, a 800 metros do nível do mar, a 6 horas da estação mais próxima da estrada de ferro, a 2 dias dos jornais e do pão fresco. Aqui vim procurar o sossego moral, que há um ano me faltava, e trabalhar. Tenho trabalhado efetivamente: estou estudando bacaeri com um índio do Mato Grosso e já vou bastante adiantado; estou estudando guarani, que desta vez espero conseguir furar; estou, além disso, traduzindo para a nossa coleção o livro do Dr. Goeldi sobre aves do Brasil, e já vou bem adiantado[17]. Foi o Dr. Goeldi quem me arranjou casa aqui, onde tenho, de graça, verdura quanto a criada pede, e lenha quanto o índio vai buscar no mato. O mais tudo compro no depósito, na colônia. Vim com meus cinco filhos, duas criadas e o índio, o que quer dizer que somos 9 pessoas. Ora, nossa despesa semanal é de 50$, uma maravilha de barateza[18].

Buscava refúgios também por conta de seu estado de saúde e muitas vezes procurava as regiões servidas pelas águas, nas fronteiras de Minas Gerais, São Paulo e Rio de Janeiro. Vinha a São Paulo, que admirava, e também o fazia por trabalho: aqui estava Paulo Prado e antes dele, Eduardo Prado, de quem inclusive cuidou da biblioteca após o falecimento. Encontrava-se com Martim Francisco Ribeiro de Andrada em São Bernardo e com Domingos Jaguaribe em São Vicente. É claro que a prática da correspondência continuava e são várias as suas cartas escritas dos locais onde se encontrava, em pesquisa ou a passeio. Em uma dessas viagens, para se ter uma idéia, Capistrano relatava a Paulo Prado como estava se dando em Caxambu:

> Fiz bem em ir a Caxambu. Quem quer vai para hotéis caros, obrigado à diária de 20$ ou pouco menos, com roleta, danças, música, excursões a cavalo e flirt. Dizem que a coisa não passa disto, embora às vezes plantem verdes para colher maduros além da Mantiqueira. É a vida racional: os aquáticos precisam de mudar de pele, ou deixar o veneno, como fazem as cobras quando vão beber.[19]

Evidentemente deve-se tomar alguns cuidados, no sentido de não se superestimar a importância da correspondência de Capistrano no interior de sua vida de pesquisador. A correspondência não era certamente o único canal de estabelecimento da teia de pesquisa do historiador. A troca e a interlocução deveriam igualmente se manifestar entre ele e, por exemplo, Rodolfo Garcia, aquele que continuaria, tanto o trabalho das anotações à *História Geral do Brasil* de Varnhagen, quanto os estabelecimentos dos volumes da "Série Eduardo Prado". Mas Rodolfo Garcia vivia no Rio, assim como Manoel Said Ali, também professor do Pedro II e que foi de grande valia nos trabalhos a respeito das línguas kaxinawá e bacairi. Mas, não foram poucos os projetos de Capistrano que levaram suas pesquisas para fora do país, uma vez que costumava se deter nos assuntos relativos aos séculos XVI e XVII. Era necessário que suas buscas o conduzissem aos arquivos portugueses onde João Lúcio ou Lino de Assunção teriam a facilidade da locomoção. Parece-nos que, no caso dessas relações, a correspondência cumpria o papel da plena interlocução, uma vez que não houve nenhum momento de encontro real desses historiadores com Capistrano de Abreu.

Nesses contatos, o que se revelaria era uma grande reciprocidade havida entre Capistrano e seus correspondentes. A correspondência permitia que houvesse, não só o intercâmbio de textos, bem como a ponderação de seus elementos qualitativos. Nesse aspecto, os trabalhos de Capistrano para com Paulo Prado ou João Lúcio, eram acompanhados de lado a lado. Esses historiadores refletiam sobre a pesquisa que Capistrano realizava e o mesmo era feito pelo historiador cearense. No que dizia respeito a essa avaliação conjunta do trabalho, não acreditamos que haja algo de novo uma vez que, como colegas, envolvidos em atividades ou projetos comuns, o natural é que existisse uma interlocução. Evidentemente, a importância maior dessa troca de informações é o fato de ela estar presente copiosamente nas cartas enviadas por Capistrano a esses pesquisadores. E por se tratar de um elemento valioso para a aproximação, tanto da prática do historiador quanto para a de seus correspondentes, a correspondência de Capistrano, mesmo que com o risco de ter superdimensionada a sua importância, nos abre a obsessão do historiador pela pesquisa. E a maneira com que buscava a reflexão sobre algum aspecto da história ou a luta para que se encontrasse determinado texto ou documento, nos levam à formação desse juízo.

A rede de pesquisa constituída na correspondência de Capistrano de Abreu pode ser mensurada pelos trabalhos que foram encaminhados a partir das cartas. Em primeiro lugar, as cartas de Capistrano a Lino de Assunção entre os anos de 1885 a 1893[20], aquelas dirigidas a João Lúcio de Azevedo entre os anos de 1916 e 1927[21] e a correspondência para com Rodolfo Garcia realizada entre os anos de 1919 e 1927[22] trazem elementos que concerniam à pesquisa nos arquivos portugueses com vistas à edição da *História do Brasil* de Frei Vicente do Salvador, documento que foi estabelecido por Capistrano de Abreu e que começou a ser publicado em capítulos no *Diário Oficial* entre os anos de 1886[23] e 1887[24]. A primeira edição completa da obra sairia em 1889[25], sendo que Capistrano ainda daria uma outra edição em 1918[26], acrescida de um prefácio e de prolegômenos que antecederam cada um dos cinco livros que compunham o trabalho do jesuíta. A trajetória rumo ao estabelecimento e publicação dessa obra – que remonta à Exposição de História e Geografia, aberta na Biblioteca Nacional do Rio de Janeiro em 1881, no dia do aniversário de Pedro II, a 2 de dezembro[27] – encontrou-se fartamente narrada nessas cartas. Mesmo que o *Catálogo da Exposição de História do Brasil*[28] fosse tomado como o ponto alto dessa exposição, a *História do Brasil* de Frei Vicente do Salvador tornou-se o centro das atenções. No prefácio[29] que deu à edição da obra em 1918, Capistrano expôs como esse texto chegou até a Biblioteca Nacional e como conseguiu editá-lo de 1889. Na correspondência a Lino de Assumpção, Capistrano abordava os problemas que enfrentava com o então Diretor da Biblioteca Nacional, Saldanha da Gama – que não desejava que fosse dada a edição da obra de Frei Vicente do Salvador por Capistrano[30] –, e a prática de pesquisa nos arquivos portugueses, por conta de seu desejo de dar uma edição ao público desse documento – o primeiro livro de história do Brasil, feito por um brasileiro, e que levava como título o nome do país. Nas cartas endereçadas a João Lúcio, Capistrano estava às voltas com a segunda edição da obra e, nesse sentido, eram retomadas as questões que envolviam a procura pelos trechos que faltavam no texto de Frei Vicente, bem como o procedimento técnico de pesquisa, fosse da escolha do copista de documentos ou dos trabalhos de edição dos exemplares em São Paulo.

Em segundo lugar, a pesquisa, o pedido de cópias e o estabelecimento de quatro documentos que fizeram parte da "Série Eduardo Prado: Para Melhor se Conhecer o Brasil", *História da Missão dos Padres Capuchinhos na Ilha do Maranhão*, de Claude d'Abbeville[31], *Confissões da Bahia*[32], resultantes da Primeira Visitação do Santo Ofício ao Brasil, em 1591-92, as *Denunciações da Bahia*[33] de 1591-1593 que também faziam parte da Primeira Visitação do Santo Ofício ao Brasil e o *Diário de Pero Lopes de Souza (1530-1532)*[34]. A correspondência destinada a João Lúcio de Azevedo bem como, aquela dirigida a Paulo Prado[35], trazia dados de pesquisa, qualificação e caracterização de fontes, além de elementos que diziam respeito à própria prática de coleta de documentos, do processo de obtenção dos mesmos que se encontravam em arquivos portugueses e da própria prática de edição desses textos. Nesse sentido, a correspondência com Paulo Prado e João Lúcio enfatizava aspectos que iam da escolha de copistas, dos tipos adequados à melhor impressão, da quantidade da tiragem, considerada ínfima por Capistrano, e das editoras que poderiam realizar o trabalho. Os prefácios de Capistrano de Abreu aos respectivos volumes[36] dessa coleção também perfazem importantes materiais de consulta quando associados às cartas que escreveu.

Em terceiro lugar, a correspondência de Capistrano de Abreu bem como alguns de seus artigos de jornal e prefácios, nos deram indicações quanto às descobertas que fez de que Fernão Cardim era o autor de *Do Princípio e Origem dos Índios do Brasil e de seus Costumes, Adoração e Cerimônias*, de que Brandônio era o real autor dos *Diálogos das Grandezas do Brasil* e, finalmente, da descoberta de que André João Antonil, o autor de *Cultura e Opulência do Brasil por suas Drogas e Minas*, era de fato João Antonio Andreoni. Para o caso de Fernão Cardim, temos a Introdução dada por Capistrano de Abreu na 1ª edição de 1881, presente nos *Ensaios e Estudos (crítica e história)*, 1ª série[37] além de um artigo publicado n'*O Jornal* de 27 de janeiro de 1925, constante da 2ª série dos *Ensaios e Estudos (crítica e história)*[38]. A referência à descoberta que concerne à obra de Brandônio se encontra no estudo publicado sob o título "Revistas Históricas" no *Jornal do Comércio* de 24 de novembro de 1900 e de 24 de setembro de 1901 e é texto que consta da 1ª série dos *Ensaios e Estudos (crítica e história)*[39]. A identificação de Antonil se encontrava relatada em especial, mas não somente, na correspondência com João Lúcio de Azevedo[40]. Dessas buscas e descobertas de Capistrano, essa última é a que se encontra mais referenciada nos textos de seus comentadores, principalmente aqueles que puderam tomar contato com sua correspondência, uma vez que somente ali, o caso da descoberta se encontra narrado por Capistrano. Apesar de ser o identificador de Antonil, coube a Afonso de Taunay o estabelecimento de *Cultura e Opulência*[41], o que não entusiasmou Capistrano à elaboração de um estudo mais aprofundado sobre a obra, como ele próprio relataria em suas cartas.

Em quarto lugar, a correspondência com João Lúcio de Azevedo, com Guilherme Studart[42] (entre os anos de 1892-1922) e com Rodolfo Garcia nos fornece indicações acerca do trabalho de anotação à *História Geral do Brasil*[43] de Francisco Adolfo de Varnhagen. Além das pistas documentais que perseguia, da quase decifração de algumas passagens da obra, a cartas contavam acerca do incêndio ocorrido em 1907 na Companhia Tipográfica do Brasil, onde se encontrava grande parte das anotações de Capistrano. Posteriormente, caberia a Rodolfo Garcia o prosseguimento da organização e das notas à volumosa obra do historiador sorocabano. De qualquer forma, Capistrano escreveu e publicou a nota preliminar do primeiro e único tomo dessa obra no ano de 1906, sendo que trabalhava nessa investida desde 1902. A correspondência com João Lúcio de Azevedo nos mostra que Capistrano retomou as anotações à obra de Varnhagen em 1916, com vistas a uma nova edição de suas anotações[44].

Em quinto lugar, a correspondência de Capistrano de Abreu, enviada para vários de seus correspondentes, nos insere no cotidiano de seu trabalho em torno da gramática e dos costumes das tribos bacairis e kaxinawás. Além das cartas, o texto "Os Bacaeris"[45] e o prefácio à obra *Rã-txa hu-ni-ku-i – A Língua dos Caxinauás do Rio Ibuaçú, Afluente do Murú (Prefeitura de Tarauacá)*[46] publicada em 1914, nos trazem importantes elementos acerca de seu trabalho de pesquisa sobre os hábitos e as línguas bacairi e kaxinawá[47]. As cartas de Capistrano de Abreu a um número variado de destinatários, como Luís Sombra[48] ou João Lúcio de Azevedo, expunham desde a intenção do trabalho do historiador até os contatos diários que teve com seis índios, dentre eles, Irineu, que era bacairi, Borô (chamado de Vicente, por

Capistrano) e Tux-i-ñi (tratado nas cartas de Capistrano como Tuxinin) que eram kaxinawás. Dos comentadores da vida e obra de Capistrano, observamos que, expressamente aqueles que tomaram contato com sua correspondência, fizeram um número maior de referências às experiências de Capistrano no contato diário com os índios. As cartas enviadas pelo historiador possibilitam o fornecimento de um número maior de informações sobre esses trabalhos, além de dirimirem alguns equívocos observados nos textos de analistas que se detiveram sobre o assunto[49].

Na verdade, através da leitura da correspondência do historiador, podemos perceber que houve uma primeira fase de estudos sobre os bacairis, que se situou entre os anos de 1884, quando observamos o recebimento de duas cartas do professor Netkens de Matos e que versavam sobre a etnologia indígena[50], e 1895, quando se deu a publicação do texto de Capistrano sobre essa tribo[51]. Os trabalhos de Capistrano de Abreu sobre os bacairis seriam retomados numa segunda fase que se situou entre 1915, quando o historiador iniciou uma revisão de seus estudos – por entender que muito ainda havia para ser feito –, e 1927, ano de seu falecimento. Essa segunda investida, diferentemente da anterior, não redundou em nenhuma espécie de publicação. A leitura da correspondência de Capistrano possibilita que se perceba toda uma série de dificuldades, que passavam pela falta de tempo exclusivo de dedicação ao trabalho, e pelos problemas que concerniam às tipografias do Rio de Janeiro ou de São Paulo. Tratou-se também de um período de fragilização, emocional e física, o que fazia com que Capistrano modificasse seus hábitos, impossibilitando-o de uma entrada mais profunda no trabalho. Os trabalhos de Capistrano em torno dos kaxinawás ocorreram entre 1909, quando se encontrava na fazenda Paraíso, propriedade de Virgílio Brígido, seu amigo, e que se localizava às margens do rio Paraíba, no estado do Rio de Janeiro, e 1914, ano em que se deu a publicação do referido livro. Tratou-se de uma investida mais segura cujo resultado, de uma forma ou de outra, foi positivo para o historiador.

Em sexto lugar, a correspondência contempla aspectos de sua pesquisa e, especialmente, do texto que elaborou para o Centro Industrial do Brasil sob o título de "Breves Traços da História do Brasil Colônia, Império e República", e que fez parte da obra *O Brasil – Suas Riquezas Naturais*[52]. No ano de 1907, esse texto seria publicado como separata, com o título de *Capítulos de História Colonial*[53], a única obra de história *stricto senso* publicada em vida de Capistrano de Abreu. Sua correspondência nos forneceu indicações de seus desejos de publicação de uma segunda edição desse título, fato que não se realizou.

A correspondência se remete, não somente ao método de pesquisa de Capistrano de Abreu, mas também aos esforços no sentido de editar alguns documentos que considerava capitais para a história do Brasil. De fato, Capistrano se referia muitas vezes ao trabalho de cópia de textos e manuscritos relativos aos assuntos que estudava, e que se encontravam em arquivos ou bibliotecas européias. Referia-se também às preocupações concernentes à publicação desses documentos no Brasil. É assim que, em meio à correspondência, Capistrano nos introduz a todo um procedimento de trabalho e edição de textos – qualidade do trabalho dos copistas; preços de seus serviços; editoras existentes no Rio e em São Paulo; preços e qualidade das edições; trabalhos de tipografias; forja dos tipos de ferro; precariedade das editoras e perfil dos editores; trabalhos dos alfarrabistas etc. A leitura de algumas cartas permite, então, que nos aproximemos da prática editorial de Capistrano de Abreu, o que pode nos levar ao acesso relativo aos trabalhos de edição na virada para o século XX. O tema da impressão e da edição dos trabalhos que, tanto Capistrano quanto alguns de seus destinatários realizavam, esteve presente principalmente nas cartas do historiador enviadas para João Lúcio de Azevedo, Paulo Prado e Lino de Assunção.

A partir da maneira com que Capistrano se relacionava com sua produção epistolar, somos introduzidos na complexidade de sua existência. De tal forma, não se pode dissociar seus estados de angústia promovidos pelas dificuldades impostas pelas instituições que se vinculava, pela tristeza propiciada por perdas familiares, pela felicidade juvenil quando do relato de uma descoberta considerada capital para a história do Brasil, dentre outros aspectos que se configuram. Num certo sentido, pela extensão de sua produção epistolar, pareceu-nos que Capistrano tenha buscado atingir um certo equilíbrio existencial, na medida em que se satisfez na escrita de tantas missivas. Além disso, há um outro fator a ser pesado e que diz respeito à sociabilidade. Capistrano, evidentemente, tinha liberdade na escolha de seus correspondentes bem como dos assuntos que tratava. Nesse aspecto, as cartas são uma espécie de veículo de transmissão daquilo que mobilizava o historiador. Cumpriram também a função de interlocução subjetiva, na medida em que Capistrano se abria e se relativizava. As epístolas possibilitavam a canalização de sentimentos mais angustiantes ou difusos e permitiam a exploração das incertezas de Capistrano de Abreu. Num sentido, a imagem do "lobo da estepe" vai se alterando, uma vez que o historiador se mostrava mais aberto em suas cartas.

Talvez uma das respostas cabíveis à questão inicial deste texto, quanto ao fato da dedicação incomum de Capistrano às cartas, seja a possibilidade de desabafo das incertezas que mais o atormentavam, fossem relacionadas ao trabalho ou à própria vida particular. Exercício indissociável de sua própria vida, a escrita de cartas pode ter preenchido o espaço que poderia ser destinado à elaboração de uma grande história do Brasil. Em última análise, a prática de escrita de epístolas pode ter vindo como resposta a um sentimento de deslocamento frente à formalização dos conhecimentos históricos de Capistrano de Abreu. Arriscaríamos a dizer que essa grande obra se encontra delineada nas intenções, incertezas e angústias que se acham com generosidade na correspondência do historiador. Obra, sem dúvida informal, mas que, talvez por essa mesma razão, permitiu que Capistrano a escrevesse mais à vontade, longe das exigências sociais, do carreirismo e das titulações superficiais. Uma vez inserida e associada invariavelmente ao interior da vida do historiador, a prática incisiva da escrita das cartas, pode revelar uma das soluções encontradas pelo autor frente aos seus dilemas mais profundos. E alguns destes podem ser avaliados pela análise dos temas mais subjetivos que foram abordados na sua correspondência.

* * *

Em carta enviada para João Lúcio de Azevedo, datada de 19 de março de 1917, Capistrano assim retomava a sua saída do Ceará e chegada ao Rio, no ano de 1875:

> Tenho presente a primeira vez em que veio a idéia de escrever a história do Brasil. Estava no Ceará, freguesia de Maranguape, com poucos livros, arredado de todo comércio intelectual. Acabava de ler Buckle no original, relia mais uma vez Taine, tinha acabado a viagem de Agassiz. Vim depois para o Rio em 1875; cada ano que passa é uma parede que cai[54].

É provável que Capistrano de Abreu tenha percebido que seu percurso intelectual tivesse chegado ao limite em Fortaleza, no ano de 1875. Nesse sentido, a escolha da cidade do Rio de Janeiro, a capital do Império, de alguma forma deveria satisfazer as suas aspirações pelo incremento de sua trajetória intelectual. De fato, Capistrano encontrou espaços de atuação profissional naquelas áreas para as quais manifestava uma queda: a literatura e a história. Diferentemente do que ocorrera em Fortaleza, onde a prática de Capistrano poderia passar a idéia de um certo voluntarismo, na capital do Império os canais de realização que escolheu já começariam a permitir que vivesse através dos ganhos daquilo que sabia e desejava fazer. Em outras palavras, no Rio, Capistrano passava a ganhar a vida como intelectual.

Os canais através dos quais Capistrano expunha seu conhecimento, e aqueles que permitiam a exploração de seus estudos, estavam dispostos claramente nos postos que o historiador passaria a ocupar no Rio de Janeiro. O trabalho de parecerista dos lançamentos da Editora Garnier (em 1875), nos sinaliza a adequação de Capistrano a um campo em que desde cedo manifestou facilidade incomum: a leitura analítica de textos. A se crer nos comentários de companheiros de escola de Capistrano, quando este ainda se encontrava em Fortaleza ou no Recife, a avidez do historiador para com a leitura parecia ser a toda prova. O próprio Capistrano, nas cartas que enviava, apontava a leitura como uma certa obsessão e, por vezes, indicava que o desejo era tamanho que o fazia, inclusive, aprender uma nova língua, somente para que a leitura se fizesse sem interrupções da ida a um dicionário. Em uma carta enviada para Mário de Alencar, Capistrano assim se explicava quanto ao conhecimento que tinha da língua alemã:

> Não me vanglorio nem me envergonho de ter estudado a língua. Fi-lo porque certos livros alemães satisfaziam-me algumas curiosidades de meu espírito, e esperar que fossem traduzidos importava, na melhor hipótese, numa demora de anos. (...) Nunca o alemão foi para mim mais que um meio de transporte mais rápido[55].

E em outra, enviada para João Lúcio, Capistrano também se referia ao conhecimento do alemão, nos seguintes termos: "Aqui no Rio só fiz duas aquisições: saber alemão o bastante para lê-lo na rede, sem estar me levantando a cada instante para recorrer ao dicionário; e através de Wappoeus, Poschel e Ratzel compreender que a geografia é tão bela ciência como difícil"[56].

E, finalmente, em uma outra carta enviada para Mário de Alencar, Capistrano sinalizava que estava aprendendo holandês: "Entrego-me agora ao estudo do holandês e espero ir ao fim, isto é, ficar conhecendo a gramática e dispondo de um vocabulário que me dispense de ir cada momento ao dicionário. No dia 5 pretendo estar no Rio, mas depois de pequena demora voltarei para continuar meus estudos"[57].

O trabalho que teria, muito próximo de sua chegada ao Rio, como professor de línguas no então Colégio Aquino (de 1876 a 1880), também sinalizava uma alternativa corriqueira frente às aspirações intelectuais. Nessa instituição, além do salário que recebia, Capistrano contava com moradia e alimentação, o que também pode ser visto como solução frente aos problemas de chegada num local desconhecido. Ao mesmo tempo, como professor, Capistrano não estaria afastado de sua vocação intelectual, na medida em que esse trabalho também preconizava o estudo e a reflexão constantes. Capistrano também pode dedicar-se à escrita de textos, uma vez que se tornou, como vimos, um dos redatores da *Gazeta de Notícias* (de 1879 a 1882). Todas essas ocupações quando de sua chegada ao Rio, sinalizavam o desejo de se orientar pelos campos intelectuais.

Mas, a entrada nos quadros da Biblioteca Nacional (no ano de 1880), terminou por talhar o intelectual, ao mesmo tempo em que o remeteu mais diretamente para o estudo da história. Fruto não somente de indicação, uma vez que o então diretor do estabelecimento, Ramiz Galvão, já manifestava o seu gosto por Capistrano, a entrada do historiador na Biblioteca deu-se por meio de um concurso (realizado em 1879). Observamos então a intencionalidade de Capistrano em se aproximar de um espaço onde teria mais facilidade de realização de suas intenções, afeitas à pesquisa e estudo em história. Um instante lapidar de sua passagem pela Biblioteca Nacional deu-se, como vimos, quando da Exposição de História e Geografia (em 1881). Tratou-se de um momento em que Capistrano pôde manifestar publicamente aquilo que sabia fazer: pesquisa documental e catalogação de documentos pertinentes à história do Brasil.

A saída da Biblioteca Nacional (no ano de 1883) e sua entrada no prestigioso Colégio Pedro II (em 1884), também por meio de concurso e análise de uma tese, sinalizava com clareza a dedicação de Capistrano para com a história. O historiador passaria então a dar aulas de história do Brasil e o faria ao menos até 1899, quando seria posto em disponibilidade. Mas a vida no Rio de Janeiro lhe facultou outros meios de realização de suas aspirações intelectuais. Se os vínculos profissionais, *stricto sensu*, duraram até 1899, pelos próximos 28 anos de sua vida Capistrano se dedicaria ao aprimoramento da pesquisa histórica no Brasil. E o faria com a ajuda financeira de Paulo Prado, especialmente nos casos dos títulos publicados pela "Série Eduardo Prado". Os estudos etnográficos que realizou, ao se debruçar nas línguas e costumes das tribos bacairi, também contaram com o apoio financeiro de Paulo Prado.

Mas seus trabalhos também se desdobraram nos ensaios que realizou para jornais ou revistas da época. Capistrano de Abreu se notabilizaria pelos prefácios que elaborou para vários títulos, dentre eles, aquele que precedeu a edição de 1918 da *História do Brasil* de Frei Vicente do Salvador. Poderia então se pensar que Capistrano de Abreu, mesmo que afastado de uma ocupação formal que o mantivesse cotidianamente ligado aos estudos históricos – como foram seus trabalhos na Biblioteca Nacional ou no Colégio Pedro II –, viesse a se satisfazer quanto à sua demanda produtiva. No entanto, se dermos ouvidos a algumas considerações sobre Capistrano, realizadas por alguns de seus analistas, perceberemos que se notou um hiato entre a capacidade do historiador e a realização de uma pesquisa histórica de peso. Nesse sentido, a questão que costumeiramente se colocou para com Capistrano foi a de procurar compreender o que o teria impedido de escrever uma grande história do Brasil. Pensa-se nisso, na medida em que foi historiador de apenas um livro de história do Brasil, citado inclusive por sua brevidade.

A pergunta que colocamos neste instante é se de fato Capistrano teria encontrado canais de satisfação profissional no meio intelectual em que viveu. Seus biógrafos dão indicações seguras de que a personalidade de Capistrano não era afeita ao contato social. Mas, esse quadro de insatisfação se configurou com mais clareza na sua correspondência, ou seja, dentro da sua privacidade. Capistrano se remeteu, por várias vezes, ao desejo de afastamento da capital do Império, quando se aproximava uma ou outra comemoração ou efeméride, mesmo que notadamente voltada para a história do Brasil. Um caso emblemático nesse sentido foram as comemorações do centenário da proclamação da independência do Brasil. Capistrano temia pelo que chamava "independecite", e manifestava o desejo, como o fez de fato, de se afastar do Rio de Janeiro nesse momento. Em carta enviada para João Lúcio de Azevedo, Capistrano comentava a comemoração do centenário, nos seguintes termos: "Também eu não escapei da independecite. Coisa sem gravidade – uma página apenas do Estado de S. Paulo. Felizmente, para escrever não preciso de inéditos"[58].

O mencionado artigo não chegou a ser escrito, uma vez que Capistrano de Abreu apontava que seus olhos não iam bem e que não podia "tomar compromisso a prazo fixo"[59]. Mas, não deixou de mandar comentários para o amigo sobre as festas que iam ser organizadas na capital do país: "Vim para São Vicente fazer companhia a um amigo e refugiar-me dos congressos e festas. Creio terão alcançado o apogeu para a semana, com a chegada do presidente português"[60].

A seu modo, Capistrano declinava da série de comemorações que ocorreram no Rio de Janeiro e preferia estar com Domingos Jaguaribe em São Vicente. Mas a interlocução através das cartas continuava, e Capistrano não esquecia que este era o ano do centenário. Por todo o ano de 1922, nas cartas enviadas ao amigo João Lúcio, Capistrano sempre dispunha o número 101, sinalizando o centenário da separação formal entre Brasil e Portugal.

O afastamento de Capistrano no momento do centenário da independência apresentava-se como uma espécie de deslocamento frente ao que se esperava de um historiador, tão conhecido e respeitado. No entanto, parecia se tratar apenas de uma nuança de seu afastamento. Pensemos, então, num trabalho que muito consumiu o historiador cearense: a investida de Capistrano para com os estudos de línguas e costumes de tribos indígenas. Trataram-se de trabalhos para os quais o historiador devotou mais de trinta anos de sua vida. Se para o caso do estudo da língua kaxinawá, Capistrano publicou um livro em 1914, o seu estudo sobre os bacairis – aquele que mais tempo lhe tomou – somente redundou em um texto, publicado na revista em que José Veríssimo, seu amigo, era editor[61]. A correspondência de Capistrano de Abreu é profícua em elementos que demonstravam suas idas e vindas, suas incertezas e a frustração por não conseguir uma edição desses estudos. Mas, além disso, poderíamos nos perguntar se essa investida de Capistrano de Abreu não se ajustou a uma espécie de exílio daquilo que dele se esperava como historiador. As interlocuções de Capistrano acerca desses estudos lingüísticos se encontravam, em sua maioria, na Alemanha, como as cartas expunham. De uma forma semelhante com o que fazia para com a escrita de cartas, porque não supor que a investida de Capistrano para com as tribos indígenas do Brasil também não expusesse uma solução frente ao dilema da rarefação intelectual de sua época? Ao que parece, pelo fato de não conseguir editar o trabalho para o qual mais anos de sua vida foram consumidos, podemos supor que o estudo de Capistrano, no mínimo, tenha sido realizado num período em que não contavam com a recepção – pensamos, por exemplo, nas relações que se estabeleceriam entre antropologia e história a partir da década de 1930, inclusive em nosso país[62]. A opção de estudo de Capistrano de Abreu pode significar uma demonstração do nível de seu deslocamento para com sua época, bem como com o circuito intelectual que o rodeava. Nesse sentido, a escolha de um tema que não contava com repercussão, nos remete ao estranhamento de Capistrano para com seu meio e época.

A correspondência de Capistrano de Abreu oferece elementos que terminavam por expor uma certa incompreensão pelo fato do historiador devotar tanta atenção aos estudos lingüísticos. Carlos von den Steinen, etnólogo alemão, era um dos poucos interlocutores de Capistrano nesse estudo. Em carta datada de 21 de julho de 1892, Steinen enviava seu livro sobre a língua bacairi para Capistrano. Seus comentários sobre a exigüidade de pesquisadores sobre a tribo são bastante elucidativos:

> Eu, naturalmente, ficaria muito satisfeito se alguns exemplares também fossem adquiridos na pátria dos bacaeris. Infelizmente não posso tratar aqui da tradução – já com dificuldade encontrei editor para o original alemão. Pelo mundo inteiro, na verdade, mal existirá uma dúzia de pessoas realmente desejosas de se aprofundar em campo lingüístico tão isolado[63].

Como poderemos ver nas cartas enviadas para João Lúcio de Azevedo, tema tratado adiante, Capistrano angariou recursos junto aos seus conhecidos para que o texto de Steinen fosse publicado no Brasil. Paulo Prado foi um dos que patrocinaram essa edição, agindo, como nos textos da "Série Eduardo Prado", como mecenas dos projetos de Capistrano. Mas, o que nos interessa neste momento, é perceber o quanto Capistrano se dedicava a uma área de conhecimento que se encontrava contra as expectativas editoriais de sua época. Tratou-se de um caso exemplar, onde uma aspiração do historiador não encontrou respaldo no rarefeito circuito intelectual brasileiro. Tal dificuldade pode ser observada em nova carta de Steinen, dessa vez, parabenizando Capistrano pelo lançamento de seu *Rã-txa hu-ni-ku-i*:

> Meu querido amigo, que admirável esforço, que idealismo altruísta denota sua obra caxinauá, com título impronunciável! Quantos serão os que saibam avaliar, pelo menos até certo ponto, o enorme trabalho contido nessas 600 páginas, e para os quais o Sr. o realizou? Conto os dedos das mãos e dos pés, e temo não ir muito além dessas 20 pessoas! Se ainda passo a mão pelos cabelos não é para indicar maior número, mas para exprimir meu imenso desespero por vivermos num mundo tão complicado[64].

Nessa carta, Steinen apontava que não conseguiria de imediato, encontrar tempo para se deter no aprofundamento do livro de Capistrano. E, ao explicitar o que vinha realizando, o etnólogo terminou por exprimir um sentimento de deslocamento, muito semelhante ao experimentado pelo historiador cearense: "Sou um tolo igual ao Sr., e cavo o chão em outro lugar, muito distante; já vão lá agora 17 anos que escavo meus montículos de toupeira nas ilhas do Pacífico, cujos habitantes têm mais ou menos a mesma significação histórica que os caxinauás"[65].

O percurso rumo ao estudo da língua kaxinawá, o trabalho com os índios e a futura publicação do livro foram, de fato, produtos da dedicação de Capistrano, sem relacionamentos com instituições ou organizações governamentais. Os índios que lhe auxiliaram foram trazidos pelo amigo cearense Luís Sombra. Para o trabalho com os índios, Capistrano afastou-se do Rio de Janeiro e se estabeleceu numa fazenda de propriedade de um outro amigo, Dr. Virgílio Brígido. Mas, com o livro pronto, um incêndio em 1911, na Imprensa Nacional, terminou por consumi-lo. Na nota explicativa que antecedia a obra, Capistrano mencionava os nomes de Custódio Coelho e de Leopoldo de Bulhões como responsáveis pela edição, que então foi providenciada pela Tipografia Leuzinger. Capistrano também enfatizava o auxílio de Manoel Said Ali, seu amigo próximo, na leitura e correção dos originais em português.

Uma vez impresso e publicado, o sentimento de Capistrano era contraditório. Em carta para o amigo José Veríssimo, Capistrano explicitava o que pretendia fazer com o livro, bem como afastava qualquer crença no sentido de que fosse capaz de vender vários exemplares:

> Estou com planos de ir passar um mês em Caldas. Antes estou tratando de passar alguns exemplares ao governo. A Biblioteca Nacional adquiriu alguns pelo saldo das permutas; da Secretaria do Exterior talvez obtenha hoje resposta, não sei se favorável ou não; (...) Esperar que o público adquira a obra é ingenuidade de que não sou capaz. A muito custo Briguiet ficou com vinte exemplares, por encontro de contas, e dando-lhe o abatimento de 40%. Lucro não ambiciono; quero apenas restituir o dinheiro que Brandão[66] adiantou para o pagamento[67].

E, em uma epístola enviada a Alfredo Pujol, e datada de 29 de abril de 1916, Capistrano mandava um exemplar de *Rã-txa hu-ni-ku-i*, e apontava, com ironia, o motivo de sua dedicação:

> Duvido que as línguas indígenas interessem seu espírito, encaminhado para outros ideais mais elevados e bem diversos: em todo caso, vou mandar-lhe meu livreco sobre os caxinauás. Organizei-o para não suceder com

esta o mesmo que com uma língua do Orinoco, conservada apenas por um papagaio, afirma Humboldt.[68]

A mesma experiência positiva, quanto à edição de um livro, não foi atingida quando da investida de Capistrano nos estudos de lingüística bacairi. Como as cartas escritas para Mário de Alencar, João Lúcio de Azevedo, Afonso Taunay e Paulo Prado demonstram, Capistrano dedicou-se a esse estudo entre os anos de 1915 e 1927. E o contorno desse trabalho, somente as epístolas revelaram. Capistrano nunca conseguiu publicar algum texto referente a todo esse estudo operado nos últimos doze anos de sua vida. Sua intenção era realizar uma análise muito próxima do que fora o *Rã-txa hu-ni-ku-i*, ou seja, Capistrano pensava em elaborar um dicionário dos termos bacairis, tocar em alguns aspectos referentes à gramática dessa língua e mencionar elementos dessa cultura. Também contou com a visita de índios, dessa vez trazidos por Cândido Rondon – que era vizinho de Capistrano na Travessa Honorina. Mas, diferentemente do caso kaxinawá, não pôde encontrar um local distante do Rio para a realização da pesquisa junto aos índios, o que muito o preocupou: Capistrano acreditava que o contato com a cidade terminasse por fazer mal aos índios.

Mas, além desses problemas, Capistrano enfrentou toda uma série de atribulações que diziam respeito às dificuldades de se editar esse material. Nesse sentido, como veremos, as cartas enviadas para João Lúcio de Azevedo e para Paulo Prado, fornecem claros elementos que sinalizavam a falta de interesse editorial para esse tipo de lançamento. E como não conseguiu que esses trabalhos viessem a público, o que se tem sobre esses estudos de Capistrano, somente pode ser contemplado através da sua correspondência.

Um sentimento de impotência, como do indivíduo que fala uma língua não compreendida pelos que o cercam, pode ser aproximado a Capistrano de Abreu. Nesse sentido, pode ser que o historiador tenha reagido para o interior de uma prática privada, como se configura o exercício da escritura de epístolas. Capistrano expunha seu conhecimento, suas dúvidas e inclusive a sua personalidade, para aquele interlocutor preciso, que ele sabia que poderia lhe acompanhar. Nas cartas, Capistrano se remetia aos leitores que desejava possuir, um contingente talvez maior que o formado por aqueles que se interessaram pelos seus estudos indígenas.

A própria prática em que se notabilizou, a de estabelecimento de documentos, talvez demonstre mais um ajuste à sua personalidade e ao próprio meio de vazão de conhecimento. Ao estabelecer e editar documentos, Capistrano deveria saber que, independentemente das possibilidades mínimas de acesso para um público maior, ao menos no futuro, esse contato poderia ter garantido. Como as cartas de Capistrano expõem com clareza, menos do que declinar os seus pontos de vista em público – através de textos ou conferências –, Capistrano preferia colocar o seu conhecimento à disposição da divulgação de fontes que considerava capitais para o estudo e conhecimento da história do Brasil. E talvez esse procedimento fosse uma saída frente à vacuidade editorial da época em que viveu. Assim, ao estabelecer documentos, Capistrano poderia também estar se deslocando daquilo que era esperado que viesse a fazer: manifestar o seu conhecimento na interpretação do passado brasileiro. E, não era isso o que o historiador aspirava, pelo menos, é o que se pode depreender de menções que deu em suas cartas.

Em uma passagem da correspondência mantida com João Lúcio, Capistrano se reportava a uma *História da Colonização*, trabalho que estava sendo realizado por Carlos Malheiro Dias. Capistrano apontava para o amigo que: "Agouro mal dela: no Brasil nós não precisamos de história, precisamos de documentos, uns oitenta volumes como os da *Revista do Instituto*, porém feitos por gente que saiba aonde tem o nariz."[69]

De fato, o procedimento de Capistrano para com a história do Brasil parecia ser uma decorrência dessa aspiração. E o seu notório conhecimento acerca do passado brasileiro parece ter se canalizado, muito mais, no estabelecimento de documentos considerados capitais. E, talvez por ter observado essas lacunas documentais, Capistrano tenha se referido ao amigo João Lúcio, nos seguintes moldes: "A História do Brasil dá a idéia de uma casa edificada na areia. É uma pessoa encostar-se numa parede, por mais reforçada que pareça, e lá vem abaixo toda a grampiola"[70].

E, em consideração à exigüidade do circuito de oferta e procura de livros no Brasil, vale tomar contato com o que Capistrano de Abreu disse para Mário de Alencar, quando ele desejava publicar um livro de poesias. Em carta datada de 14 de setembro de 1901, Capistrano falava o seguinte:

> Não acho feliz a sua idéia do formato 32º. Com o nosso papel, o nosso tipo, a nossa brochagem sairia um monstrengo. E qual a razão da preferência? Poder-se andar com o livro no bolso? Não atenua os erros contra a estética, não o tornaria de aspecto menos rebarbativo. É um sonho de poeta conseguir vendas de dez mil exemplares. Creio que Laemmert conquista este algarismo para suas folhinhas. Aliás para os seus silabários; as agências portuguesas dele se aproximam; mas tudo isto são fatos solteiros e extraordinários; que não podem servir de regra, é evidente; que não se dariam no seu caso, facilmente se demonstra, porque V. não dispunha de toda uma organização comercial espalhada pelo Brasil inteiro, e sem esta condição prévia, ficaria tolhido desde os primeiros passos; mesmo com ela, é duvidoso o resultado final, com a crise moral e econômica vigente nos últimos vinte anos[71].

A relutância em se jactar de seus feitos, as críticas mais mordazes que fazia para com os trabalhos de interpretação do passado brasileiro que eram realizados por historiadores contemporâneos, a percepção do ambiente intelectual rarefeito podem ter conduzido Capistrano para o interior de uma prática de estabelecimento de documentos. Estes também podem ser os motivos de não ter realizado a esperada revisão de seus *Capítulos de História Colonial*. De fato, ao menos nas cartas que enviava, era reincidente a aspiração do historiador em dar uma segunda edição a essa obra. Nesse sentido, a primeira menção que temos, apareceu em uma carta enviada para Guilherme Studart, datada do ano de 1907, o mesmo em que *Capítulos* foi primeiramente publicado. Nessa carta, Capistrano dizia: "Parto na próxima semana para a Tijuca, onde vou tratar da 2ª edição de meus *Capítulos*"[72].

Nos anos que se seguiram, Capistrano continuava a mencionar o desejo de uma segunda edição dessa obra. Mas outros compromissos pareciam tomar lugar. Este foi o caso quando se encontrava em meio aos trabalhos em torno da língua kaxinawá. Em uma carta datada de 19 de setembro de 1909, após relatar para Studart como vinha tratando seu estudo sobre a lingüística indígena, Capistrano comentava de um modo bastante franco e abnegado:

> Com este episódio lingüístico desviei-me inteiramente da história pátria; não continuei a narrativa, como pretendia, nem mesmo comecei a revisão e redistribuição do já feito. Às vezes lastimo, às vezes dou por bem empregado o tempo. Se todos os anos tivesse um índio para me ocupar, daria de mão às labutações históricas[73].

Mas, logo após ter escrito essas considerações, Capistrano se afastava de uma explicação objetiva para o fato de não se dedicar à história do Brasil. E desenhando um quadro maior de incertezas perante o que presenciava em sua época, Capistrano se perguntava: "Punge-me sempre e sempre a dúvida: o brasileiro é um povo em formação ou em dissolução? Vale a pena ocupar-se de um povo dissoluto? Vale a pena para um Tácito ou Juvenal, mas estou afastado tanto destas naturezas"[74].

As menções à segunda edição dos *Capítulos* foram retomadas para vários de seus correspondentes. João Lúcio foi um deles. Em carta datada de 18 de março de 1918, quando outro trabalho estava tomando o tempo de Capistrano – a edição da *História do Brasil* de Frei Vicente do Salvador –, o historiador continuava a demonstrar insatisfação para com sua produção. É o que se pode perceber a partir do que disse ao amigo João Lúcio:

(...) penso em realizar duas idéias: rever os *Capítulos*, reunir alguns documentos sobre a história sertaneja. Não sei se terei coragem para a primeira. Quando faço qualquer coisa, sinto diante do produto impressão que deve assemelhar-se à da parturiente diante das secundinas: alívio e nojo[75].

Em 1921, época em que se dedicava aos estudos da língua bacairi, Capistrano novamente se remeteria ao desejo de uma nova edição dos *Capítulos*. Dessa vez o faria em carta enviada para Afonso Taunay. Após ter apontado que se dedicaria aos trabalhos lingüísticos na parte da manhã, Capistrano sinalizava, aparentemente resoluto: "Assim, restará mais tempo para a *História do Brasil*; se eu pudesse dar uma nova edição dos *Capítulos*!"[76].

Mas, como se sabe, a segunda edição de *Capítulos de História Colonial* não seria publicada. E se, por vezes, o historiador declarava que uma outra atividade lhe tomava o tempo necessário para a realização da segunda edição – caso, como vimos, de seus trabalhos com as línguas indígenas, ou do estabelecimento da *História do Brasil* de Frei Vicente do Salvador –, somos inclinados a ver que não o fez por conta de não se sentir à vontade no contexto intelectual em que vivia. É evidente que o historiador escolheu se dedicar à etnologia e lingüística indígenas por livre vontade. E como vimos, foi em direção a um trabalho que não contava com respaldo editorial e, muito menos, com apoio de qualquer instituição. Ou seja, Capistrano parecia se afastar da interpretação da história do Brasil – o que era esperado que fizesse – por outros motivos que, evidentemente, somente podem ser contemplados à luz de hipóteses.

E se essa história do Brasil viesse a ser elaborada por Capistrano, com certeza seria muito distinta daquelas que até então vinham sendo realizadas. É o que podemos observar a partir das inúmeras considerações críticas levadas ao cabo por Capistrano quando se detinha na análise dos textos de historiadores que lhe foram contemporâneos. A leitura da correspondência do historiador indica que Capistrano não manifestava apreço pela maioria das interpretações que se operavam sobre a história do Brasil. Ao mesmo tempo, podemos constatar com clareza que as críticas de Capistrano para o que até então vinha sendo feito na história do Brasil já denotavam uma reformulação teórico-metodológica. Ou seja, o tratamento historiográfico preconizado por Capistrano, se distinguia daquele manifestado por muitos outros historiadores, anteriores ou contemporâneos a ele.

Muito próximo desse raciocínio, pareciam se colocar as considerações mais ácidas que fazia para alguém que se detivesse num estudo de história e que, de alguma forma, transparecesse orgulho pelo que realizou. Foram vários os momentos em que o historiador recriminou obras interpretativas realizadas por estudiosos da história do Brasil. Em carta enviada a José Veríssimo, e datada de 20 de junho de 1909, Capistrano se reportava à obra *D. João VI no Brasil*[77], de Oliveira Lima (1867-1928), nos seguintes termos:

> Sobre o *D. João VI*, minha impressão condensa-se em uma palavra: é um livro inferior; achou meios de escrever cem páginas sem a abertura dos portos, o mais importante de todos os atos do reinado, ser mencionada. E como conta a revolução de 17! Nabuco, Aranha e Alfredo de Carvalho têm razão: é um usurpador e estragador de assuntos. Mas não faz mal: o livro será elogiado, vendido; lido, duvido; o autor avultará e veremos o que já o indiscreto Xavier de Carvalho anunciou em uma correspondência de Paris: será o sucessor de Rio Branco[78].

E, de certa forma, Capistrano havia apontado para o próprio Oliveira Lima, o que entendia ser o melhor caminho para a realização dessa obra. Em carta datada de 19 de abril de 1900, Capistrano se reportou ao historiador, nos seguintes termos:

> Volta a seus velhos amores de D. João VI! Eu gosto dele, ridículo ou não, se para Portugal foi fatal, para o Brasil foi verdadeiro fundador do império e sobretudo da União. Quando chegar à época em que ele veio para o Brasil, leia de lápis em punho todos os viajantes, apresente um quadro largo do estado do Brasil, e ver-se-á quanto é falso e acanhado tudo quanto até agora se tem feito[79].

Em 1922, ainda com relação a Oliveira Lima, dessa vez acerca de um novo livro[80] que tinha recebido de Afonso Taunay, Capistrano dizia o seguinte para João Lúcio: "Já o li quase todo: é interessante, muito melhor que D. João VI, sem ser completamente bom. O gênero do bojudo pernambucano, com suas considerações desencontradas e não raro superficiais, agrada-me pouco. O livro pode fazer algum bem e não pode fazer mal"[81].

E as considerações mais mordazes que fez para com a obra de outros historiadores nem sempre foram tratadas somente no interior de uma interlocução privada. Em 1882, no segundo texto que Capistrano publicou sobre a obra de Varnhagen, o historiador declinava francamente o que entendia ser a obra de Alexandre José de Melo Morais (1844-1919):

> Melo Morais é um colecionador. Nos cinco volumes da *Corografia*[82], nos quatro do *Brasil Histórico*[83], na *História do Brasil Reino e Império*[84], na *História da Independência*[85], ele publicou muita coisa importante, porém alheia. O que lhe pertence é tão pouco, que não é fácil encontrar. É possível que na *Crônica*[86], agora anunciada, ele tenha mudado de sistema; entretanto, mesmo se tiver mudado radicalmente, ainda distará muito e muito de Varnhagen[87].

Em carta para João Lúcio de Azevedo, datada de 24 de julho de 1920, Capistrano retomava o texto sobre Varnhagen, bem como os problemas que lhe acarretaram os comentários sobre a obra de Melo Morais: "(...) este custou-me caro. Dizia qualquer coisa desagradável ao velho Melo Morais e o filho, durante um ano, fez convergir a artilharia grossa do *Corsário*."[88]

E ao receber um exemplar de *Cultura e Opulência do Brasil*, de Antonil, que fora dedicado a Capistrano, por Afonso Taunay – que veio a estabelecer o texto no ano de 1923 –, o historiador cearense lembrava-se dos comentários que havia feito à obra de Melo Morais:

Recebo o exemplar de Antonil que V. tinha anunciado por carta. Ao abri-lo, vi logo a página em que tão amável se mostrou a meu respeito. Não posso deixar de agradecer-lhe; mas, em 81 ou 82, Apulcro de Castro[89], durante um ano inteiro, me seringou trissemanalmente no *Corsário*, e desde então a primeira impressão sentida, ao ver meu nome em letra de forma, é desagradável[90].

Um outro exemplo de crítica pública contra uma obra de história do Brasil que desagradou a Capistrano, encontrou-se num artigo apresentado n'*O Globo*, de 10 de março de 1877[91]. Capistrano, então, se reportava à *História da Fundação do Império Brasileiro*[92], do Conselheiro João Manuel Pereira da Silva. Após saudar a publicação de uma segunda edição da obra, Capistrano apontava que:

> (...) o Sr. Pereira da Silva resolveu um belo dia escrever aquela história; em ato contínuo pôs mãos à obras, percorreu apressadamente os arquivos e bibliotecas, viu muito documento útil, folheou-os com rapidez, e em pouco tempo se julgou em estado de realizar o que desejava. Escreveu muito, mas mesmo muito, e no fim apresenta um livro pesado, cheio de páginas sem graça e inçado de erros históricos[93].

E, mais adiante, Capistrano apresentava o que entendia ser os maiores equívocos da obra:

> Dar notícias de batalhas, fazer desfilar diante dos olhos do leitor os nomes de coronéis e majores, pintar o entusiasmo que se apoderou deste ou daquele grupo a ver D. Fuão ou D. Sicrano, será tudo quanto se quiser, menos escrever história. (...) Narra o Sr. Pereira da Silva, com mais ou menos exatidão, os acontecimentos havidos desde 1808 até o reconhecimento de nossa independência em 1825. Grandes sucessos tiveram lugar nesse curto espaço de tempo, e da maneira pela qual muitos deles foram encaminhados, resultaram conseqüências que ainda hoje pesam sobre nós. (...) Ora, nada disso se encontra na *História da Fundação do Império Brasileiro*, em que pese ao Sr. Conselheiro Pereira da Silva e ao seu decantado amor pela história[94].

E Capistrano também se voltava contra a elaboração de uma obra como meio de aproximação às glórias literárias. Nesse sentido, o historiador dizia que:

> Achou-se em posição o Sr. Pereira da Silva de poder escrever livros menos maus, mas não soube disso tirar partido; a sua sofreguidão de granjear reputação literária fez-lhe maior mal do que ele próprio supõe, e se até aqui não corrigiu os seus defeitos, muito menos fará isso daqui em diante. Já não está mais em idade disso[95].

O historiador José Francisco da Rocha Pombo (1855-1933), também foi alvo de críticas por parte de Capistrano de Abreu, dessa vez no âmbito da interlocução privada. Em carta datada de 9 de março de 1921, e enviada para João Lúcio de Azevedo, Capistrano dizia que:

> Rocha Pombo é do Paraná, autor de várias obras, entre elas uma *História do Brasil*[96] para escolas, e outra em 8 ou dez volumes. Há dois anos um amigo convidou-me a uma excursão a Araruama e Cabo Frio, aonde tem família. Levei o volume escolar e em cerca de uma semana os dois não pudemos dar conta. O obrão, em não sei quantos volumes, disse a um oficioso para passar-lhe, que era pior que peste bubônica. Este respondeu que eu não podia dizer isto, ou não era sincero[97].

Pelas considerações que Capistrano fazia para com os outros historiadores que se dedicavam à escrita da história percebemos que não nutria a aspiração pela elaboração de textos interpretativos da história brasileira, pelo menos, não da forma que estavam sendo realizados. E, pode-se perceber também, que Capistrano não supunha a reflexão histórica nos mesmos moldes daquela que vinha sendo elaborada, desde meados do século XX. Em outras palavras, o historiador justificava com clareza o seu afastamento para com a linha teórica professada pelos historiadores afeitos, tão somente, aos fatos, às datas ou aos grandes feitos. E, pelo contato que já tivemos com o que Capistrano apontou acerca da obra de Varnhagen, seria equivocada toda referência que abordasse o historiador cearense como tributário e seguidor de um modelo de escrita da história que se valesse unicamente dos elementos empíricos. Da mesma maneira, – cotejando-se os textos privados e públicos de Capistrano de Abreu – como aceitar que a reorientação dos estudos históricos fosse apenas um elemento latente dentre as questões levantadas pelo historiador?

E se não foi por demonstrar incapacidade profissional, porque Capistrano não conseguiu levar ao cabo os planos de lançamento de uma segunda edição dos *Capítulos de História Colonial*? Crítico voraz da sistemática de bajulações e promoções personalistas que caracterizavam as instituições que, pretensamente, produziam o conhecimento histórico em sua época, Capistrano de Abreu não se sentia à vontade perante as práticas de pesquisa realizadas nas primeiras décadas do século XX.

Todos esses ingredientes concorreram para que o historiador tenha se afastado da realização de uma segunda edição dos *Capítulos*. Mas acreditamos que, em meio a esses supostos motivos, tenha pesado a dúvida que Capistrano colocou para Mário de Alencar e que dispusemos como epígrafe deste capítulo. O autor, como Goethe, teria o seu livro lido por aqueles que mais quisera?

E, na medida em que esses trabalhos não se tornaram públicos, somos novamente remetidos à correspondência de Capistrano. Era no exercício da escritura de epístolas que Capistrano de Abreu encontrou uma via de manifestação de suas angústias, pessoais ou profissionais. As cartas também possibilitavam a vazão de seu conhecimento, ao mesmo tempo em que estabeleciam um diálogo sobre suas incertezas tocantes ao estudo de História. Pelo que se sabe da conduta e da personalidade do historiador, Capistrano não buscou esse equilíbrio na política, nas instituições que conviveu (Instituto Histórico e Geográfico Brasileiro e Academia Brasileira de Letras, da qual não aceitou participar) ou, poder-se-ia supor, nos cafés da turbulenta noite do Rio de Janeiro.

A correspondência foi o caminho onde o historiador mais livremente se postou, o que equivale a dizer que Capistrano tenha se aberto como nunca o fizera em nenhuma das instituições que participou. Nas mais de mil cartas que escreveu, o que como vimos, se equipara a todo o material que tornou público ainda em vida, Capistrano apresentava suas idiossincrasias, suas incertezas quanto ao trabalho intelectual, enfim, sua personalidade pouco afeita à vida em sociedade. Era nas cartas que Capistrano respondia as questões que por muito tempo ainda seriam colocadas pelos analistas que se debruçaram sobre sua obra. Mais do que isso, era o próprio exercício obsessivo da escrita de cartas que sinalizava a impossibilidade de Capistrano ter se dedicado à história do Brasil, como muitos o desejavam. Era nessa via informal de conhecimento que Capistrano melhor conseguiu dispor os problemas metodológicos, heurísticos e interpretativos de seu *métier*.

Nessa direção, as considerações mais cáusticas que fazia para alguns dos intelectuais brasileiros, voltados ou não para a história do Brasil, se davam pelo desgosto que manifestava quando os percebia satisfeitos com comendas recebidas, ou envaidecidos pelo séquito que os rodeava. De alguma forma, ao fazer essas críticas mais ácidas em sua correspondência, Capistrano parecia demonstrar um campo de atuação cifrado e que apresentava poucas alternativas para a exploração de seus desejos profissionais. Ao se configurar como um "lobo da estepe", Capistrano parecia somente ver na escrita de suas cartas – num meio privado – a possibilidade de se equilibrar. Seus correspondentes mais freqüentes – João Lúcio de Azevedo e Paulo Prado –, muito dificilmente acompanhariam aqueles analistas póstumos de Capistrano, que entendiam que ele deixou por desejar quanto ao fato de não ter exposto um espectro maior de seu conhecimento sobre a história do Brasil.

* * *

Desde já, deixaremos claro que a nossa intenção é a de demonstrar que Capistrano de Abreu tenha encontrado na prática de escrita de cartas um meio de canalização de conhecimento, e até mesmo dos produtos de seu trabalho. Com isso queremos dizer que uma parte substantiva da obra de Capistrano de Abreu se apresentou informalmente, num exercício em que o historiador se sentiu mais à vontade. Evidenciamos a nossa concordância com Paulo Prado quando este disse que "a obra principal de Capistrano está talvez em sua formidável correspondência espalhada pelos mais afastados recantos do Brasil, assim como pela Europa e América"[98].

O comentário de Paulo Prado não deve ser subestimado. Vinha de um amigo de Capistrano e que o acompanhou, ao menos nos últimos dez anos de sua vida, exatamente o período no qual o historiador se tornava mais obscuro. Como vimos, além do contato por afinidade, Capistrano e Paulo Prado também realizaram um projeto comum, que foi o da edição dos quatro títulos que compuseram a "Série Eduardo Prado". Tratou-se, então, de uma importante iniciativa de edição de textos de história e que logrou êxito no percurso de Capistrano de Abreu. Paulo conhecia a correspondência de Capistrano, tanto pelo fato de ser um de seus correspondentes, quanto por também ter sido apresentado a João Lúcio de Azevedo por intermédio do próprio Capistrano. Além do comentário de Paulo Prado, reputando a correspondência de Capistrano, um outro indício que nos sinaliza que o paulistano conhecia a correspondência do historiador se encontrava na epígrafe de *Retrato do Brasil*, obra finalizada em 1927 e publicada em novembro de 1928. A citação era a seguinte: "[o jaburu...] a ave que para mim simboliza nossa terra. Tem estatura avantajada, pernas grossas, asas fornidas, e passa os dias com uma perna cruzada na outra, triste, triste, daquela austera, apagada e vil tristeza"[99].

Esse trecho fazia parte das cartas enviadas por Capistrano para João Lúcio de Azevedo, que, como vimos, já se encontravam doadas para a Biblioteca Nacional, mas impossibilitadas de consulta pelos pesquisadores. O fato de Paulo tê-lo escolhido sugere-nos a idéia de que já tivesse tido acesso às cartas. Talvez fosse por esse motivo que o desejo de publicar a correspondência de Capistrano, já fizesse parte dos estatutos da Sociedade Capistrano de Abreu, como vimos, fundada logo após a morte do historiador, e na época de publicação de *Retrato do Brasil*. Essas pistas apenas reforçam a veracidade do juízo emitido por Paulo Prado quanto à importância da correspondência de Capistrano de Abreu.

Mas, se a "principal obra de Capistrano" se encontrava em sua correspondência – um meio informal –, é hora de se perguntar pelos motivos que teriam impedido que o produto do trabalho do historiador se manifestasse pelas vias formais de divulgação – livros, ensaios, conferências etc.? Seria, como quiseram ver os biógrafos que apresentamos, pelo fato de Capistrano não desejar escrever sobre uma história em que as principais fontes ainda não tinham sido estabelecidas? Ou então, a partir também dos elementos que retiramos das biografias de Capistrano, a personalidade do historiador teria de fato dificultado a manifestação de seu real conhecimento e erudição? Concordamos que os motivos subjetivos, relativos à própria visão ácida do mundo intelectual, que o rodeava e do qual fazia parte, concorreram, significativamente, para o fato de Capistrano ter se sentido mais à vontade para declarar o seu conhecimento por intermédio da prática de escrita das epístolas. A esse respeito, trataremos com mais vagar adiante, inclusive expondo elementos de suas cartas que terminam por apresentar seu estado de espírito, pouco afeito à divulgação pública de seus méritos. Mas antes disso, pensamos que uma entrada no meio intelectual a que pertencia Capistrano se faça necessária. E isso por acreditarmos que, quando se perguntou acerca dos motivos de Capistrano não ter escrito uma grande obra, buscou-se respostas que, além de não levarem em consideração o uso que o historiador fez da correspondência, também deixaram de lado um estudo mais aprofundado das condições existentes para a formalização desse trabalho.

E quais eram os meios concretos para a divulgação de conhecimento da parte das hostes intelectuais na virada do século XIX para o século XX, na capital do Brasil? Para que possamos nos aproximar dessa resposta, tomemos contato com as reflexões de alguns autores que se detiveram sobre o tema.

Nicolau Sevcenko, na importante obra *Literatura como missão: tensões sociais e criação cultural na Primeira República*[100], trouxe contribuições para o conhecimento dos espaços de atuação dos intelectuais brasileiros na transição da Monarquia para a República. Preocupado em vistoriar os ideais defendidos pelos intelectuais – as campanhas da abolição ou da república –, bem como as formas com que se concretizaram – diga-se de passagem, muito distante das aspirações mais profundas –, Sevcenko expôs alguns elementos concernentes aos meios encontrados pela *inteligência* brasileira, na divulgação de seu conhecimento. Veja-se, por exemplo, o que apontava com relação à capacidade editorial no Brasil dessa época:

> (...) é perturbadora a informação de que a edição considerada satisfatória para um livro de poesia era de 1.000 exemplares ou de 1 100 a de um livro de prosa, mesmo de extraordinário sucesso como *As Religiões do Rio*. Casos de recorde de vendas eram os 4.000 volumes de poesia de Bilac vendidos em um ano, ou os 8.000 volumes em seis anos do livro citado de João do Rio. Não deixa de pasmar o contraste com os 19.600 volumes do *Débacle* de Zola, autor cuja edição média ficava por volta dos 139 mil exemplares do seu *Assomoir*[101].

Quanto aos jornais, outro meio de divulgação de conhecimento, Sevcenko também apontava cifras alarmantes, citando Samuel de Oliveira, que dizia: "Os próprios jornais não têm circulação, os que se publicam nessa capital de um milhão de almas, não dão uma tiragem de 50.000 exemplares"[102].

Mas, as considerações de Sevcenko também remetiam a um outro grave problema. Além da baixa tiragem de jornais e das poucas edições de livros, o Brasil desse período também não contava com um público que pudesse tomar contato com os escritos dos intelectuais. E isso pelo simples fato de o analfabetismo grassar na população brasileira. Isso talvez explicasse o pequeno volume de material impresso que se percebe nesse instante. Os números do analfabetismo foram citados por Sevcenko, servindo-se dos comentários de José Veríssimo, correspondente de Capistrano e aquele que o apresentou a João Lúcio de Azevedo. Para Veríssimo,

(...) O número de analfabetos no Brasil, em 1890, segundo a estatística oficial, era, em uma população de 14 333 915 habitantes, de 12 213 356, isto é, sabiam ler 16 ou 17 em 100 brasileiros ou habitantes do Brasil. Difícil será, entre os países presumidos de civilizados, encontrar tão alta proporção de iletrados. Assentado esse fato, verifica-se logo que à literatura aqui falta a condição da cultura geral, ainda rudimentar e, igualmente o leitor e consumidor dos seus produtos[103].

E esses dados levaram o historiador a observar que não restavam muitas opções aos intelectuais de então. Para Sevcenko, que operou com as aproximações e distanciamentos entre os intelectuais e as elites políticas, "obliterados no prestígio público duplamente pela pressão das oligarquias e pelo analfabetismo crônico do grosso da população, os escritores se entregavam a reações insólitas"[104].

Essas atitudes observadas pelo historiador são de revolta perante o público e se manifestavam em frases como a de Cruz e Souza: "O artista é um isolado... não adaptado ao meio, mas em completa, lógica, inevitável revolta contra ele"[105].

Esse sentimento também era visado por Monteiro Lobato quando, em carta enviada a Godofredo Rangel, alinhavava os motivos pelos quais deixava de ser um escritor e se tornava um editor:

> O quanto é interessante, ativa, risonha e franca a perspectiva do negociante matriculado, é mesquinha, fechada e árida a do literato – esse bicho caspento e sempre com o almoço em atraso. Nosso país não comporta ainda a arte – nenhuma arte, fora a do galego de pé virado[106]. A árvore-Brasil ainda não chegou à fase da floração. Ainda é um pé de mamona que nasceu ao léu, no monte do esterco lusitano. Machado de Assis, Pedro Américo, Bilac, Carlos Gomes: flores de papel de seda europeu amarradas nos talos do arbusto. Nada os liga ao pé de mamona, salvo a embira do amarrilho. Desbotam com o tempo e ficam tal qual as flores secas de mastro de S. João em agosto. Quem se mete a literato no mamonal ou é tolo ou patife[107].

Nelson Werneck Sodré também trouxe algumas contribuições acerca dos parcos espaços de divulgação de conhecimento, por parte dos intelectuais brasileiros da Primeira República. E o fez citando Lúcia Miguel Pereira que, ao desejar reputar o valor daqueles poucos escritores que conseguiram publicar algumas obras, fez o seguinte comentário: "Juntem-se ainda a fraca repercussão das obras literárias em nossa terra, o mau negócio que representa aqui a profissão de escritor e as dificuldades com que por muito tempo lutaram os autores para serem impressos, e ver-se-á que muito há de esperar de gente que venceu tantos obstáculos"[108].

Mas, preocupado com a imprensa, que é o assunto que buscou cercar, Werneck Sodré também observava quais fatores teriam sido promotores da investida que os intelectuais faziam para com os jornais. Nesse sentido, o historiador apontava que: "Os homens de letras buscavam encontrar no jornal o que não encontravam no livro: notoriedade, em primeiro lugar; um pouco de dinheiro, se possível"[109].

E no que dizia respeito aos recursos financeiros que vinham dos jornais, o historiador elencava alguns pagamentos realizados pelos maiores jornais da época:

> O *Jornal do Comércio* pagava as colaborações entre 30 e 60 mil réis; o *Correio da Manhã*, a 50. Bilac e Medeiros e Albuquerque, em 1907, tinham ordenados mensais, pelas crônicas que faziam para a *Gazeta de Notícias* e *O País*, respectivamente.; em 1906, Adolfo Araújo oferecia 400 mil réis por mês a Alphonsus de Guimaraens para ser redator de *A Gazeta*, em São Paulo[110].

Tanto o *Jornal do Comércio* quanto a *Gazeta de Notícias*, como sabemos, foram jornais em que Capistrano de Abreu costumava publicar os seus escritos. E, pelo que pode ser retirado do contexto de sua correspondência, dentre as alternativas expostas por Werneck Sodré para explicar os motivos dos escritores se voltarem para os jornais, o historiador cearense deveria pender para a segunda. De fato, uma menção de Capistrano na correspondência, sinalizava a necessidade de recebimento de um pagamento por artigos publicados em *O Jornal*. No entanto, Capistrano aguardava esse pagamento para que pudesse continuar as impressões de seu texto sobre os bacairis. Segundo Capistrano,

> Sempre escrevi o artigo para o *Jornal*; vou ver se lhe arranjo o número, que esgotou-se em poucas horas. A Calógeras, que foi quem instou para escrever, disse que não era justo o *Jornal* pagar uns quatro artigos mensais ao Laet e deixar-me por pagar os dois que escrevi este ano – em janeiro sobre Cardim, agora, sobre o Imperador. Disse Xatou (Assis Chateaubriand, dono de *O Jornal*) que ia mandar 500$. Se assim for, tratarei de liquidar o caso do bacaeri, imprimindo as folhas já compostas, que devem andar por 100 páginas, e recomeçando em outra tipografia – de mais confiança[111].

Mas, dentro desse quadro de rarefação dos meios de publicação, tipográficos ou jornalísticos, o fato é que Capistrano publicou alguns de seus textos enquanto vivia. Excetuando a *Gazeta de Notícias*, onde Capistrano foi redator, o jornal em que o historiador mais costumava publicar os seus artigos foi o *Jornal do Comércio*[112]. De fato, notamos que, entre os anos de 1878 e 1920, Capistrano publicou dez artigos nesse órgão de imprensa.

Na época em que Capistrano publicava seus artigos, o *Jornal do Comércio*, juntamente com a *Gazeta de Notícias* eram os dois maiores jornais do Rio de Janeiro. De 1880 a 1903, Capistrano publicou sete artigos na *Gazeta de Notícias*. Esse jornal havia sido fundado em 1874, por Ferreira de Araújo. Segundo Werneck Sodré, era "um jornal barato, popular, liberal, vendido a 40 réis o exemplar"[113]. A *Notícia*, órgão em que Capistrano publicou três artigos entre os anos de 1900 e 1904, fora fundado em 1894. *O Jornal*, onde Capistrano publicou quatro artigos, fora adquirido em 1921 por Assis Chateaubriand, a quem Capistrano demonstrava afinidade, como se pode ver nas cartas que enviava para João Lúcio de Azevedo. Em 1895, na época em que Capistrano publicava o seu artigo sobre os bacairis, a *Revista Brasileira* era dirigida por José

Veríssimo, amigo e correspondente do historiador cearense – que o fez entre os anos de 1895 e 1898. A *Revista do Brasil*, onde Capistrano publicou seu artigo sobre as moedas paulistas – "A Paulística" (1917) –, fora de propriedade de Monteiro Lobato, mas também tinha a participação de Paulo Prado[114]. A esse respeito, Capistrano assim se reportou ao amigo João Lúcio, em 1922: "Paulo Prado chamou a si a *Revista do Brasil*. Sua colaboração é desejada e esperada (...) Monteiro Lobato, que tem feito dinheiro como editor, parece disposto a alargar suas operações. Diga-me alguma coisa a este respeito, para poder abordá-lo"[115].

A revista *Kosmos*, na qual Capistrano também veio a apresentar um escrito, foi dirigida por Mário Behring, nos dois anos em que foi publicada – entre 1904 e 1906. José Veríssimo, amigo próximo de Capistrano, também era um dos colaboradores dessa publicação.

É de se notar que Capistrano tenha se servido tão pouco da revista publicada pelo IHGB, de que era sócio[116]. Varnhagen, por exemplo, manteve-se ligado ao IHGB por 33 anos, publicando 32 artigos. Já Capistrano, relacionou dois artigos nessa revista nos quarenta anos em que esteve ligado ao Instituto[117].

Fundado em 1839 e derivado da Sociedade Auxiliadora da Indústria Nacional (SAIN)[118], o IHGB reunia predominantemente pessoas ligadas ao Estado imperial. Assim, no momento de sua fundação, 22 dos 27 participantes ocupavam alguma posição de destaque na hierarquia do Império – vogais do Supremo Tribunal, procuradores, desembargadores, funcionários de secretarias de governo, conselheiros de estado, senadores. O IHGB contaria igualmente, com o aval do imperador, que inclusive financiaria pessoalmente algumas de suas atividades. Assemelhando-se a uma sociedade de corte[119], a instituição promoveria um determinado tipo de pesquisa e estudo que caminhariam intimamente relacionadas aos desejos do governo imperial. Segundo Manoel Luís Salgado Guimarães, pesquisador contemporâneo que se dedicou ao estudo do IHGB,

> enquanto na Europa o processo de disciplinarização da história estava se efetuando fundamentalmente no espaço universitário, entre nós esta tarefa

ficará ainda zelosamente preservada dentro dos muros da academia de tipo ilustrado, de acesso restrito, regulamentado por critérios que passam necessariamente pela teia de relações sociais e pessoais[120].

Mas é quando pensamos na missão que os participantes do IHGB tomavam para si, que percebemos algumas das perspectivas dessa aproximação com o Estado imperial. Em seu discurso inaugural, o primeiro secretário do IHGB, Januário da Cunha Barbosa, apontava que um dos principais objetivos do Instituto seria o de "coligir e metodizar os documentos históricos e geográficos interessantes à história do Brasil"[121]. Nesse sentido, uma vez que estivessem de posse das referências, que de alguma forma guardassem relações com a história do país, os pesquisadores da instituição desempenhariam o papel de porta-vozes do passado brasileiro, mas, diga-se de passagem, um determinado tipo de passado que configurasse o perfil da nação que acreditavam e ambicionavam ver na atualidade.

Na verdade, como conhecedores e admiradores do momento em que viviam, os teóricos do IHGB tinham em mente a elaboração de um passado que justificasse as qualidades da monarquia brasileira. Apesar de acreditarem em uma linha metodológica, por si só inauguradora de um novo referencial no país – a ida aos documentos como premissa da escrita da história –, os historiadores pré-configuravam aquilo que subtrairiam como interpretação do passado brasileiro. A história do Brasil, premeditada pelos historiadores do Instituto, seria aquela que engrandecesse os feitos do passado da nação que, tomados linearmente, compusessem um percurso sem obstáculos que vinha do descobrimento até o império. E quando pensamos nas particularidades presentes no século XIX brasileiro, período em que a autonomia política do país foi constituída, ao menos como um problema, observamos que os elementos do passado cumpririam uma missão de explicação – elogiosa e apologética – do modo pelo qual a nação brasileira se formara. Os historiadores cumpririam um duplo papel, posto que estariam com os olhos direcionados ao passado, discriminando aquilo que atestasse os acertos do presente, ao mesmo tempo em que, como produto desse trabalho de pesquisa, estariam eles próprios estabelecendo os limites da idéia de nação desejada pelo império. Nesse sentido, "uma vez implantado o Estado Nacional, impunha-se como tarefa o delineamento de um perfil para a 'Nação Brasileira', capaz de lhe garantir uma identidade própria no conjunto mais amplo das 'Nações', de acordo com os princípios organizadores da vida social do século XIX"[122].

Ou seja, o IHGB preconizava um tipo específico de história elaborado por pessoas afinadas com o procedimento oficioso e formal da instituição. Os sócios do Instituto possuíam uniformes, espadas – uma espécie de pompa que desagradava a Capistrano –, e poderiam declinar os seus conhecimentos na *Revista do IHGB*, publicação trimestral que reunia textos que versavam sobre documentos que importavam à história do Brasil, ou biografias de personagens ilustres. Os sócios costumavam se reunir aos domingos, e até 1905, havia uma sessão magna, realizada em lembrança do primeiro dia em que D. Pedro II participou de uma reunião no IHGB, no mês de dezembro de 1849. A partir de 1905, o então secretário perpétuo do IHGB, Max Fleiuss – pessoa, como veremos nas cartas de Capistrano para João Lúcio, repudiada pelo historiador cearense –, mudou o dia da sessão magna para 15 de novembro, em consideração à proclamação da República.

A condução pomposa dos trabalhos de estudo, a formalidade na apresentação dos sócios, e a impossibilidade de se operar uma pesquisa histórica que não se ajustasse ao modelo da instituição, certamente afastaram Capistrano de um contato mais próximo para com o IHGB. E esse afastamento já estava sinalizado no ano de 1883, pouco tempo depois da chegada do historiador ao Rio de Janeiro. Em carta enviada a Antonio Joaquim de Macedo Soares, Capistrano apresentava a proposta da criação de uma sociedade histórica, muito distinta do IHGB. Nesse sentido, o historiador dizia:

> Estou tratando da criação da fundação de uma sociedade histórica, menos pomposa e menos protegida que o Instituto Histórico, porém quero ver se mais

efetiva. Há de intitular-se Clube Tacques, em honra de Tacques Paes Leme, e deve ocupar-se quase que exclusivamente das bandeiras e bandeirantes, caminhos antigos, meios de transporte e história econômica do Brasil[123].

E, quanto às linhas de pesquisas que seriam encaminhadas pela fundação, Capistrano apontava que:

> O meu plano é começar pelo século XVI, tomando os impressos e manuscritos conhecidos e utilizáveis, e incumbindo cada sócio de examinar um ou mais. Cada trecho que interessar à questão será copiado, com os comentários que julgar necessários à pessoa encarregada do respectivo autor. Depois será tudo impresso, precedido de uma introdução geral, que sintetize e trate das bandeiras do século XVI, em dois ou três das do século XVII, e mais tarde das do século XVIII, aliás menos numerosas e menos importantes[124].

Não nos deparamos com outras menções – na correspondência ou nos textos biográficos sobre Capistrano de Abreu – quanto à fundação do Clube Tacques, o que nos leva a crer que não tenha ocorrido. No entanto, como não observar que a rede de pesquisas, configurada na correspondência de Capistrano, não viesse a realizar – de modo informal e oblíquo – o que o historiador almejava na criação de uma sociedade histórica?

Também deve ser mencionado o fato de Capistrano ter se servido tão pouco das publicações promovidas pelo governo. A correspondência de Capistrano sinalizou que, ao menos por uma única vez, isso veio a ocorrer. Em carta enviada ao amigo Ramos Paz, datada de 17 de maio de 1886, Capistrano dizia o seguinte:

> Não sei se lhe disse que com alguns amigos estou encarregado de publicar uma coleção de documentos sobre a História do Brasil, por conta do governo. O primeiro volume será distribuído por estes dias, e contém dois interessantes trabalhos de Anchieta, um dos quais até hoje inédito e outro quase inédito, tão

incorretamente foi antes impresso na *Revista do Instituto*. A este seguir-se-á outro, contendo cartas de jesuítas, datadas de 1549 a 1568, em número de 80, mais de 50 das quais inéditas[125].

Mas, foi numa carta enviada ao Barão do Rio Branco, que Capistrano explicou melhor como seria essa coleção de documentos:

> A nossa coleção tem ido um pouco demorada; mas nestes dez dias Cabral dará a coleção das cartas de Nóbrega – 21, das quais uma fornecida por V. Ex.ª, outra que nunca fora publicada em português e 2 inéditas. Em março, Cabral publicará as cartas avulsas, em número de 50 aproximadamente, dois terços das quais inéditas. O quarto volume constava das cartas de Anchieta, que tomou a si o Dr. Teixeira de Melo. O quinto volume publicarei eu com o título de *Crônicas Menores dos Jesuítas*, logo que obtiver as duas *Histórias* de Roma e a do Porto, que não pode tardar. O sexto volume publicaremos Cabral e eu, e será *a História do Brasil* de Fr. Vicente do Salvador, que esperamos, V. Ex.ª há de admirar tanto como nós, porque é digno disto. (...) mas espero poder ainda dar outro volume: a coleção cronológica de todos os documentos relativos ao Brasil durante o reinado de D. Manuel e talvez de D. João III[126].

O resultado desses trabalhos apareceria no mesmo ano de 1886, em artigos publicados no *Diário Oficial*[127]. Quanto à coleção mencionada por Capistrano, ela levou o nome de *Materiais e Achegas para a História e Geografia do Brasil*[128], e pelo que se pode depreender da correspondência de Capistrano de Abreu, contou com o apoio do Barão do Rio Branco. Vale lembrar que, como veremos nas cartas enviadas para João Lúcio de Azevedo, nessa época Capistrano estava tendo problemas com o então diretor da Biblioteca Nacional, Saldanha da Gama. Nesse sentido, contava com o auxílio de Lino de Assunção, que vivia em Portugal, e com o próprio Barão do Rio Branco. Essa história foi relatada ao Barão na mesma carta citada acima, nos seguintes moldes:

(...) Saldanha da Gama disse-nos positivamente que não deixaria por si copiarmos uma linha manuscrita da Biblioteca Nacional, e que, se o Ministro mandasse informar qualquer requerimento, na sua informação seria sempre desfavorável. Lutar com ele seria pois inevitável e provavelmente inútil. Também demos-lhe uma lição de mestre; ele estava muito empenhado em publicar a *História do Brasil* de Fr. Vicente do Salvador, escrita em 1627 e até agora inédita, a melhor crônica que existe do século XVI; por isso mesmo timbramos em publicá-la, e Lino de Assunção mandou-nos a cópia de Lisboa, tirada da Torre do Tombo. Ficamos vitoriosos, é verdade; mas o bibliotecário enfureceu e até tomou uma satisfação ao Cabral. Quer isto dizer, que cada vez podemos contar menos com ele; em outros termos: cada vez teremos mais de importunar a V. Ex.ª.[129]

Fosse pelas dificuldades apresentadas pelo diretor da Biblioteca Nacional, ou pelo fato de Capistrano não manifestar o desejo pela continuidade de trabalhos promovidos pelo governo, o fato é que essas experiências não se repetiram na vida do historiador. E devemos observar que Capistrano não costumava se reportar a esses trabalhos nas várias cartas que enviou para João Lúcio de Azevedo ou Paulo Prado. O mesmo pode ser dito da relação que o uniu ao Barão do Rio Branco, notadamente formal, como se pode perceber pelo tratamento que tinha o historiador cearense para com o ministro.

No que dizia respeito às tipografias, Capistrano de Abreu costumava se reportar à Leuzinger, à Briguiet e à Casa Laemmert. Georges Leuzinger (1813-1892) chegou ao Rio em 1832 e adquiriu a papelaria Ao Livro Vermelho, em 1940. Segundo Laurence Hallewell, como o negócio de papelaria envolvesse livros de escrituração mercantil, a Leuzinger se notabilizou também pela prática de encadernação[130]. Assim, a Leuzinger transformou-se, "nos últimos anos do século, na mais importante encadernadora do Brasil, produzindo trabalhos acima dos melhores padrões europeus, garantindo assim regularmente contratos para encadernar as próprias publicações do governo"[131].

Em 1852, Leuzinger adquiriu a Tipografia Franceza que havia publicado, entre outros títulos, os poemas de Joaquim Norberto bem como *A Moreninha* de Joaquim Manuel de Macedo. Ainda segundo Hallewell, pelo fato de ser constantemente modernizada, com a importação de equipamentos alemães e norte americanos, a Leuzinger "se tornou uma das tipografias mais bem equipadas do país e veio a desempenhar um notável papel no progresso da impressão no Brasil"[132].

Nesse sentido, é interessante observar que o *Catálogo da Exposição de História do Brasil*, por exemplo, foi editado por essa editora, o que significa que o próprio governo deixava de lado a Tipografia Nacional, talvez pelo fato de entender que na Leuzinger, o trabalho seria apresentado com mais qualidade. Pode-se depreender também que Capistrano de Abreu tenha conhecido e gostado do trabalho dessa livraria a partir desse momento, posto que deve ter acompanhado proximamente o trabalho de edição do *Catálogo*. E, para Hallewell, "o mais importante autor a ser regularmente editado por Leuzinger foi o historiador Capistrano de Abreu"[133]. E, além de ter editado as obras do historiador enquanto era vivo, "mesmo após sua morte suas obras continuaram a ser confiadas à firma Leuzinger pela Sociedade Capistrano de Abreu até 1930, praticamente quando a firma deixou de existir"[134].

Resta dizer que Capistrano esperava que essa mesma tipografia realizasse os trabalhos de impressão de seu estudo sobre os bacairis, que, como vimos, redundou em fracasso.

A Briguiet fora fundada em 1893 e tinha ligações com uma outra livraria francesa que se notabilizou no campo editorial brasileiro do final do século XIX, a Garnier. Ferdinando Briguiet havia sido tipógrafo na Garnier onde, talvez, tenha conhecido Capistrano de Abreu, que, como vimos, também trabalhou na Garnier logo qe chegou ao Rio, no ano de 1875[135]. Segundo Hallewell, "a nova firma especializou-se em livros importados, especialmente franceses, alemães e ingleses" (...) e "embora fosse pequena, ganhou a fama de ser eficiente, particularmente na obtenção das últimas publicações científicas"[136].

A Casa Laemmert, responsável pela edição de *Rã-txa hu-ni-ku-i* e de algumas obras traduzidas pelo historiador, era uma das mais prestigiadas tipografias do Rio de Janeiro e contava com a apreciação de Capistrano de Abreu. A tipografia era conhecida, na época do historiador, como muito bem aparelhada, contando com inovações tecnológicas importadas da Europa. A Laemmert também se notabilizou pela publicação de um almanaque que levava o nome da empresa, e que alcançava altos índices de vendagem, como Capistrano salientou para Mário de Alencar em carta já citada. A Laemmert também se voltava para a edição de textos relativos à história do Brasil. Nesse sentido editou-se a *História Geral do Brasil* de Francisco Adolfo de Varnhagen (edições de 1854-1857, 1877 e 1907). Esta última estava sendo organizada por Capistrano de Abreu quando um incêndio, no ano de 1907, na Companhia Tipográfica do Brasil, que estava imprimindo a nova edição, consumiu a maioria das anotações que o historiador cearense fizera. Em 1909 foi a vez da Livraria Laemmert ser consumida por um incêndio. Data dessa época, também, o declínio da Casa Laemmert no cenário tipográfico e editorial do Rio de Janeiro.

Em São Paulo, Capistrano tomou contato com a Casa Weiszflog, que publicou a edição da *História do Brasil* de Frei Vicente do Salvador, em 1918. Em carta enviada ao amigo João Lúcio, Capistrano assim se referia à editora:

> (...) a casa editora de S. Paulo, de Weiszflog é talvez a mais importante do Brasil em seu gênero. Reúne tipografia, litografia, pautação, encadernação, fábrica de envelopes – nunca tinha visto esta, e creio que não existe outra; que maquinismo complicado! – e mais uma fábrica de baralhos e outra de santos. Disseram-me que a casa tem quase 1.000 empregados[137].

A Weiszflog Irmãos teve início no ano de 1915 como um desdobramento da Companhia Melhoramentos – uma empresa que apenas se dedicava às obras públicas de engenharia. A casa costumava editar obras de interesse histórico, como foram os casos de *O Movimento da Independência*[138], de Oliveira Lima e de *Cultura e Opulência do Brasil*[139], de Antonil. A *História do Brasil* de Frei Vicente do Salvador se encaixava nesse contexto. E, poderíamos nos perguntar: se havia notoriedade acerca do conhecimento histórico de Capistrano, por que o historiador não veio a estabelecer outra obra nessa editora?

Evidentemente, existiam muitos obstáculos no caminho daquele que desejasse publicar algum texto ou documento. Um deles, com certeza, se remetia à boa relação que deveria se manter com os editores. Nesse sentido, é interessante que se tome contato com uma referência de Capistrano para com as atividades de Francisco Alves, um dos editores do Rio de Janeiro do início do século XX. Em carta enviada para João Lúcio de Azevedo e datada de 2 de julho de 1917, Capistrano recuperava algumas passagens de Francisco Alves, que tinha falecido recentemente. Após comentar alguns aspectos de sua trajetória, não sem demonstrar um certo apreço – "Não era avarento: ainda não houve no Brasil quem desse tanto dinheiro aos autores", Capistrano dizia para João Lúcio:

> Especializou-se com livros elementares que fornecia aos Estados às centenas de milhares. Nisto não fez o bem que podia. Cada Estado tem sua panelinha, ele chamou-as todas a si. Assim A tinha influência em S. Paulo, ele tornava-se editor de A, pagava-lhe muito mais do que o autor podia esperar, fornecia livros por preços que impossibilitavam concorrência e ficava senhor do mercado. A média dos livros é baixa. Poderia talvez publicar uma coleção de nível mais elevado se alguém lhe levasse feita, ou o tempo lho permitisse[140].

Seria possível recusar um convite de edição de Francisco Alves? E como se deveria proceder para almejar a aproximação frente à sua editora? Exilado do circuito das "panelinhas", muito dificilmente Capistrano teria a sorte de publicar uma obra sob os comandos desse editor. E era o próprio Capistrano quem sinalizava, nessa mesma carta, suas dificuldades para com o livreiro:

> Fiz para ele três traduções: a da *Geografia* de Selin, a dos *Mamíferos* e das *Aves* do Goeldi. Um dia escreveu-me uma carta declarando rôtas nossas rela-

ções. Foi um golpe rude: disse-lhe Veríssimo que sentia-o tanto por ele quanto por mim; continuou amigo até o fim, porém com muita cautela. Uma amizade que se perde é como um vício que se larga; ganha-se com a perda[141].

A história do sucesso financeiro de Francisco Alves[142] esteve relacionada à compreensão, sinalizada por Capistrano, de que se deveria investir nas publicações que contassem com retorno garantido. Assim, Alves dedicou-se à publicação de livros voltados para o ensino básico, abrindo mão de tentativas mais arriscadas. Mas, como também se aventurasse na publicação de obras mais literárias – editou Bilac, José Veríssimo, Júlio Ribeiro, dentre outros –, o fato de ter se indisposto com Capistrano de Abreu, também sinalizava uma possibilidade a menos para o historiador cearense divulgar o seu conhecimento.

Essa limitação dos meios de canalização de conhecimento – editoras, jornais ou revistas –, bem como a ausência de um público leitor podem ter concorrido para que o volume de produção de Capistrano de Abreu fosse tão baixo. Ao mesmo tempo, a vazão de seu potencial pode ter sido dada na prática de escrita de cartas, espaço de que o historiador se serviu de uma forma intensa. Mas a personalidade de Capistrano deve tê-lo impedido do uso de um outro canal de divulgação: as conferências.

Luiz Costa Lima, em estudo que realizou sobre o meio intelectual no Brasil, apontava a existência de uma "cultura auditiva" que se processava em nosso país desde o século XVIII. Para Costa Lima, num país de forte tradição iletrada – veja-se os índices de analfabetismo dispostos na citação de José Veríssimo – o intelectual brasileiro via nas conferências ou discursos uma possibilidade de vasão de suas idéias. Para o autor,

> Até o século XIX, o público do escritor brasileiro era mais um fantasma que uma realidade. As academias forneceram, no século XVIII, o seu simulacro. Formava-se uma cultura oral, que tinha no púlpito e na tribuna os seus veículos por excelência. Os sucessos pós-independência legitimarão este qua-

dro. (...) Assim, embora o romantismo já tivesse tipografias à sua disposição, a literatura continuava fundamentalmente cúmplice da oralidade. E a maneira de converter a página escrita na forma oral consistia em oferecer uma leitura fácil, fluente, embalada pela ritmicidade dos versos fáceis (Gonçalves Dias) e pela prosa digestiva, de tema nativista e/ou sentimental. (...) A forma escrita da literatura fazia-se sucursal de uma circulação permanentemente oral[143].

O mesmo quadro de divulgação oral de cultura, pode ser observado na época de vida de Capistrano de Abreu. Em sua correspondência, aparecem menções às palestras ou aos cursos promovidos por uma entidade ou outra, caso da ABL ou do IHGB. Num desses casos, Capistrano se remetia para o amigo João Lúcio de Azevedo, narrando como se encaminhavam as aulas de um curso proferido por um amigo em comum, Fidelino de Figueiredo, na Biblioteca Nacional. Com sarcasmo e ironia, Capistrano dizia o seguinte para João Lúcio:

> Sábado passado, 2 do corrente [outubro de 1920], Fidelino estreou na Bib. Nac. sobre Rodó. Por que escolheu este assunto, ignoro. Causou-lhe má impressão a concorrência diminuta. Depois sucedeu-lhe pior: não numerara as páginas e perdeu-se no melhor da festa. Causou-lhe isto o maior abalo; Cícero e Solidônio apararam-no, puseram a papelada em ordem, e concluiu sem novidade. Repito o que Studart e Cícero contaram. Não assisti à cena, em geral não assisto a estas coisas, porque, ficando longe, apenas apanho pedaços, ficando perto, arrisco-me a um acesso de tosse que pode perturbar a assembléia[144].

Muito próximo desse comentário, acompanhamos mais uma vez, o que disse Capistrano de Abreu às vésperas das comemorações do centenário da independência do Brasil. Em carta enviada ao amigo Paulo Prado, Capistrano declarava que: "Pretendo estar no Rio a 14 de setembro. Já estarão concluídas as conjuras e mais festas oficiais de que vim fugido. Também aqui [São Vicente] ameaçam algumas; porém iremos para Itanhaém, só voltaremos com a oitava"[145].

Avesso às pompas e aos elogios que se obtinham na prática das conferências, muito dificilmente poderíamos imaginar Capistrano de Abreu, falando ao público da Biblioteca Nacional ou do IHGB. Quanto à Academia Brasileira de Letras (ABL), tornou-se famosa nas biografias de Capistrano, a menção que fez da instituição: "Fui inscrito na Academia Humana independente de consulta e já acho excessivo. Os fundadores da Academia de Letras daqui eram quase todos meus amigos, instaram comigo para que lhes fizesse companhia. Resisti e cada vez mais estou convencido de que andei com juízo"[146].

Num estudo realizado pelo historiador Jeffrey Needell[147], há toda uma série de indicações que sinalizam que muitos intelectuais brasileiros da virada do século XIX para o XX viam nos salões das famílias da elite fluminense uma forma de canalização de seus conhecimentos. Nas cartas que enviava, bem como nos textos que procuraram compor sua biografia, não há também nenhuma referência à participação de Capistrano nesse tipo de atividade. E, pelo que se depreende, principalmente da leitura de suas cartas, seria impossível encontrar Capistrano de Abreu em meio às famílias de Rui Barbosa, Escragnole Dória ou Joaquim Nabuco, entretido num sarau literário.

O historiador Elias Saliba também trouxe contribuições para que possamos nos aproximar da ambiência intelectual, afeita ao período em que Capistrano procurou produzir. Num texto, em que procurava observar as estratégias de desvio e deslocamento presentes no exercício da paródia e do humor – especialmente a partir do período republicano –, Saliba apresentou as dificuldades de identificação, por parte dos intelectuais brasileiros da virada do século, para com a ampla gama de alterações que se processavam em seu meio – abolição da escravatura, proclamação da república, urbanização, acesso a novas tecnologias etc. Mesmo que o historiador tenha se detido no estudo da paródia – como forma de resposta oblíqua a uma inadequação percebida na vida pública –, seus comentários nos auxiliam em nosso trabalho. Segundo Elias,

É certo que, no espaço público dos discursos, conferências, livros publicados ou jornais, a pátria e os seus respectivos habitantes até que apareciam identificados e definidos, embora de uma forma sempre ingênua e ufanista. Mas, no espaço privado das cartas, diários ou escritos marginais – explicitamente produzidos para não ser divulgados –, a indefinição, a ambigüidade e a negatividade em relação às identidades do país e dos brasileiros tornavam-se muito mais salientes. Nesse espaço do desconcerto, nascido de uma incapacidade de identificarmo-nos, justificarmo-nos e singularizarmo-nos, é que talvez, o recurso à paródia humorística fosse encarado como atitude legítima[148].

No caso de nosso estudo, a correspondência também seria uma "atitude legítima" mas que, evidentemente, se resolveria no interior da privacidade. As cartas se diferenciaram da paródia na medida em que demonstravam um deslocamento para o interior da privacidade. Num sentido expresso, o humor, visto por Elias como passível de dar conta de uma estratégia de deslocamento frente a uma realidade abstrusa, tornou-se público. No caso da correspondência, esse desvio frente a uma realidade difícil, somente se deu particularmente. Talvez por essa razão – a privacidade – os juízos acerca da não compreensão do pequeno número de trabalhos de Capistrano, ou quanto ao fato de não ter realizado uma grande história do Brasil, nunca puderam ser refletidos a contento, na medida em que não houve aprofundamento nos elementos fornecidos pelas cartas do historiador cearense. Além disso, o que é mais significativo, nunca foi perguntado acerca dos motivos que levaram Capistrano ao exercício contumaz da escrita de cartas. Ora, as respostas para as apreensões e expectativas públicas para com Capistrano de Abreu somente poderiam ser mapeadas no interior de sua privacidade. E é nesse sentido que as cartas se constituem em fontes que expõem com generosidade e franqueza um grande número de incertezas do historiador.

Mas, o que dizer acerca da personalidade de Capistrano de Abreu? O que as cartas trouxeram com relação ao seu estado de espírito? O que elas puderam nos dizer acerca da negativa de Capistrano em canalizar o seu conhecimento pela via escolhida – discursos, livros, cursos, artigos em jornais, etc. – por muitos de seus contemporâneos? Nesse sentido, a utilização da correspondência de Capistrano de Abreu, como fonte, pode apresentar inúmeros elementos à reflexão. Menos do que referências diretas ao fato de Capistrano não se servir dos canais propícios para a divulgação de seu conhecimento, o que se percebe em várias passagens de sua correspondência, é que Capistrano tinha uma grande propensão ao fechamento e ao isolamento. Seus comentários ácidos sobre Rui Barbosa, Joaquim Nabuco ou Max Fleiuss – o secretário perpétuo do IHGB –, bem como suas recusas em aceitar comendas por conta de trabalhos realizados, nos indicam uma personalidade fadada ao solipsismo.

Em carta datada de 14 de setembro de 1916 e dirigida a João Lúcio de Azevedo, numa espécie de *Post Scriptum*, Capistrano demonstrava o seu desapego pelas titulações, o que deveria torná-lo uma exceção confirmadora da regra de que muitos intelectuais de sua época almejavam as comendas:

> Em tempo: quando estava em atividade no Pedro II ajudei a fazer alguns bacharéis, mas de doutor ou bacharel nunca tive nada e cada vez ando mais apartado. A um comendador da minha laia chamaram, em mofina do *Jornal*, comendador xenxém, conta Alencar num romance. A culpa é da língua, que não admitiu Monsieur ou Sir, talvez porque os reis reservaram o Senhor para si e não havia o equivalente de Sire. No Ceará fui chamado e muitas vezes chamei: seu home. Bem mostra meus patrícios que têm mais inteligência do que água[149].

Num sentido muito próximo, de desgosto frente às titulações, Capistrano também se dirigiu a Paulo Prado, comentando uma então recente condecoração de Max Fleiuss, aqui chamado, por Capistrano, de Marca Flauta:

> Depois que Marca Flauta foi condecorado doutor pela Universidade de Buenos Aires, é natural que os bacharéis da Paulicéia se assanhem, porque, caindo em si, reconhecem serem tão pouco doutores como o Secretário

Perpétuo do Instituto Histórico na véspera da promoção. (...) Calculam na França um dr. vale 50 mil francos; no Brasil um bacharel camuflado em doutor vale 50 contos[150].

Seus juízos sobre o Brasil também apresentavam um deslocamento. Veja-se, por exemplo, o que disse para João Lúcio em carta datada de 16 de março de 1920: "Sou brasileiro, isto é, sofro do fígado e sou ignorante – assim definiu-se a si e a seu povo o famoso Tobias Barreto. Por causa disto, devo partir depois de amanhã, 5ª, para Caxambu, a lavar o fígado[151].

Ou outro trecho ainda, em carta enviada para o mesmo amigo e datada de 13 de janeiro de 1922:

> A mais fértil terra do mundo... Aonde? Não na Amazônia, aonde, raspada uma camada de mateiro, bate-se na esterilidade. Nos outros Estados é quase invariavelmente o mesmo. Produzimos coisas de luxo, de gozo; se nos bloqueassem deveras, a penúria nos levaria à antropofagia. E a gente? Os processos da Inquisição mostraram a borra-mãe, e as outras borras têm vindo superpondo-se, e de alto a baixo é borra e mais borra[152].

Num outro momento, Capistrano trazia um comentário ácido a respeito das eleições presidenciais de 1922. Dizia então para o historiador português: "As eleições correram pacíficas, não há dúvida; mas V. parece ter esquecido que a eleição aqui é verdadeiramente coaptação e começa no reconhecimento de poderes"[153].

O estado de espírito de Capistrano também pode ser observado quando tecia algum comentário sobre sua família. A entrada de Honorina para o convento e a perda de seu filho Fernando, como vimos, foram elementos fortes para que Capistrano se tornasse mais obscuro. Um comentário que fez sobre a falta de filhos no casamento de sua filha Matilde foi emblemático no sentido de abrir uma entrada para sua manifestação acerca da descendência: "O casamento de minha filha foi até hoje estéril, felizmente. Encontrei ontem um pensamento de Chateaubriand, que assinaria sem hesitação: maior desgraça que a de nascer, só a de fazer outros nascerem"[154].

Mas, esses elementos, retirados do contexto da correspondência de Capistrano, também permitem um outro ponto de vista. Se como fonte de estudo, a correspondência de Capistrano aponta um bom número de citações, que atestavam o seu deslocamento para com os caminhos mais típicos de exposição de saber adquirido, o que dizer se a tratamos como objeto de estudo? Dito de outra forma, se a correspondência de Capistrano de Abreu forneceu elementos para que justificássemos o seu deslocamento dos meios formais de divulgação de conhecimento, a sua existência, por si só, é capaz de permitir que vejamos nessa prática uma saída encontrada por Capistrano, perante um dilema que se colocou para si.

Nesse sentido, mesmo que de forma oblíqua, a prática obsessiva da escrita de cartas, pode ser vista como um canal onde, por excelência, Capistrano se sentia mais à vontade para declinar o que pensava ou até mesmo trabalhar. A correspondência mantida com João Lúcio ou Paulo Prado, como veremos, trazia, além dos aspectos mais afeitos à personalidade de Capistrano, inúmeros outros que concerniam ao trabalho que realizava. Nessa mesma orientação, era pelas cartas que Capistrano emitia juízos sobre a história do Brasil, refletia sobre a política ou comentava a sociedade intelectual que o cercava. Não seria preciso apontar que essas reflexões não se encontravam nos textos que realizou, fossem para os poucos livros que publicou ou nos artigos publicados nos jornais. Capistrano de Abreu sentiu-se à vontade nas cartas, especialmente para alguns destinatários, como nunca se veria em outra publicação de sua lavra. Paulo Prado, com certeza, sabia disso ao enfatizar a importância das cartas de Capistrano de Abreu.

Avesso ao trabalho em instituições, renunciando a toda gama de estratégias políticas que pudessem abrir horizontes de exposição de conhecimento, notório pela dificuldade de convívio social, Capistrano encontrou no exercício da escrita de cartas um meio de oxigenação daquilo que refletia. Um meio, por excelência, privado, o que nos confirma a hipótese a respeito das dificuldades de prosseguimento de sua carreira como intelectual, num meio rarefeito. Pelo nível de abertura de suas preocupações metodológicas concernentes ao seu ofício como historiador, pela profundidade com que tratava de temas caros à história do Brasil, inclinamo-nos a ver na correspondência de Capistrano de Abreu uma saída frente às suas dificuldades maiores. Nesse sentido, no exercício da escrita da correspondência, Capistrano deslocou-se daquilo que era esperado que ele viesse a realizar.

Para Capistrano, a correspondência deve ter sido uma saída encontrada para dar vazão aos seus anseios mais subjetivos. Não há menção encontrada a qualquer outro tipo de resposta. Capistrano não tinha vida boêmia, não buscava alguma espécie de satisfação em meio à atmosfera propiciada pelos bares ou cafés do Rio de Janeiro. Suas viagens também não se adequavam a alguma espécie de estratégia pragmática. Seus amigos mais próximos, que o historiador costumava visitar em passeios, mesmo que fossem ilustres – caso de Domingos Jaguaribe, Martim Francisco de Andrada ou Assis Brasil – não foram citados em suas biografias, ou mesmo nas cartas, como pessoas que lhe facultassem alguma facilidade no acesso a algum posto ou à edição de uma obra.

Insistimos que, para a reflexão acerca dos motivos que teriam impedido Capistrano de Abreu de escrever uma grande obra de história, os autores que se debruçaram sobre sua vida deveriam ver em sua correspondência não só uma fonte, mas sim uma prática. Com isso queremos dizer que, se a correspondência fosse tratada como objeto de estudo e se a exiguidade dos meios de divulgação de conhecimento da época de Capistrano de Abreu fossem dispostos, poderia-se tomar o exercício epistolar de Capistrano como um canal por onde o historiador deixou passar a sua reflexão. Um canal privado que justificaria suas dificuldades com relação à prática intelectual pública.

Caso semelhante, e que nos ajuda nessa reflexão, foi o estudado por Michel Trebitsch no texto "Correspondances d'intelectuels: les cas des lettres d'Henri Lefebvre à Norbert Guterman (1935 - 1947)"[155]. No interior do estudo das "sociabilidades intelectuais", Trebitsch se deparou com 59 cartas enviadas por Lefebvre a Guterman. Em se tratando de intelectuais que tinham dificuldade de exposição de suas idéias nos meios típicos – academia, por exemplo –, uma vez que, por professarem o marxismo, não contavam com a abertura suficiente de seus pares, as cartas entre os intelectuais, apresentavam uma das únicas possibilidades de exposição de um conjunto de idéias que não se tornou público. Para Trebitsch, essas cartas "sont aussi un document politique et un témoignange d'autant plus aigu sur les réseaux de sociabilité qu'il provient d'intelectuels marginalisés par l'instance académic comme par l'instance politique pour leur tentative d'élaborer un marxisme critique"[156].

Ora, que meio mais propício para a troca de idéias que de outra forma se encontraria impedida, senão aquele permitido pela prática de escrita de cartas? No caso estudado por Trebitsch, o teor das cartas expôs toda uma série de reflexões existentes entre os dois intelectuais, que não poderia ser apresentada de uma forma pública, na época em que viveram. Ou seja, impossibilitados de divulgar suas reais aspirações para a esfera pública, esses intelectuais valeram-se da correspondência como meio de vazão de suas idéias. Tratou-se, então, de um deslocamento. Por sua vez, a existência desse exercício também nos remete à necessidade de se tratar a correspondência como objeto de estudo. É foi nessa via de exposição, que Trebitsch pôde se deparar com aquilo que ambos os intelectuais manifestavam.

Tanto no caso explorado por Trebitsch, quanto no estudo das cartas de Capistrano de Abreu, a correspondência apresenta com generosidade elementos que concerniam a uma visão privada do mundo. E, à medida que tomamos contato com esses elementos, percebemos que o mesmo não poderia se efetuar de uma forma pública. Se Lefebvre e Guterman utilizavam-se do espaço epistolar para trocarem idéias e conceitos proibidos pelo momento histórico, Capistrano fez da correspondência um uso similar.

A diferença – que pode explicar o fato das cartas terem sido deixadas de lado pelos estudiosos –, é que Capistrano não teve o seu desempenho impedido por um governo totalitarista. Mas, de forma semelhante ao caso tratado por Trebitsch, o historiador não encontrou espaços para expor seu pensamento com liberdade. Ou seja, Capistrano deslocou-se para o exercício de escrita de cartas por estar diante de um meio para o qual não devotava afinidade. Mas, essa atmosfera não foi impeditiva da produção de tantos outros intelectuais que conviveram com Capistrano. Se o IHGB ou a ABL, por exemplo, não foram instituições que contaram com o apreço de Capistrano, foram canais de divulgação de muitos autores. Se Capistrano não conseguiu publicar sua obra sobre os bacairis, e apresentou somente três livros ao público, Afonso Taunay ou José Honório Rodrigues – mesmo que em outra época –, lançaram mais de uma dezena de obras. E, sendo o meio intelectual propício para esses intelectuais, como esperar que se voltassem contra as instituições que Capistrano via com grandes restrições? Como aguardar que a rarefação intelectual fosse tratada como uma questão importante, se esses autores não se encontraram tolhidos naquilo que se propuseram a realizar? Finalmente, como poderiam problematizar a correspondência de Capistrano de Abreu, se sequer percebiam os contornos dos impedimentos demonstrados pelo historiador cearense?

Capistrano não encontrou outro meio para expor suas considerações senão o privado. E, era o meio intelectual, da maneira específica que o concebia, que trazia o bloqueio para que a maioria das aspirações e sentimentos do historiador viesse a público. Pelo que se depreende dos elementos retirados do contexto de sua correspondência privada, muito dificilmente Capistrano conseguiria externar os juízos mais ácidos que possuía. Nesse sentido, podemos compreender porque sua produção pública tenha sido tão mitigada. Se Capistrano não escreveu uma grande obra – uma história do Brasil –, não o fez por não possuir dotes para tanto, e nisso concordamos com a maioria de seus biógrafos. Capistrano não escreveu a história do Brasil que todos desejavam por não conceber o espaço público como propício a essa investida, e serviu-se das cartas para a apresentação dos muitos motivos relativos a esse impedimento. Ao mesmo tempo, de forma reativa, e tomando o exercício da escrita de cartas como o objeto visado, apresentam-se os impedimentos, os bloqueios e a própria impossibilidade de Capistrano responder de uma forma direta, ao que dele se esperava, fosse pela sua contemporaneidade ou pelos outros analistas que se debruçaram sobre a sua obra.

Na medida em que as cartas de Capistrano eram conhecidas por seus correspondentes mais assíduos, aqueles que, não por acaso, empreenderam a formação da Sociedade Capistrano de Abreu, observou-se que a capacidade do historiador excedia àquilo que era conhecido do ponto de vista público. Esse sentimento migrou para a posteridade visto que as cartas de Capistrano foram publicadas no momento do centenário de seu nascimento. É o que se pode perceber acerca da importância que José Honório, por exemplo, lhe reputava. Nessa direção, apontamos que a percepção dos dotes de Capistrano se deu muito mais na esfera privada, principalmente para aqueles que trocaram cartas com o historiador. Esse entendimento permeou a fundação da Sociedade Capistrano de Abreu, tão logo o historiador veio a falecer. Era por demais forte a percepção de que Capistrano tivesse revelado privadamente o vulto de seu conhecimento sobre a história e cultura brasileiras. Para esses missivistas, não haveria a dúvida ou a frustração sobre os poucos trabalhos do historiador. Ao mesmo tempo, deveriam saber que não se tratava de um intelectual incompleto ou insuficiente. Mas, acreditamos, percebiam toda a gama de dificuldades que se interpolava entre o conhecimento de Capistrano e a possibilidade de torná-lo público. Percebiam que a constatação da grandeza do historiador, somente seria possível na medida em que se conjugassem suas colocações privadas com as públicas. E como isso só fosse possível depois da morte do historiador, pode ser que tenham notado que o melhor de Capistrano, somente pudesse vir a público após o seu desaparecimento.

1. A interlocução plena: as cartas a João Lúcio de Azevedo

> Amigo, há cerca de um mês e meio, tenho tido vontade de escrever-lhe uma carta como a de Nóbrega a Anchieta, metido entre os tamoios: irmão, se ainda sois vivo...
>
> Carta de Capistrano para João Lúcio, datada de 7 de março de 1919, quando pensava que o amigo português tinha falecido[1].

João Lúcio de Azevedo era natural de Sintra, Portugal, nascido no ano de 1855. Viveu em Belém do Pará, quando de sua juventude, retornando depois para seu país. João Lúcio era, igualmente, historiador, e se deteve no estudo da vida do Padre Vieira e nas pesquisas acerca da Inquisição portuguesa, ambos os temas bastante comentados na correspondência para com Capistrano. Falecido em 1933, João Lúcio deve ter sido um dos que mais sentiu a perda de Capistrano, isso pela proximidade, que se percebe, que existia entre os dois. Foi também, como vimos, o primeiro a reputar a correspondência como meio de conhecimento daquilo que Capistrano realizou.

Capistrano manteve correspondência ativa com João Lúcio de Azevedo, entre os anos de 1916 e 1927. A troca de cartas cobriu um período em que o historiador já se encontrava sem nenhum vínculo formal de emprego, dedicando-se ao estabelecimento dos textos que comporiam a "Série Eduardo Prado", às anotações que continuava a fazer sobre a *História Geral do Brasil* de Varnhagen, bem como aos estudos sobre a lingüística bacairi. Trata-se de uma correspondência madura, na qual Capistrano se mostrava apto às revisões de vida. Formam um total de 262 cartas, o que perfaz o maior número de epístolas para um só correspondente. O historiador cearense foi apresentado a João Lúcio pelo amigo em comum, José Veríssimo, e essa passagem foi narrada numa das primeiras cartas enviadas por Capistrano ao historiador português, exatamente aquela em que lamentava a morte recente de Veríssimo. Foi assim que Capistrano retomou os laços de amizade com João Lúcio, nesta carta datada de 30 de junho de 1916:

> Veríssimo gostava de fazer propaganda de amigos. Falou-me em seu nome, pela primeira vez, creio que em 93 ou 94. Depois muitas e muitas vezes falou-me de sua ida para o Pará, a entrada no comércio, seus trabalhos para a conquista do pão, sua volta além-mar, sua vida de estudo e de pensamento, que auspiciávamos longa e fecunda em obras cada vez mais vigorosas. A partida de nosso amigo ainda mais sagradas torna essas recordações[2].

Seja pela freqüência com que se reportava a João Lúcio, ou pelos elementos de seu trabalho e vida pessoal, que abria com franqueza para o historiador, esta é a correspondência mais citada pelos biógrafos de Capistrano. De fato, à luz da comparação com as demais, o que se percebe é que Capistrano se revelava nessas cartas ao seu mais próximo interlocutor. Diferentemente do que se via nas demais cartas enviadas por Capistrano para outros de seus correspondentes, nas epístolas para João Lúcio, comentava, inclusive, aspectos pessoais concernentes à vida de outros de seus destinatários, criticando ou ajuizando suas condutas. Quanto ao historiador português, quando citado por Capistrano, nas cartas remetidas a José Veríssimo, Mário de Alencar ou Paulo Prado, apenas o seria por conta de uma recomendação ou apresentação elogiosa.

Vejamos por exemplo o que Capistrano falava de Afonso de Taunay, um de seus mais citados destinatários, em carta enviada para João Lúcio, não datada, mas situada por José Honório entre uma de 19 de dezembro de 1917 e outra de 8 de março de 1918:

> Conheço-o desde menino, dei-lhe até algumas lições particulares, depois perdemo-nos de vista. O ano passado encontramo-nos com freqüência em S. Paulo, hoje temos correspondência. Creio que meu contato não lhe faz mal: já se contenta mais dificilmente com o que faz. Agora está feito diretor do Museu Paulista e as responsabilidades do cargo hão de melhorá-lo. Primo dele é o Escragnole Dória, hoje diretor do Arquivo Público. Foi o candidato que ven-

ceu nosso Veríssimo no concurso de história: venceu no sentido de apanhar o lugar[3]. Nunca deixe de lê-lo; tem o talento de escrever duas ou três asneiras seguidas. Vingo a memória do nosso amigo chamando-o escranela a história. Já há de lhe ter chegado aos ouvidos; nem eu o digo com outro fim[4].

Em nova carta datada de 27 de outubro de 1920, Capistrano voltaria a mencionar Taunay para João Lúcio: "Taunay deu-me em provas o livro pendente sobre a história da vila de S. Paulo. Li apenas o primeiro capítulo: não me agradou. Ele cultiva o gênero comentário, com certos dengues que não consegue superar"[5].

Novamente, em carta enviada ao historiador português datada do dia 5 de novembro de 1921, Capistrano se remetia a Taunay de forma mais ácida. O assunto versava sobre o estabelecimento da obra *Cultura e Opulência do Brasil...* de Antonil, autor reconhecidamente admirado por Capistrano:

> Taunay vai publicar o Antonil, com uma introdução e sem notas. Acho inexplicável este procedimento de tomar a si o que qualquer caixeiro faria, juntando apenas o nome. Não é por aperto de dinheiro. O pai deitou fora o dinheiro, em especulações, segundo uns, por tratantadas de falsos amigos, segundo outros. Mas ele está bem colocado – diretor de Museu, etc.; a senhora herdou, não muito, mas herdou. Publicar o Antonil era um de meus desejos, para ele a empresa era mais fácil que a mim. Melhor para ambos[6].

Finalmente, no ano de 1926, Capistrano voltaria, mais uma vez, a se referir aos trabalhos de Taunay, e desta feita, de uma forma ainda mais dura e radical, o que deve explicar o fato de essa carta ter sido excluída da primeira edição da *Correspondência de Capistrano* nos anos de 1954/1956, quando Taunay ainda vivia:

> Nosso amigo Taunay acabou um livro sobre São Paulo seiscentista que é bem medíocre. No prólogo esbanja-se em excelências, rematando com o atual prefeito da Paulicéia no que não sei se chamar rapapé ou buscapé. A

narrativa dá-se uma lembrança extravagante. Imagino uma lavadeira a quem entregam um saco de roupas suja [sic]. Abre o saco; põe as peças para fora, conta-as e dá tudo por lavada[7].

Mais do que perceber o tratamento dispensado por Capistrano para Afonso de Taunay, resta-nos apontar que esses comentários se deram no interior da privacidade epistolar do historiador. Como veremos, Capistrano de Abreu costumava estabelecer uma visão crítica aos textos de Taunay, inclusive nas cartas que enviava ao pórprio Taunay. Mas, em nenhum momento chegou ao nível de tratamento que lhe dispensava nas cartas enviadas ao amigo português. A indisposição de Capistrano para com o tipo de trabalho realizado por Taunay, nos auxilia a perceber uma impossibilidade maior, a saber, a recusa do historiador cearense em fazer concessões para com o seu meio intelectual. Criticando Taunay, Capistrano parecia atacar uma visão de história, ou quem sabe, os próprios canais pelos quais seriam permitidos que os textos de história viessem a público. Diga-se de passagem que, diferentemente de Capistrano, Taunay possuía uma inconteste obsessão pela publicação de obras, sendo que, ao menos até 1927, já havia escrito dez livros. De forma distinta daquela experimentada por Capistrano, a ambiência intelectual era favorável a Taunay e o fato de ser diretor do Museu Paulista deveria lhe facultar um grande reconhecimento. As analogias utilizadas por Capistrano quando se remetia ao trabalho de Taunay – "caixeiro viajante" e "lavadeira" –, parecem remeter à falta de critério que o historiador catarinense demonstrava ao se deparar com uma ampla gama de documentos. Ao mesmo tempo, essas comparações terminavam por apresentar todo o desgosto de Capistrano com uma metodologia histórica, que aparentemente visava a voracidade do orgulho personalista ou das "igrejinhas", viabilizadoras da vazão de um conhecimento superficial. Ao criticar os trabalhos de Taunay, Capistrano apresentava, de uma forma oblíqua, os motivos pelos quais não se sentia disposto a produzir com tamanho empenho. Ao mesmo tempo, terminava por expor o contorno de seu deslocamento, frente ao rarefeito campo intelectual de sua época.

Outro aspecto a ser destacado nessa correspondência, reside na proximidade fraternal que unia Capistrano a João Lúcio. Pode-se dizer que entre ambos, havia uma espécie de contigüidade de espírito, o que fazia com que Capistrano não se explicasse em demasia para o amigo, da mesma forma que o faria para outros de seus correspondentes. Um exemplo que nos ocorre nesse sentido, dizia respeito a uma palavra, costumeiramente usada por Capistrano, quando se referia ao momento de conclusão de alguns de seus projetos – fosse o prólogo que dava à *História do Brasil* de Frei Vicente do Salvador, ou o trabalho sobre a língua kaxinawá. Era comum que Capistrano falasse em estar "liberto" ou estar próximo da "alforria", isso sem maiores explicações, como se o fizesse para alguém que sabia que poderia compreender o que significava findar um trabalho em meio às dificuldades de saúde ou de angústia que o assolavam. O mesmo termo, utilizado em uma carta para Mário de Alencar, deve ter provocado o questionamento do escritor uma vez que, em uma epístola do dia 28 de dezembro de 1909, Capistrano assim se referiu à conclusão próxima de seu trabalho sobre a língua kaxinawá:

> Continuo aqui na minha labuta. A maior parte dos textos já está composta e traduzida; comecei a revisão das provas do vocabulário e cheguei ao fim de N; falta apenas um terço; só na gramática ainda não peguei, porque será breve; espero pelo menos, e preciso, ter todo o material apurado para começar. Se fosse possível contar com o trabalho constante dos dois caxinauás, poderia ficar liberto em menos de um mês. Digo liberto de caso pensado; procurei levianamente uma escravidão pesada, e esperdicei um tempo precioso, porque, com toda a franqueza o declaro, não estava preparado para tanto e a cousa não sairá como desejo[8].

A comparação que fizemos dá margens para que adentremos o tipo de relação existente entre Capistrano e Mário, aspecto que será tratado adiante e com mais vagar. Cabe apenas, neste momento, que apontemos que se tratava de uma relação na qual Capistrano se configurava como modelo de experiência e maturidade, mesmo que não o desejasse ou visasse racionalmente: odiava a idéia de ser tomado como mestre ou de que tivesse discípulos. Esse aspecto não aparecia nas cartas enviadas para João Lúcio, onde, se nas primeiras era chamado de excelentíssimo amigo, nos anos que se seguiram da copiosa correspondência, era tratado por "xarapim" ou "xará".

Nas cartas ao historiador português houve, igualmente, espaço para que aparecessem aspectos mais pessoais: mal-estares, a preguiça, dificuldades familiares ou financeiras etc. As cartas para João Lúcio de Azevedo são mais uma vez modelares, uma vez que a amizade que o unia a Capistrano permitia a exploração, tanto de um aspecto quanto do outro. Podemos dizer que as questões que mais o mobilizassem eram passadas a João Lúcio, não guardando as reservas que mantinha para com outros de seus correspondentes.

A franqueza que Capistrano tinha ao tratar, como dissemos, da vida de outras pessoas, fossem-lhe próximas ou não, é digna de menção. Fosse pela inconfidência que expunham ou pelo fato de ter mobilizado inclusive a atenção da família do historiador – que impediu a publicação de algumas cartas em 1954 – as cartas de Capistrano para João Lúcio permitem a introdução aos pensamentos mais profundos do historiador cearense. De fato, se neste momento da edição da correspondência – em 1954 –, apresentava-se um Capistrano que falava com uma abertura incomum de personalidades consagradas e já falecidas, casos de Rui Barbosa ou de Max Fleiuss, o mesmo ocorria para alguns de seus missivistas que ainda estavam vivos e o tinham em alta conta, caso específico de Afonso de Taunay – visto por Capistrano como um historiador esforçado mas sem genialidade. Isso explica, em parte, o fato de a família de Capistrano ter impedido que algumas cartas enviadas por ele a João Lúcio viessem a público quando da primeira edição da *Correspondência*, em 1954. Estas somente seriam publicadas na segunda edição, no ano de 1977. Em uma dessas cartas, aparentemente em resposta a João Lúcio, Capistrano dava detalhes indiscretos da vida de Paulo Prado: "Diz Paulo que nunca pensou em casamento, nem em suicídio: aos 18 ou 19 anos perdeu o feitio de um filho, pois tratava-se de mulher casada. Foi educado na Europa, já tem filhos, só agora o encontrou. Parece ter vocação para a trindade de Paul de Kock: as mulheres, o jogo e o vinho"[9].

Mais adiante, Capistrano recuperava a João Lúcio como se dera a aproximação de Paulo Prado para com ele próprio: "Paulo foi bastante pândego, mas quando chegou a hora do comércio tomou sério e ganhou boa fortuna. Desde moço revelou gostos literários. Tem uma bela coleção de livros franceses e ingleses, encadernados com gosto. Ainda hoje lê muito. Num acesso de gota a que é sujeito leu meus *Capítulos* e pegou gosto pela história, disse-me ele"[10].

Paulo Prado, é sabido, possuía grande admiração por Capistrano, o mesmo podendo se dizer do historiador cearense para com ele. O trecho acima não se tratava de forma alguma de uma depreciação mas, evidentemente, tornara-se picante por expor aspectos privados da vida de Paulo Prado. Se Capistrano o fez, deve ter sido com o intuito de dizer mais a respeito de alguém que deve ter chamado a atenção de João Lúcio. Em cartas da primeira edição da *Correspondência*, em 1954/56, Capistrano também citava Paulo Prado a João Lúcio, nesse caso, apenas elogiando-o e não trazendo nenhum aspecto de foro íntimo. O que falava do amigo a João Lúcio, ilustra a nossa tese de que havia uma proximidade fraternal entre Capistrano e o historiador português:

> Paulo Prado, sobrinho de Eduardo, é rapaz culto. Atirado ao comércio, tem prosperado sem abandonar os livros. Preso em casa pela gota, leu meus *Capítulos* e ganhou amor à História. Sugeri que em honra do tio, cuja memória continua a estremecer, publicasse uns livros com o título Eduardo Prado. Aceitou a idéia, com a condição de escrever os prólogos este seu amigo[11].

Não é o momento de aprofundarmos a relação existente entre Capistrano de Abreu e Paulo Prado, uma vez que trataremos desse assunto adiante. Resta-nos apontar que, ao abordar a relação com o paulistano, Capistrano expunha uma das únicas vias de realização de seu conhecimento. Foi o interesse de Paulo por Capistrano que possibilitou o patrocínio de pelo menos quatro estudos do historiador, aqueles que compuseram a já citada "Série Eduardo Prado". Paulo, como veremos, também era um interlocutor refinado de Capistrano no campo dos estudos em história. Ao mencionar a relação que possuía com Paulo Prado, Capistrano, de forma diferente daquela ocorrida com Taunay, orbitava em torno da possibilidade de vazão de seu conhecimento em direção ao público. Do ponto de vista intelectual, a distância entre Paulo Prado e Taunay era profunda, bastando dizer que Paulo se aproximava muito mais de Capistrano. Intelectual bissexto, Paulo Prado não conseguiu atingir unanimidade em vida acerca de suas qualidades intelectuais. Para muitos, somente viria a ser lembrado como mecenas ou como financista.

O mesmo cuidado havido com Paulo Prado, não aparecia quando Capistrano abordava a vida de pessoas com as quais não se dava. Nesse sentido, Max Fleiuss, o secretário perpétuo do Instituto Histórico e Geográfico Brasileiro em meados da década de 1910, figurava como um caso exemplar. Em carta de 14 de abril de 1918, Capistrano referiu-se assim, ao secretário: "Vou de vez em quando à biblioteca do Instituto Histórico, aonde se pode trabalhar com certa comodidade. Do secretário perpétuo fujo quando posso. É de origem alemã e creio que o pai deixou alguma, pois um deputado do Maranhão, do tempo do Itaboraí ou Rio Branco, eternamente quebrado, casou com a viúva e não foi certamente por desinteresse"[12].

Mais adiante, Capistrano apresentou os motivos pelos quais não apreciava a conduta de Fleiuss, e o fez de uma forma extremamente ácida:

> Gosta de aproximar-se dos grandes: penetrou na intimidade de Ouro Preto, o cardeal batiza-lhe os filhos, Oliveira Lima é padrinho de um, etc. Como meteu-se no Instituto não sei bem; não foi certamente com trabalhos históricos. Uma vez entrado empolgou o velho Olegário, presidente, de miolo já meio mole, e foi subindo até chegar a primeiro secretário. Isto não lhe bastou; quis segurar-se a cavalo como S. Jorge e inventou o parafuso da vitaliciedade[13].

E, sinalizando uma espécie de estrutura informal que possibilitava a ascensão do secretário perpétuo do IHGB, Capistrano arrematava:

Os jornais, de tanto lhe imprimirem o nome, já vão juntando-lhe qualificativos laudatórios. É quem manda no Instituto, porque o Afonsinho [Afonso Celso de Figueiredo Júnior, então presidente do IHGB] segue-o cegamente. Donde vem sua força? Conseguiu casa na praia da Lapa, e já tem um terreno no antigo morro do Senado, hoje arrasado, onde pretende casa melhor. Conseguiu que a *Revista* se imprimisse na Imprensa Nacional, com uma amplitude que nunca teve. Tem conseguido que, apesar de tudo, se mantenha a subvenção votada pelo Congresso. Por meios que não conheço arranja mais dinheiro, tanto que o Instituto paga seis ou oito empregados. O Rio Branco chamava-o Flauta, mas ele conseguiu por fim captá-lo e também meter-lhe a rosca da vitaliciedade[14].

A referência à relação do Barão do Rio Branco com Max Fleiuss não deixa de ser curiosa, na medida em que, ao que parece, coube a Capistrano a apresentação do secretário perpétuo do IHGB ao ministro. E Capistrano o introduziu ao Barão, por conta de um pedido do próprio Fleiuss. Em epístola datada de 10 de outubro de 1895, Max Fleiuss se dirigiu a Capistrano pedindo que ele deixasse uma carta endereçada a Rio Branco, na sede da *Semana*. E Fleiuss foi mais longe: "Peço-lhe uma carta sem cerimônia, para que o Barão não enxergue nela um simples ato de cortesia. Pode crer que serei sempre agradecido a esse grande obséquio"[15].

E, atendendo ao pedido de Fleiuss, Capistrano endereçaria uma carta ao Barão, datada de 11 de outubro de 1895. Capistrano dizia que:

Consente que termine esta carta pedindo-lhe mais um obséquio? o Sr. Max Fleiuss, moço estudioso e inteligente, deseja fazer parte da comissão de limites com a França, de que meu ilustre mestre e amigo será o chefe. Há por aqui toda a boa vontade em atendê-lo: uma palavra sua será o suficiente para fazer pender a balança a favor dele. Creio que outros amigos lhe terão escrito a favor dele. Faço-o por minha vez, certo de que não me arrependerei[16].

O arrependimento deve ter sido terrível, e talvez até compusesse a fúria com que Capistrano tratava Fleiuss, uma vez que as menções ao secretário, apareciam com freqüência nas cartas enviadas para João Lúcio. Foram muitas as vezes em que Capistrano mencionou-o, utilizando-se dos apelidos *Flauta*, *Flauta Perpétua* ou *Marca Fraude Perpétua*. Em outra passagem de uma das cartas enviadas para o amigo, Capistrano sinalizava que Taunay queria, de alguma forma, intervir pra reatar a relação entre ele e Max Fleiuss. Capistrano narrou esse momento da seguinte forma:

> Taunay mostrou-se empenhado em fazer as pazes entre mim e a Marca Fraude Perpétua, cousa impossível, disse-lhe, porque nunca houve guerra: apenas, vendo aquela pedra no caminho, mudei de rumo e abri picada para outro lado, para não dar com as canelas ou quebrar a cabeça. Agora minha atitude é a do inglês que acompanhava Blondin por toda parte, à espera do dia em que o funâmbulo despencasse. O funâmbulo vai diariamente juntando mentiras sobre mentiras, e não duvido que, mais dia menos dia, despenque. E o Instituto que vai mal com ele, ainda pior ficará sem ele[17].

É interessante acrescentar, que Max Fleiuss relacionou-se a Capistrano em 1917, quando sugeriu que o historiador cearense fosse condecorado com a medalha de ouro "Prêmio D. Pedro II", por conta de seu trabalho sobre a língua dos kaxinauás. Em carta enviada ao presidente do Instituto Histórico, Afonso Celso de Figueiredo Júnior, datada do dia 8 de outubro de 1917, Capistrano dizia que:

> Sei pela imprensa diária que a sociedade que V. Ex. tão sabiamente dirige houve por bem premiar com uma medalha de ouro meu imperfeito ensaio sobre a língua dos caxinauás. Esta distinção, tão superior a meus fracos méritos e até às minhas maiores ambições, fundou-se para maior realce no parecer do meu antigo e venerando mestre dr. Ramiz Galvão, que, passa de quarenta anos, acolheu paternalmente o provinciano bisonho, e com exemplo, com a convivência dos admiráveis colaboradores, hoje todos mortos, que soube reunir na Biblioteca Nacional, acompanhou-me os primeiros passos nos estudos a que o Instituto Histórico tem dado impulso e direção desde

1838. Muito grato pela imerecida prova de apreço, socorro-me do precedente aberto pelo benemérito Francisco Adolfo de Varnhagen, glória da pátria e lustre desta casa, para rogar ao Instituto, com os reiterados respeitos, a oferta que faço da medalha deste prêmio, que a sua benignidade me confere, para propor como assunto novo em outro concurso. Apresento a V. Excia. os meus protestos da mais alta consideração[18].

Assim como Varnhagen, Capistrano declinava do recebimento dessa comenda, de forma semelhante com que fizera quando da condecoração que recebera pelos trabalhos em torno da Exposição de História e Geografia de 1881, fato que nem sequer citava em suas cartas.

As considerações de Capistrano para com Max Fleiuss são valiosas na medida em que apresentavam tudo aquilo que o historiador não aspirava ver num intelectual. Aí estavam o carreirismo, o uso do conhecimento como meio e não como fim e os elogios como forma de ascensão profissional. Ao mesmo tempo, a indisposição de Capistrano para com Fleiuss, deixava transparecer toda uma dificuldade do historiador cearense, de se servir de uma das instituições que mais lhe poderiam facultar a exposição de seu conhecimento histórico: o IHGB. Talvez não estejamos equivocados, se tomarmos as críticas de Capistrano a Max Fleiuss, como indicativas de seu aparente exílio frente a toda a gama de possibilidades que as pompas do IHGB poderiam lhe fornecer. Mas, da maneira como conferiu a limitação do seu meio intelectual, Capistrano terminou por chegar a um beco sem saída – um *cul de sac*, como disse a Mário de Alencar.

Seria possível ao historiador, escrever uma história do Brasil, numa ambiência que ele próprio já observava como exígua e rarefeita? Pelo pequeno número de textos publicados, e pela volumosa correspondência que realizou, é evidente que Capistrano não conseguiu reagir produtivamente, de uma forma pública. E o circuito intelectual, que valorizava Max Fleiuss, não era apreciado pelo historiador cearense. Mas, o que Capistrano talvez não percebesse era que, ao criticar os espaços intelectuais de sua época, o historiador escondia uma inadvertida impossibilidade de se relacionar com esse mesmo meio de uma forma profícua. E, nesse sentido, ao abordar criticamente o percurso de Fleiuss, Capistrano parecia expor inconscientemente, uma exclusão de origem para todas as possibilidades de canalização daquilo que conhecia. Ou seja, se o meio intelectual não era visto como propício, o historiador não conseguiu inaugurar uma forma de reversão dessa situação – não, ao menos –, de uma maneira pública.

Enquadrando-se, também, no rol das pessoas a quem Capistrano não devotava admiração, encontramos Rui Barbosa. Nesse tocante, as considerações negativas acerca do ministro e intelectual não se encontravam somente nas cartas enviadas para João Lúcio. Capistrano criticava Rui para todo missivista que manifestasse alguma expectativa positiva com relação a atuação do político, como por exemplo, Mário de Alencar. Em carta enviada para o escritor, em 18 de março de 1910, Capistrano fez o seguinte comentário sobre Rui: "Pensei sempre que, em todo o Brasil, Rui tivesse apenas o voto dele, reclamaria a anulação de tudo para que o voto único prevalecesse. Não me enganei"[19].

Mas, nunca se abriu tanto como para o amigo português, como pode ser visto no trecho abaixo que, por ser demasiado longo, optamos por transcrever apenas a parte mais significativa:

> É simples, bem educado. Não gosta de conversa comprida. Disse um de seus íntimos que só [se] expande à hora do jantar. Nunca fui a sua casa. Acorda muito cedo, as 4 horas, como meu patrício Clóvis Beviláqua. As 10 da noite adormece. Não fuma, não bebe; vive ou pelo menos procura viver dos rendimentos da vida, sem atacar o capital, disse uma vez. Por isso é mais forte do que há vinte anos atrás. Sua biblioteca anda por algumas dezenas de milhares de volumes. Em certas prateleiras há três carreiras de livros: dizem que é capaz de ir no escuro tirar o volume que deseja[20].

Ainda com relação ao gosto de Rui pela leitura, Capistrano apontava que: "Tem verdadeiro amor de bibliófilo aos livros. Durante o governo provisório emprestou-me um, todo encapado, o que me obrigou a comprar tela inglesa para reencapá-lo. Hoje não empresta mais"[21].

Acerca dos discursos de Rui, bem como de sua formação, Capistrano adiantava que: "Ouvi-o falar bem duas vezes, uma numa conferência abolicionista, que durou mais de uma hora, outra, poucos minutos. Hoje não me abalo para ouvi-lo: não me agrada a voz. Cultura filosófica parece não possuir. Para ele a filosofia reduz-se à lógica e a lógica à dialética"[22].

E, a respeito da decantada erudição de Rui Barbosa, comentando um escrito de Rui, Capistrano terminaria por apresentar um quadro, no mínimo, sarcástico:

> No tal artigo senti reflexo do modo de discutir de Stuart Mill, Spencer e Buckle, que naquele tempo lia muito sem entender; hoje não os entendo nem leio. A Inglaterra influiu muito sobre sua formação intelectual; fala bem inglês. Saberá alemão? Duvido. Antes da guerra, havia o vezo, denunciado por Tobias como muito comum no Brasil: engolir francês e arrotar alemão: deste agora ficaremos livres. A falta de cultura filosófica pode explicar sua versatilidade. A princípio, anticristão, anticatólico, talvez agnóstico, virou de bordo, fez-se bondiesard depois da residência forçada na Inglaterra em 93, quando leu Balfour; fez-se católico, se não praticante, de oratória[23].

Capistrano continua abordando a vida de Rui Barbosa nessa mesma carta, dizendo que era um advogado que esposava causas opostas, sempre com o mesmo ímpeto. Falava de sua família, os dois filhos de "inteligência abaixo da média"; do genro, que um amigo de Capistrano dizia que "basta conversar dez minutos para ver que é cretino"; da mulher, de quem o próprio Rui disse no Senado, "que os brilhantes de que ela usava eram de aço" o que, segundo Capistrano, era "se não uma mentira, pelo menos um anacronismo". Com relação à Conferência em Haia, Capistrano apontava que: "Que fez em Haia? Stead elevou-o ao pináculo, Rio Branco esbanjou-se em telegramas engrossatórios, dizendo entretanto seus amigos que ele não fazia nada que não fosse soprado do Itamarati"[24].

Nessa carta, que era a mesma em que Capistrano falava para João Lúcio da morte de seu filho Fernando, o assunto Rui Barbosa ocupou quase dois terços. Ao final, Capistrano dizia: "Minhas relações com ele nunca foram grandes; de uns dez anos para cá, tenho ido me afastando; hoje não há mais nem cumprimentos de chapéu"[25].

Em carta do dia 11 de setembro de 1919, Capistrano voltava ao assunto e dizia a João Lúcio que lhe encaminharia uma das últimas conferências de Rui. Adiantava ao amigo que Rui Barbosa teria se referido, em sua fala, "à inteireza do músculo central", o que foi levado para o mau sentido e tornou-se motivo de um artigo malicioso da Gazeta[26].

Independentemente do fato de Rui Barbosa ser um político, o que muito dificilmente lhe facultaria a unanimidade, as considerações de Capistrano podem ser tomadas como mais uma manifestação de seu deslocamento frente às possibilidades de seu meio. Não vinham de trincheiras político-partidárias e, de forma semelhante às observações que fez a Max Fleiuss, as críticas de Capistrano pareciam se embasar num rígido código moral: como aceitar a idéia de que Rui Barbosa fosse tão respeitado? Mas, ao que parece, o uso que Rui Barbosa fazia de seus dotes intelectuais era o que mais irritava Capistrano. A desqualificação de seus feitos em Haia, por exemplo, talvez exprimisse a fúria de Capistrano para com o engrandecimento das ações de um homem orgulhoso. Mas, a aproximação entre Max Fleiuss e Rui Barbosa não pode ser levada às últimas conseqüências, uma vez que o primeiro era um intelectual, que, mesmo carreirista, permaneceu afeito às hostes do seu campo de trabalho. Já Rui Barbosa era um político que se valeu de seu conhecimento para alçar vôos nas mais altas esferas do país. Nesse sentido, a visão que Capistrano tinha de Rui nos permite a aproximação a um outro campo em que o historiador cearense também não via como arejado, a saber, a dimensão, *stricto sensu*, da política brasileira.

Mesmo que recebesse um tratamento diferente daquele dispensado a Rui Barbosa, Ramiz Galvão, o diretor da Biblioteca Nacional durante Exposição de História e Geografia de 1881, também teve aspectos de sua vida narrados para o amigo. Nesse caso, percebia-se o respeito que Capistrano manifestava, uma vez que havia sido por intermédio de Galvão que ele passaria trabalhar na Biblioteca Nacional, mesmo que para tanto, tivesse que ser aprovado em concurso. Era com uma certa tristeza pelo destino de Ramiz Galvão, que Capistrano, então, se reportava ao amigo:

> Encerrada a Exposição, (Ramiz Galvão) foi a Campos descansar na fazenda de uns parentes da mulher. Em sua ausência, foi procurado várias vezes por um emissário do Conde d'Eu. Mais tarde soube-se que o Conde d'Eu queria-o para aio dos príncipes. Com repugnância aceitou o cargo: devia tanto ao Imperador! A opinião pública ficou indignada: queria continuar como bibliotecário em comissão, o ministro opôs-se e obrigou-o a aposentar-se como professor de Botânica, com uns duzentos mil-réis por mês. A mais fidedigna das testemunhas, um meu amigo, que durante algum tempo foi seu ajudante e pediu demissão de tenente-coronel do Exército, por entender que força pública não tem autoridade para mudar forma de governo, assegurou-me que foi inexcedível como aio: ninguém o excedeu no cumprimento do dever[27].

Em carta do dia 25 de setembro de 1917, prosseguiu na história de Ramiz Galvão, que viveria o bastante para fazer o necrológio de Capistrano, em discurso no IHGB, no ano de 1927:

> Quando Luís de Saldanha, seu cunhado, aderiu à revolta de Custódio, Ramiz já tinha emigrado para Minas, aonde ficou até o governo do Prudente. Por este tempo pouco mais ou menos, sucedeu-lhe a desgraça de em quinze dias perder duas filhas e o único filho de sarampão: ficou-lhe uma filha, que casou e depressa enviuvou. Durante algum tempo trabalhou na *Gazeta*; contratou e levou a fim o *Catálogo do Gabinete Português de Leitura*, pelo sistema decimal, que deve ser esplêndido, pois o adotou, mas eu não o entendo. Um português pouco conhecido legou a fortuna à Irmandade da Candelária. A fortuna era maior do que se supunha: com ela fundou-se o Asilo Gonçalves de Araújo, que desde o princípio teve Ramiz por diretor. Nunca visitei o asilo, mas é de se supor corra tudo bem, pois nunca li queixas contra ele na imprensa. É de

supor que lá se conserve até o fim da vida, que promete ser longa, pois apesar de setuagenário, o seu todo, naturalmente elegante e distinto, é de homem sadio[28].

O conhecimento adquirido pela experiência de Ramiz Galvão, como diretor da Biblioteca Nacional na época da Exposição de História de 1881, devia lhe facultar a interlocução nos mais variados assuntos históricos. É de se notar que Capistrano tenha observado que o percurso público de Ramiz tenha se exaurido, na medida em que foi trabalhar como preceptor dos filhos de Conde d'Eu. Ao nosso ver, no percurso de Galvão, recuperado por Capistrano, encontramos sua indignação frente aos espaços profissionais que foram abertos para o ex-diretor da Biblioteca Nacional. Tratavam-se de considerações que também nos remetem à exiguidade das soluções no meio intelectual de sua época.

Outro que entraria nos comentários de Capistrano para João Lúcio seria o escritor Coelho Neto, que foi citado pelo historiador nestes termos:

> Pobre Coelho! Captou a simpatia do Pinheiro Machado, conseguiu que o elegessem, assentou a vida sobre a base de trinta contos, fracos, fracos! E agora terá de baixar ao terço. Não compreendeu que quando o padrinho morre o afilhado fica pagão e quis grimpar, mobilizou a imprensa da capital, incomodou-se e obteve manifestações nos Estados por onde passava, avocou as agências telegráficas, fez conferências em S. Luís. Nada compensou a falta de padrinho. Conheço-o antes da república. Tudo quanto escrevia me desagradava, apesar da simpatia pessoal. Um dia, com a Capital Federal, largou a crisálida e voou[29].

E quanto à capacidade produtiva de Coelho Neto, Capistrano apontava que:

> Tinha a desvantagem de escrever para viver, numa improvisação desenfreada, nem sempre literariamente proba, porque, tenho esta impressão, muitas vezes amontoava frases e páginas sem saber o que dizia, ou antes, sabendo que não dizia nada. Faltava-lhe um achego que lhe permitisse escrever devagar. Teve-o;

se aproveitou não sei, porque não tenho lido suas últimas produções; creio que não aproveitou, senão soaria. E agora vai voltar à antiga improvisação[30].

Finalmente, Capistrano mencionava a chegada de Coelho Neto à política brasileira:

> Depois da deputação – uma velha amiga minha patrícia empregava o sufixo próprio de substantivo coletivo e suspirava pelo dia em que o filho ficasse livre de tão má companhia – depois da deputação fui algumas vezes à casa dele. Da última fui recebido como eleitor que já lhe dera o voto. Desde então nossos encontros têm sido casuais, em bondes, na rua. Não voltarei agora; minha presença pode ser mal interpretada[31].

As considerações de Capistrano acerca do apadrinhamento político de Coelho Neto expunham uma face do meio intelectual de então. Passam a idéia de que o intelectual deveria orbitar em torno de uma ou outra figura política, como meio de sobrevivência. O comentário de que Coelho Neto, "tinha a desvantagem de escrever para viver", também permite alguns desdobramentos. Observamos um certo distanciamento de Capistrano, uma vez que ele próprio, como tantos outros, procurava viver a partir do que sabia fazer, isto é, escrever. Talvez Capistrano quisesse dizer que Coelho Neto escrevesse de uma forma pragmática, ou seja, visando unicamente encontrar espaços no rarefeito mercado editorial de sua época. O afastamento de Capistrano quando se percebeu tratado como eleitor, indicava o seu desapego às relações que poderiam funcionar como meio de ascensão política. De fato, em nenhum momento de sua correspondência Capistrano demonstrou alguma expectativa positiva ante o universo político brasileiro.

Francisco de Assis Chateaubriand, iniciando-se no jornalismo, e que nutria um projeto comum com Capistrano – de edição de textos de história –, foi mais um dos personagens que vieram à tona nas cartas enviadas a João Lúcio:

Chateaubriand embarca este mês para Berlim e pedir-lhe-ei que, se puder, o procure. De pequena estatura, glabo, nasceu em Imbuzeiro da Paraíba como o Epitácio. Tem menos de trinta anos, é substituto da Faculdade de Recife. Veio ao Rio há uns três anos por negócios de advocacia, aqui foi ficando, primeiro numa comissão da Secretaria do Exterior, depois como jornalista: colabora no *Correio da Manhã*, por cuja conta vai agora à Alemanha passar um semestre na Alemanha [sic] é redator-chefe do *Jornal do Brasil* que fundou Rodolfo Dantas, comprou Rui e nele manteve uma campanha brilhantíssima contra Floriano. Muito tempo ficou nas mãos do Conde Pereira Carneiro. Chateaubriand é jornalista honesto, moderado e culto. É germanófilo como o *Correio da Manhã*, vários de seus artigos têm sido traduzidos na *Deutsche Zeitung* de S. Paulo; irá muito recomendado pela colônia[32].

Capistrano nutria simpatia por Chateaubriand e, não por acaso, passou a escrever alguns artigos para *O Jornal*, que passou a ser propriedade do paraibano. Como vimos anteriormente, os espaços abertos por Chatô, foram utilizados por Capistrano, que se sentia à vontade para divulgar seus textos.

Uma das grandes lideranças políticas do Segundo Império, Joaquim Nabuco, também teve parte de sua vida aberta para João Lúcio:

> Mando agora a *Minha Formação* de Joaquim Nabuco. Se já a conhece, passe adiante. Minhas relações com ele foram poucas. Alguns dias depois de 15 de novembro, pegou-me na rua e, todo vibrante de indignação, expôs-me o seu monarquismo, graças a São Bagehot. Um capítulo sobre os Estados Unidos é digno de toda a atenção. Quanto ao abolicionismo acho uma decepção. Quem o ler, pensa que fez tudo: enquanto Patrocínio e Rui e outros batiam-se, estava na Inglaterra. Bonito homem, ainda ficou mais apolíneo quando encaneceu, conservando a tez de moço. Quando soube de sua nomeação para os E. Unidos, disse um pernambucano como ele: é branco, é instruído, é bonito; é a pessoa mais própria para dar uma idéia falsa do Brasil: não podia ser melhor a nomeação[33].

A maneira com que Capistrano narrava os feitos de Nabuco terminava por passar a idéia da oposição entre o público e o privado. Mesmo que tratando-se de uma figura de grande aceitação pública, e que teve o seu nome relacionado à campanha de abolição, o Nabuco de Capistrano viveu de uma falsa imagem. Capitalizou para si uma luta para a qual nem sequer estava presente. A habilidade de Nabuco, do ponto de vista privado, era outra. A mesma falácia se encontra desenhada na sua escolha como representante brasileiro nos Estados Unidos. Nesse sentido, é interessante que Capistrano observasse que se desejava passar uma falsa idéia do Brasil. A ironia de Capistrano, expunha, através de um deslocamento, uma característica do procedimento brasileiro, ou seja, viver das aparências e passar a idéia de ser um país viável.

O escritor João Paulo Barreto, o João do Rio, cronista da *Gazeta de Notícias*, também foi observado por Capistrano. Mais exatamente, foram as homenagens em torno do seu enterro que chamaram a atenção do historiador, que assim as narrou em carta enviada a João Lúcio:

> Morre o homem de repente; um repórter qualquer, de bem pouco fósforo sob a calote, pensa em embalsamar o cadáver, e por este mero ato de embalsamamento, o enterro transformou-se em manifestação estrondosa, comparável à do Machado de Assis e Rio Branco! Aos jornais lisboetas hão de ter chegado os estrondos. Duvido que deste lado do Atlântico João do Rio possuísse mais leitores e admiradores do que nas margens do Tejo. Entretanto, vem o céu abaixo pela cachimônia de um plumitivo sem miolo e de um público inferior ainda a ambos[34].

Mais uma vez, salientamos que a indignação de Capistrano com as homenagens prestadas, quando do falecimento de João do Rio, eram indicativas do nível de seu deslocamento diante do meio intelectual de sua época. E, nessa citação, Capistrano se indispunha contra uma situação que envolvia o jornalista, bem como o público que o reverenciava. Cotejada com outras de suas afirmações, a fala de Capistrano, se inseria na acidez com que tratava o ambiente intelectual de sua época. Ou seja, uma conjuntura onde Max Fleiuss, Rui Barbosa, Nabuco e João do Rio eram valorizados, e Ramiz Galvão era empregado como aio de príncipe. No caso específico de sua menção ao enterro de João do Rio, Capistrano teve espaço para se remeter ao público, tratando-o, como se percebe, como uma massa amorfa, pronta para seguir com fé qualquer figura que obtivesse destaque. Nessa medida, a visão de Capistrano também atestava privadamente, um dos contornos do deslocamento do historiador. Escrever para quem, num contexto em que são valorizados intelectuais de "bem pouco fósforo sob a calote"?

Pelo tempo de duração da correspondência, por conta da amizade que os unia e pelo fato de João Lúcio também se tratar de um historiador, o amigo era igualmente o seu principal interlocutor junto aos trabalhos que realizava, como por exemplo, as anotações à *História Geral do Brasil*, de Francisco Adolfo de Varnhagen. Foram várias as menções a esse trabalho, que procurava realizar pela segunda vez, uma vez que na primeira tentativa, um incêndio na Companhia Tipográfica do Brasil, que editaria a obra, colocou a perder a quase totalidade das anotações de Capistrano. Nas cartas para João Lúcio, Capistrano assim se referia ao aprofundamento que fazia, dessa vez, em 1916:

> Propôs-me um livreiro fazer uma edição anotada da *História Geral* de Varnhagen. Aceitei em princípio, porque, com os documentos mais ou menos conhecidos, não se pode fazer obra inteiramente nova, e a de Varnhagen, revista com cuidado, pode atravessar este período de transição. Além disso, o trabalho não estorva, antes fomenta a edição de meus *Capítulos de História Colonial*, em que ultimamente tenho pensado: espero dentro de um ano dar conta de Varnhagen[35].

Com relação a Varnhagen, que possuía, como vimos, uma obra de história muito bem conhecida por Capistrano, o historiador demonstrava uma entrada ainda mais ferina que aquela que tinha manifestado no necrológio de sua autoria:

Pelo exame de Varnhagen cheguei à conclusão que, além da carta de Tomé de Souza, bem conhecida e mais de uma vez impressa, ele conheceu outra ou outras. Tê-las-á encontrado? Varnhagen era incapaz de inventar documentos, mas lia-os tão mal! Muitas vezes concluo de modo diferente dele; outras noto que ele deixa o substancial para apegar-se ao acessório. A culpa é do Instituto. Ele pretendia escrever não uma história, mas uma geografia do Brasil. Começou a mandar cópia de documentos para a nova associação, e acharam tal apreço que começaram a dizer-lhe que só ele seria capaz da obra e ele deixou-se levar, mas nunca se lavou inteiramente do pecado original seu espírito formado em outras disciplinas. Creio que, se algum dia soube a língua paterna, esqueceu-a depressa quase por completo. Se a soubesse, e aproveitasse o livro de Guths-Muths, poderia ter antecipado a Wappaeus a muitos respeitos[36].

Do ponto de vista público, era notório o conhecimento que Capistrano tinha da obra de Varnhagen. Os dois textos que elaborara, em 1878 e 1882, como vimos, sinalizaram um distanciamento crítico incomum. Do ponto de vista privado, a abertura de Capistrano era ainda maior. É o que observamos na referência que fez no trabalho conjunto do IHGB para com Varnhagen. O historiador sorocabano "deixou se levar" pelos estímulos que vinham por parte do Instituto e abdicou de uma chegada mais crítica frente às fontes que reunia. Da maneira com que Capistrano se remetia ao tipo de história preconizada pelo IHGB, percebemos sua contrariedade frente às formas e aos métodos de trabalho da instituição. E diga-se que Capistrano se indispunha contra uma entidade que poderia lhe facultar a manifestação de seu conhecimento histórico. Mas de que forma o historiador conseguiria se sentir à vontade no IHGB? Pelas suas considerações privadas, criticando um espaço que propiciava a ascensão de Max Fleiuss, e que teria conduzido Varnhagen a equívocos, como aceitar que Capistrano se envolvesse na instituição? Nesse sentido, percebemos uma coerência entre os juízos que Capistrano emitia nas suas cartas e o que ocorria em sua vida pública. Já apontamos que Capistrano não costumava escrever artigos para a *Revista do IHGB*. O que apreciava nessa instituição, era a possibilidade de consulta na biblioteca que ali existia. E de fato, pela vida de Capistrano, sua participação junto ao IHGB ficaria reduzida às ocasiões em que ia procurar algum texto ou documento. Nesse sentido, a relação entre o historiador e o IHGB apresentava mais um aspecto do deslocamento de Capistrano frente ao contexto intelectual de sua época.

Ainda a respeito do trabalho de Capistrano sobre a *História Geral* de Varnhagen, o historiador comentava ao amigo João Lúcio:

> Admirei-me que não conhecesse a edição do Varnhagen que publiquei em 1907. Alcançou as primeiras 371 páginas, ficou suspensa com o incêndio da Casa Laemmert[37]. Lembro-me vagamente de que entreguei um exemplar a José Veríssimo para remeter-lhe. Estarei enganado? Terá se extraviado? Andará passeando? Um exemplar dos *Capítulos*, mandado a Herbert Smith, só foi recebido sete anos depois. Vou ver se arranjo um para V. Não será fácil, porque a catástrofe do Laemmert perturbou tudo[38].

A menção ao incêndio da Casa Laemmert – na verdade, numa tipografia que estava realizando a impressão da *História Geral* de Varnhagen para a Laemmert – costumava aparecer nas cartas enviadas por Capistrano. Note-se que, num meio editorial tão rarefeito, esse incêndio deve ter sido realmente catastrófico. A dificuldade de se conseguir livros também está sinalizada nas considerações de Capistrano. Sua indignação é grande quanto ao fato de não obter um exemplar de um trabalho que havia realizado.

A nova edição que daria da *História do Brasil* de Frei Vicente do Salvador era outro dos temas presentes na correspondência para João Lúcio. Antes de iniciar o trabalho, que redundaria no prefácio e nos prolegômenos que deu a esta edição de 1918, Capistrano narrava para o amigo como tinha se dado o seu contato com esse texto, um dos que mais apreciava:

> Conhecíamos vagamente a existência de Fr. Vicente; um dia entrou-nos pela casa adentro. Fôra adquirido em leilão, por um alfarrabista que por ele

pediu 200$ a um amador de livros. Este dispunha e dispõe de recursos, mas regateou e o livreiro ofereceu-o grátis à Biblioteca. Ainda existe este benemérito; de vez em quando vou visitá-lo na Rua General Câmara, no meio da livralhada, para mim inútil, que não deixa lugar vazio nas altas paredes do andar térreo: foi isto em 82 ou 83. Por altruísmo empenhei-me com o diretor, Saldanha da Gama, cunhado e sucessor de Ramiz Galvão, para imprimir a *História do Brasil* de Frei Vicente. Trabalho em pura perda: foi preciso que, por intermédio de Lino d'Assunção, nosso amigo, mandássemos, Vale Cabral e eu, extrair uma cópia na Torre do Tombo e começássemos a publicá-la no *Diário Oficial*. Só assim cedeu. A esperança de deparar um exemplar sem lacunas, durante muito tempo animou-me. Talvez algum *arrière neveu* seja mais feliz. Mesmo nas partes dadas à impressão o trecho parece-me mutilado[39].

Esse assunto, o da tentativa de estabelecimento da *História do Brasil* de Frei Vicente do Salvador, encontrava-se com abundância nas cartas enviadas por Capistrano para Lino de Assunção, que fazia as vezes do historiador cearense nos arquivos portugueses. Essa correspondência permite que se perceba toda uma série de dificuldades enfrentadas por Capistrano no sentido da publicação desse livro. A principal delas era interposta pelo já citado Saldanha da Gama, o então diretor da Biblioteca Nacional. E no sentido de permitir uma melhor compreensão do caso, citado na epístola para João Lúcio, acreditamos que se faça necessária uma pequena digressão. Em carta enviada para Lino de Assunção, datada do dia 7 de abril de 1886, Capistrano apontava que:

> Imagina lá uma coisa absurda, e vê se não ficas aquém da realidade: o Diretor da Biblioteca Nacional, Saldanha da Gama, está furioso com a nossa empresa e decidido a fazer-lhe a mais cruenta e decidida guerra. Felizmente na publicação das cartas dos jesuítas não precisamos dele, e, cônscio da sua impotência pois temos cópia do Instituto Histórico, o bicho quer vingar-se em outras coisas. Ora, queremos dar-lhe uma lição de mestre, publicando Frei Vicente do Salvador. Segundo Chaves, pode obter-se cópia em Lisboa, regulando a tira do almaço a 50 rs. fracos. Contrata, pois, a empreitada e manda a conta ao Faro para pagarmos

ao câmbio do dia, contanto que seja já e já, de modo a produzirmos a mais desagradável surpresa no eminente bibliógrafo, e que seja feita por pessoa competente[40].

O trabalho que deveria ser feito era especificado por Capistrano com grande acuidade, como se pode ver nos comentários que deu a Lino de Assunção: "Aqui existe a cópia da Biblioteca, com a qual confrontaremos a nossa. A cópia deve ser feita em tiras escritas de um só lado de modo a poderem entrar para o prelo, e à medida que forem escritas mandadas sem demora. Examina agora se na Ajuda haverá as tais adições e capítulos que nos faltam, porque então a lição será completa[41]".

Finalmente, Capistrano apontava os motivos pelos quais ansiava a edição da obra de Frei Vicente:

> Hás de estranhar que escolhamos a obra de Frei Vicente para dar o *coup de grâce* no Saldanha. É que em primeiro lugar a obra é importantíssima e quero ter o prazer de editá-la e anotá-la; é que, em segundo lugar, o bibliotecário não quer que ninguém a edite senão ele, ou, para ser mais franco, não quer que seja editado absolutamente. Toma estas pequenas lutas de companarículos a sério e ajuda-nos a obter a vitória e sobretudo decide-te de uma vez a ser nosso representante e correspondente e sócio na Europa[42].

A luta pela publicação do importante livro de Frei Vicente do Salvador ainda promoveria uma série de comentários enviados nas cartas para Lino de Assunção. Em nova carta datada do dia 5 de maio de 1886, Capistrano lembrava a Lino que: "Já te falei de Frei Vicente do Salvador e torno a insistir por ele. Se o publicarmos este ano, e sobretudo se conseguirmos publicá-lo por completo, será um triunfo para todos nós e especialmente para ti, graças a quem romperemos o bloqueio deste Paraguai em que se quer converter a Biblioteca Nacional"[43].

Em outra carta, datada de 16 de maio de 1886, Capistrano reportava-se sobre o mesmo assunto, a Lino de Assunção:

Cada vapor que chega, vou impaciente à *Gazeta* a ver se já me tens respondido e se já mandaste alguma coisa do Frei Vicente do Salvador. Depois é que reconheço que ainda não há tempo, porque apenas poucos dias há que recebestes nossa carta. Mas é que nosso desejo de desmoralizar o homem da Biblioteca é tanto que bem compreenderás e desculparás nossa impaciência[44].

Finalmente, em carta expedida para Lino e datada de 4 de agosto de 1886, Capistrano apresentava o desfecho para com a edição da *História do Brasil* de Frei Vicente:

Estou com tanto sono e já é tarde que não sei se poderei dizer-te quanto quero. Recebi Frei Vicente e na mesma hora foi para o *Diário Oficial*. No outro dia (23 se não me engano) saiu publicada a Dedicatória com o primeiro capítulo; no dia 24 o segundo e no dia 26 o terceiro. Há quem me tenha amolado pedindo a continuação. Bilontras! Esperaram 259 anos e não querem agora esperar o intervalo de um a outro paquete. (...) Não imaginas como o Saldanha, diretor da B. N., ficou furioso com a publicação. A mim, que dele não dependo, nada disse, mas ao Cabral, se contasse tudo, teria de escrever novo Frei Vicente[45].

Em 1886, Capistrano já possuía notoriedade pelo fato de ter participado da Exposição de História da Biblioteca Nacional, por ter escrito os dois artigos sobre Varnhagen, por ter sido redator da *Gazeta de Notícias*, e finalmente, por ser professor do Colégio Pedro II. Nesse sentido, os problemas havidos entre o historiador e Saldanha da Gama eram por demais sérios. Capistrano teve que se mobilizar numa empreitada solitária para que conseguisse estabelecer um documento de extrema importância para a história do Brasil. Com onze anos de vida no Rio de Janeiro, pode-se dizer que este tenha sido um primeiro momento de percepção da exigüidade havida para o intelectual, na então capital do Império. Por não cair nas graças do diretor da Biblioteca, Capistrano teve que se desdobrar para realizar um feito que seria importante para um coletivo de intelectuais. Sua independência frente a Saldanha, e perante aquilo que a estrutura da Biblioteca Nacional poderia lhe facultar, também está demonstrada nas menções que deu acerca do episódio. Há que se notar, finalmente, que o *affair* em direção à edição da *História do Brasil* de Frei Vicente de Salvador expunha um distanciamento do historiador de uma das mais importantes instituições relacionadas ao conhecimento histórico.

Capistrano também narrou a João Lúcio o momento da criação da "Série Eduardo Prado: para melhor conhecer o Brasil", trabalho de edição de documentos que levaria a cabo sob o patrocínio de Paulo Prado:

> Uma noite, tomei uma tira de papel como esta e escrevi: Eduardo Prado PARA MELHOR CONHECER O BRASIL Editor Paulo Prado. Juntei um programa, fiz o orçamento de 10 contos o volume e rematei com o ditado: quem não tem coragem não amarra negro. Datei, assinei, pus no correio. Paulo esteve aqui um dia para dar informações à Embaixada Inglesa. Não pude vê-lo. Encarregou a Pinto de dizer-me que ele tinha coragem e o negro será amarrado. Agora na Paulicéia ficou tudo combinado. O primeiro volume será o Claude de Abbeville. Em Paris está o Graça Aranha, que tomará todas as disposições para, quando ali chegar, ficar livre de preocupações: lá será impresso, talvez em fac-símile[46].

O entendimento entre Capistrano e João Lúcio permitia que seus trabalhos fossem avaliados em conjunto sendo que, muitas vezes, operavam num campo comum de interesse, como foi o caso dos trabalhos em torno da Inquisição no Brasil ou dos índios. Sabedor do trabalho de João Lúcio acerca do Padre Vieira, Capistrano assim se reportava ao amigo:

> *Non equidem invideo miror magis*, como dizia o Títiro ou o Melibeu do velho Virgílio. Tenho muita curiosidade de ver o modo como V. volta à questão dos índios. Entre os colonos e os jesuítas minha posição é bem definida: sou pelos jesuítas. Bastava-lhes terem estudado as línguas indígenas, salvan-

do tantos fragmentos da ideação primitiva para conquistar minhas simpatias. Tenho apenas dúvidas sobre a viabilidade de sua obra. Para garanti-la era condição indispensável o segregamento, mas até que tempo teriam de conservá-lo? Como poderiam os neófitos ser incorporados na cumunidade de língua européia? A incorporação só podia ser individual como a dos africanos, pela extinção dos agregados tão laboriosamente criados. Tenho um livro americano de Leupp – *The Indian Problem*, e ainda não o abri. Rondon, que o leu, teve boa impressão. Parece que entre o sistema das reservas da América do Norte e os aldeamentos há mais de um ponto de contato[47].

Acerca de seu trabalho sobre a língua bacairi, no segundo momento de seu estudo e, em meio ao sentimento de angústia provocado pela perda de seu filho Fernando, Capistrano encontrava espaço para relatar o que fazia ou o que pretendia fazer para o amigo português. Talvez fosse a forma encontrada para se deslocar de uma depressão que se instalava:

> Trouxe para ocupar-me os textos bacairis colhidos em 93 e 94, muito desfalcados pelos desmazelos e acidentes, mas ainda assim mais numerosos e muito mais importantes que os dos caxinauás. Tratei primeiro de reunir os diversos cadernos em três maiores, o que está feito. Da gramática ainda me lembrava depois de tantos anos e cada vez a percebo melhor. Em geral traduzo o bacairi como se fosse francês, inglês ou alemão; porém faltam-me muitos significados. Para a obra poder entrar no prelo, preciso de um índio que terei de mandar vir ou ir buscar. Espero o amigo Arrojado Lisboa, cunhado de Figueira de Melo, um dos donatários de Mato Grosso, para decidir o que farei. Provavelmente irei passar um trimestre em Urucum, perto de Corumbá, e lá ficarei com o índio no máximo um trimestre. Talvez uma quinzena baste para ele resolver minhas dúvidas; mas se tiver coisas novas a contar, não hesitarei[48].

A menção ao trabalho sobre os bacairis, numa carta em que se encontrava deprimido por conta da perda de seu filho, expõe uma tentativa de saída por parte de Capistrano. No entanto, a investida na direção das línguas indígenas pode ser vista como outro deslocamento frente a um sentimento, inclusive maior. Pode-se dizer que Capistrano tenha reagido mergulhando no interior de um estudo exótico, estéril para a sua época, por conta de não conseguir adequar-se ao seu próprio ambiente intelectual. Como vimos anteriormente, os estudos sobre as tribos kaxinawás e, posteriormente, sobre os bacairis, podem ser tratados como uma resposta aos poucos estímulos culturais ofertados para o historiador. Ao se deter num estudo abstruso para a sua época, Capistrano parecia caracterizar a sua estranheza diante do seu meio. Em outro sentido, parecia constituir uma espécie de justificativa frente ao fato de não conseguir responder aos estímulos intelectuais que percebia em sua atmosfera. Capistrano não conseguia ser um Max Fleiuss ou um Coelho Neto, e suspeitava também do público. Escolhia um tema que não contava com respaldo ou interesse nem político, nem editorial. Salvo engano, parece-nos, que era isso mesmo que o historiador desejava.

2. Capistrano pode ser lido: as cartas a Paulo Prado

> O escritor é por definição um pobretão. Se quem escreve tem dinheiro, ou é pago e o dinheiro bem podia ir para quem dele mais precisa, ou não é pago, e trata-se de concorrência desleal. A natureza humana é infensa às acumulações. Um dos motivos da boicotagem de Byron foi querer ser ao mesmo tempo o poeta admirado e um *lord* capaz de *leader*.
> Carta de Capistrano para Paulo Prado, datada de 3 de junho de 1927[1].

Paulo Prado nasceu em São Paulo no ano de 1869. Pertencente a um dos mais tradicionais troncos da genealogia paulistana, Paulo, formado em Direito, estabeleceria uma trajetória relacionada aos mundos do negócio, das artes e do conhecimento. Permaneceu na Europa entre os anos de 1890 e 1897, longe dos negócios da família. Retornando ao Brasil, passaria a dividir seu trabalho de empresário com o de intelectual, escrevendo crônicas publicadas em jornais. Elevaria em muito os ganhos da Casa Prado, Chaves & Cia, que se relacionava ao lucrativo negócio cafeeiro. Participaria ativamente da Semana de Arte Moderna de 1922, bancando financeiramente parte de sua organização. Alem de publicar *Paulística*[2], coleção de ensaios editados no jornal *O Estado de S. Paulo* – cujo título devia a Capistrano de Abreu –, Paulo Prado apresentou, em 1928, o seu polêmico *Retrato do Brasil*[3], que provocou reações das mais adversas, principalmente dentre as hostes ufanistas. Paulo Prado faleceu no Rio de Janeiro, no ano de 1943.

A admiração de Paulo Prado por Capistrano ficaria marcada a partir da criação da Sociedade Capistrano de Abreu, associação destinada à preservação da memória do historiador e que foi responsável pela edição da quase totalidade de seus escritos, inclusive aqueles que somente tinham vindo a público por meio de jornais ou revistas. Na Sociedade, por suas amplas possibilidades financeiras, Paulo Prado era o responsável pelo custeio da impressão das edições publicadas. Nesse sentido, continuou a fazer o que tinha realizado com a "Série Eduardo Prado".

As cartas de Capistrano a Paulo Prado foram enviadas entre os anos de 1918 e 1927 e perfizeram um total de 116 epístolas. Cobriram um período muito próximo daquele observado nas cartas enviadas para João Lúcio de Azevedo, e nesse sentido, apresentavam discussões simultâneas, muitas vezes realizadas a três. Tratou-se de uma correspondência significativa pelo fato de expor uma interlocução refinada no que dizia respeito aos juízos que foram ponderados e emitidos acerca da cultura brasileira. Ao mesmo tempo, do ponto de vista existencial, essa correspondência também terminou por apresentar um Capistrano mais depressivo e negativo.

O apreço de Capistrano de Abreu por Paulo Prado, torna-se notório quando nos detemos não só nas cartas enviadas para o paulistano, mas, por exemplo, naquelas destinadas a João Lúcio. Capistrano admirava a formação de Paulo Prado, que em sua opinião, possuía grandes qualidades para o trabalho na pesquisa histórica.

Capistrano de Abreu devotava afeto e consideração por Prado e a recíproca era verdadeira. Podemos dizer que da parte de Paulo Prado, o respeito era muito grande e basta que pensemos nas edições da "Série Eduardo Prado", na Sociedade Capistrano de Abreu, ou naquilo que o paulistano mencionou acerca de Capistrano no seu livro *Retrato do Brasil* – no qual o historiador cearense era tomado como mestre. Capistrano via algo em Paulo Prado que o distinguia sobremaneira de outros "financiadores culturais". Não se sentia preso a alguma espécie de necessidade de retorno da ajuda que recebia. Pelo teor da correspondência mantida com o paulistano, percebe-se que Capistrano sentia-se à vontade com Paulo Prado.

Mas, por alguma razão desconhecida, o papel de Paulo Prado na vida de Capistrano de Abreu não se encontra aprofundado nas biografias do historiador maranguapense e, por vezes parece que não se quis associar a imagem do intelectual paulistano ao historiador cearense. Não sabemos se, para tanto, pesaram os argumentos da crítica voraz que se forjou contra o *Retrato do Brasil*. De uma forma ou de outra, se a única via de acesso para o conhecimento da relação havida entre Capistrano e Paulo Prado fosse os textos biográficos, decerto não se poderia mensurar a importância desse mecenas e amigo próximo. Ao mesmo tempo, a amizade entre os dois deveria ser ponderada, principalmente, por aqueles que se perguntaram acerca da inexistência de uma obra volumosa em Capistrano de Abreu. Foi por intermédio de Paulo Prado que a maioria dos documentos que Capistrano estabeleceu veio a público. Nesse sentido, era o caso de se procurar conhecer melhor essa relação na vida de Capistrano, que propiciou um resultado incomum em seu percurso, a saber, o da realização de projetos que se tornaram públicos.

Os quatro títulos que compuseram a "Série Eduardo Prado" foram patrocinados por Paulo Prado. As cartas enviadas pelo historiador cearense para Paulo Prado dão volumosos sinais das cifras envolvidas nesse projeto. Eram várias as vezes em que Capistrano indicava o saldo de dinheiro que possuía no Rio e o que deveria ser enviado para a complementação dos trabalhos em torno dessa coleção. Na correspondência para João Lúcio, Capistrano também indicava o quanto de dinheiro ainda tinha para o pagamento de copistas que estavam realizando os trabalhos para a mesma coleção.

Voltada para os trabalhos que realizavam, como as edições de documentos que compuseram a "Série Eduardo Prado", a correspondência entre os dois intelectuais apresentava Capistrano como um ativo interlocutor de Paulo Prado nos assuntos históricos que este tratava. Como o paulistano se preocupasse com os primórdios da história de São Paulo, era comum que Capistrano se detivesse nesses temas, e que apresentasse o ponto a que tinha chegado nesse campo de conhecimento. Assim, os artigos que Paulo Prado publicava no *Estado de S. Paulo*, e que comporiam a obra *Paulística*, eram discutidos e analisados por Capistrano. Mas o mesmo ocorria com relação aos textos do historiador cearense. Capistrano discutia abertamente com Paulo Prado e perguntava a este o que havia achado de determinado artigo que tinha publicado. Paulo Prado também acompanhava os passos do trabalho de Capistrano com os bacairis e se mostrava interessado em saber como andavam essas atividades.

É através dessa correspondência que também podemos mensurar a rede de pesquisa que Capistrano teria estabelecido por meio das cartas. Como dois dos lançamentos da "Série Eduardo Prado" eram relativos à Inquisição no Brasil, Capistrano remeteu João Lúcio de Azevedo a Paulo Prado, inclusive apresentando-o ao historiador português. Ao mesmo tempo, Capistrano acionava seu amigo para que, em Portugal, procedesse a cópia de documentos que auxiliassem o estabelecimento e a publicação dos textos relativos à Inquisição no Brasil. Mas o intercâmbio não parava por aí: como Afonso de Taunay também fosse um historiador que se dedicasse à história de São Paulo, Capistrano indicou-o a Paulo Prado. E, finalmente, ao se tornar o responsável pela organização da biblioteca de seu falecido amigo e compadre Ramos Paz, Capistrano sugeriu que Paulo Prado conhecesse os exemplares dessa coleção que logo estaria a venda.

Observe-se com atenção, que essa verdadeira "rede de pesquisa" era constituída apenas informalmente, posto que não havia uma instituição ou sociedade que unisse esses pesquisadores. Ela se formava através das cartas, e é provável que Capistrano fosse o seu promotor informal, na medida em que era bastante invocado pelos seus correspondentes e que intermediava vários contatos entre eles.

A correspondência entre Capistrano e Paulo Prado também é repleta de elementos concernentes à saúde de ambos. Como Paulo Prado também sofresse de gota – já vimos que teria sido num acesso dessa doença que teria lido os *Capítulos de História Colonial* e "tomado gosto pela história" – a troca de informações entre os dois missivistas ia da recomendação de médicos até os comentários sobre a ação de determinada droga. Os males associados ao quadro – a dificuldade de escrever, de se levantar da cama etc. – também eram expostos com franqueza por Capistrano. E, talvez por se tratarem de cartas que foram enviadas nos últimos nove anos de sua vida, quando as grandes perdas pessoais de Capistrano já tinham ocorrido, o historiador dava a Paulo Prado, sinais de cansaço e de entristecimento.

Em 1881, juntamente com a primeira edição de *Do princípio e origem dos índios do Brasil*, Capistrano publicou um prefácio[4] em que apontava o nome de Fernão Cardim como o real autor do texto que se seguia. Em carta para Paulo Prado, datada de 3 de julho de 1918, Capistrano retomava a ordem das razões que o teria levado a essa conclusão e lançava uma questão ao amigo paulistano, que expunha francamente as dimensões de uma interlocução privilegiada: "Pergunto agora a V., que acaba de ler a *Narrativa Epistolar*: fui leviano em atribuir a Cardim o escrito sobre os índios?"[5].

Retomando esse mesmo assunto, em carta não datada, que José Honório Rodrigues situou entre uma de 17 de janeiro de 1920 e outra de 5 de fevereiro do mesmo ano, Capistrano expôs uma síntese do prefácio que elaborara ao texto de Cardim:

> Em 1625 Purchas deu, vertido para o inglês, no 4º vol. dos *Pilgrins*, um tratado do Brasil, tomado em 1603 de um jesuíta português, a bordo de um navio na costa de Portugal. Estudando-o, pareceu-me reconhecer

o estilo do autor. Mais tarde, entre as cópias tiradas em Évora para o Inst., descobri o tratado dividido em dois, um relativo ao clima do Brasil e seus produtos naturais, outro aos índios. As circunstâncias extrínsecas apoiaram meu palpite: ambos os escritos são de Fernão Cardim. Dos índios correu com as despesas da impressão o Ferreira de Araújo; traz o nome de Fernão Cardim, com uma introdução minha, anônima: é provavelmente a ele que se referiu Eduardo: mais tarde o Inst. a reimprimiu, sem o nome do autor. O *Tratado do Clima* fiz sair na *Rev. da Soc. de Geografia*: é o que adquiri. Vou mandar-lhe ambos, para ver se sua impressão combina com a minha e se concorda em atribuí-los a Fernão Cardim[6].

Os argumentos utilizados por Capistrano, para chegar à conclusão de que Cardim fosse de fato o autor do texto em questão, foram fortes o suficiente para que essa identificação não fosse mais questionada pelos outros estudiosos que se debruçaram sobre o tema. A pergunta que fazia a Paulo Prado pode indicar um tratamento que sinalizaria respeito pelos juízos emitidos pelo paulistano, ou então, uma tentativa, em meio à discussão, de conhecer melhor os argumentos de Paulo Prado. Em qualquer um dos casos, basta que reparemos que se configurava uma interlocução aberta entre um e outro.

Essa relação, no entanto, já era bem próxima quando dos trabalhos que realizaram para a "Série Eduardo Prado". As cartas de Capistrano apresentavam um grande aprofundamento nesse projeto, inclusive focalizando as maneiras pelas quais o material deveria ser impresso. Muitas dessas orientações foram retomadas recentemente. No ano de 1997, ao organizar a terceira edição das *Confissões da Bahia*[7], Ronaldo Vainfas apontava que "os tempos são outros e algumas modificações se fizeram necessárias para tornar este livro palatável e interessante para quem, na virada do milênio, vai ler um livro quinhentista sobre os começos do Brasil"[8].

Advertia posteriormente que, concordando com Capistrano de Abreu, evitaria "como ele, as fórmulas tabelioas que introduzem, em duas ou três linhas, as confissões dos colonos assustados com a

Inquisição"[9]. De fato, em carta datada de 5 de fevereiro de 1920, Capistrano assim se reportava a Paulo Prado:

> As *Confissões* formam um todo e podem ser impressas à parte. Pensando no caso, cheguei aos seguintes resultados: você tem razão e não importa a pornografia; a impressão deve ser inteira. Nos depoimentos convém suprimir os cabeçalhos e os rabinhos, sempre os mesmos, que nada informam e ocupam inutilmente muitas linhas que redundam em páginas estéreis. Respeita-se a ortografia e a pontuação, mas o texto pode dispor-se de modo a torná-lo mais acessível ao leitor[10].

A preocupação com os meios editoriais que facilitassem a leitura dessa obra é digna de menção. Conhecedor do ambiente intelectual que o cercava, Capistrano deveria saber que essas obras seriam bem pouco lidas em sua época. Note-se, então, uma preocupação com a posteridade que se debruçaria sobre o documento estabelecido. Ao pensar em recursos que facilitassem a leitura da obra, Capistrano parecia desejar estabelecer uma chegada rumo ao leitor comum e não especializado. E nessa investida, parece-nos que operava um trabalho que visava uma espécie de interlocutor comum, que ainda não era contemplado em seu tempo e época.

É provável que esse sentimento permeasse, inclusive, a iniciativa do estabelecimento desses documentos, que não se encontravam acessíveis a um público maior. É o que podemos depreender das menções de Capistrano sobre os trabalhos de edição do primeiro livro da "Série Eduardo Prado", *A Missão dos Padres Capuchinhos ao Maranhão* de Claude de Abbeville. Vejamos o que o historiador cearense dizia ao amigo João Lúcio, em carta datada de 23 de maio de 1919: "Agora tenho de escrever a introdução do Claude de Abbeville que Paulo Prado vai imprimir, libertando quem não é rico ou dispõe das grandes bibliotecas públicas da deplorável tradução do César Marques"[11].

Nesse sentido, pode ser que, por não se sentir atendido nas preocupações de ampliação da oferta de um documento que considerava importante, tenha se dirigido novamente para João Lúcio, dessa vez, insatisfeito com a quantidade da tiragem da obra de Abbeville, que Paulo Prado tinha providenciado em Paris: "Paulo Prado passou nos Andes para Santos. A um amigo que o procurou disse que Claude de Abbeville estava quase concluído, que a impressão fora contratada por 12 mil francos, cem exemplares. Não fiquei satisfeito: parece coisa mais de *bourgeois gentilhome* que de amigo da História. Isto mesmo vou dizer-lhe no dia 8, quando prometeu estar aqui"[12].

E novamente se remetia ao amigo português, acerca do mesmo assunto, em carta datada de 17 de dezembro de 1919: "Recebi semana passada a visita de Paulo Prado que, vindo pelos Andes, fora desembarcar em Santos. A edição de Cl. d'Abb. será fac-similar. Contratou-a com a Casa Champion por 12 mil francos, cem exemplares. Achei pouco para uma obra de vulgarização. Prometeu passar telegrama aumentando o número para 250. Não trará notas minhas"[13].

De fato, a edição fora de cem exemplares e foi assim que essa obra veio a público. Além das preocupações com o acesso de um maior número de leitores, esse caso apresenta as dificuldades naturais do início de um projeto comum, como fora o da "Série Eduardo Prado". E isso pode ser percebido pelas dúvidas que Capistrano colocava para João Lúcio acerca dos novos lançamentos da coleção. Como se percebe no trecho a seguir, que vinha logo após a última citação que apresentamos: "Sobre os processos da inquisição falamos perfunctoriamente. Entende [Paulo Prado] que a publicação deve ser integral; em documento não se toca. Entreguei-lhe o volume das *Confissões da Bahia* que levou para examinar. Na próxima semana virá assistir a um casamento e então saberemos o que fica resolvido. Albarda-se o burro à vontade do dono, lá diz o provérbio"[14].

Mas esse aparente estranhamento deve ter sido apenas afeito aos primeiros contatos, haja visto o tom amistoso e próximo que se percebe entre os dois, nas cartas enviadas por Capistrano de Abreu. E é provável que Paulo Prado viesse a compreender os motivos de Capistrano querer atingir um espectro maior de leitores, mesmo que não existentes em sua época.

De fato, a interlocução aberta entre os dois intelectuais pode ser sentida no teor de uma reflexão de Capistrano acerca de dúvidas de Paulo Prado. Em uma carta, datada de 13 de fevereiro de 1920, em resposta a uma pergunta de Paulo Prado, Capistrano enumerava o que sabia sobre o caminho do mar. Seus comentários sinalizavam não só o seu conhecimento sobre o assunto, mas também indicavam uma especialidade desejada por Paulo Prado, a saber, os assuntos concernentes aos primórdios da história de São Paulo:

> Que sei a respeito do caminho do mar?
> 1º Era anterior à chegada dos portugueses, obra dos tupiniquins (guaianazes não havia em Piratininga, os guianases [sic] eram Guarulhos), feita do campo para a marinha, porque machado de pedra não era para mata de extremidade desconhecida; nestas condições, mesmo com machado de ferro, nossa gente só se animou quando as locomotivas os apoiaram;
> 2º Que o traçado variou mais de uma vez e o exame topográfico pode desvendar variantes, de que são mais de que são reconhecíveis os vestígios;
> 3º Que é preciso em Anchieta subordinar a legenda à História. Quando Anchieta ainda tinha pouco mais de um mês da chegada à Bahia, já Nóbrega fora ao campo e determinara o aproveitamento para a catequese. Tenho no maior apreço Anchieta – o padre José que Cardim descreve em dois traços rápidos; mas os jesuítas, à cata de um confrade canonizável, obscurecem toda a história contemporânea[15].

Foram várias as menções nas cartas que se seguiram, com relação ao caminho do mar, fosse no sentido da recuperação daquilo que Capistrano conhecia, ou no estímulo que dava a Paulo Prado para que este publicasse um artigo sobre o assunto. Esses momentos, como esse apresentado na referência na página anterior, são também exemplares para que se perceba que Capistrano fazia um uso especial de sua correspondência. Os comentários que trouxe acerca do caminho do mar apresentavam, no limite entre o formal e informal, elementos valiosos para que se ponderasse sobre o assunto. Mas, diga-se de passagem, tais apontamentos somente se encontraram no interior de uma prática privada.

Além dos trabalhos comuns e da proximidade de estudos que possuíam com relação ao povoamento do Brasil, Paulo e Capistrano também sofriam do mesmo mal-estar físico: a gota. Caracterizada pela dificuldade do doente de eliminar ácido úrico, um dos desdobramentos da gota se dava numa espécie de calcificação das juntas dos ossos, conhecida por reumatismo. Ambos os intelectuais reclamavam de acessos desse mal, o que implicava em dificuldades de escrita de um texto ou até mesmo de se sair da cama. Nas cartas enviadas por Capistrano a Paulo Prado eram muitas as menções aos sentimentos provocados pela doença. Em duas cartas seguidas, mesmo que separadas por quase um ano, assim Capistrano tratava do assunto: "A bordo do Itatinga, conversei com um médico de Porto Alegre, instruído e bem orientado. Copio a receita para gota: Sulfidral Robin para injeções subcutâneas. Não sei se é sufidral ou surfidral. Robin dissipará as dúvidas do farmacêutico"[16].

E, em dezembro de 1919, o assunto era retomado novamente: "O suco hepático, já achando a gota debelada, investiu pelas cercanias e traz-me há não sei quantos dias numa ressaca pouco agradável, que não passou ainda"[17].

Em carta enviada na "oitava de Natal", situada por José Honório entre uma missiva de 22 de setembro de 1921 e outra de 8 de janeiro de 1922, Capistrano dizia a Paulo Prado:

> O frasco de suco vem extemporâneo. Meu filho descobriu-o no Granado, e quando chegou seu frasco, já tinha tomado fortes cargas, que produziram efeitos laxativos imprevistos e repentinos, de não me deixarem sair de casa desasombrado. Mais tarde meu filho também queixou-se de gota e ficou com o frasco que V. mandou. Um médico de Bagé receitou-o para uma pessoa a quem desejava ser agradável, e aconselhei-lhe que preferisse a forma de pastilha, para evitar a maçada de conta-gotas. Outro tomou o mesmo expediente. Vem agora V. e declara as bulas falsas... Não farei contramovimento. V. que o encabece"[18].

Ainda com relação a sua saúde, Capistrano se remeteria ao amigo em carta datada de 19 de fevereiro de 1925, mas por sensações distintas daquelas provocadas pela gota: "Atrás do apedrejado correm as pedras. Senti qualquer coisa no ouvido, consultei um especialista, meu antigo discípulo, e este tanto escarafunchou que sinto próxima a surdez. Míope e surdo é uma das acumulações piores que as proibidas pela Constituição. Se a coisa se realizar, mudar-me-ei do Rio para qualquer lugar escuro[19]".

Em nova carta, dessa vez datada por engano como sendo de 23 de dezembro de 1825 quando de fato era de 1925, Capistrano expunha mais desdobramentos de seu estado de saúde:

> Umas dores fortes que sentia nas panturrilhas capitularam os médicos como claudicação intermitente. Este ponto de contato com Amadeu não o desejo a ninguém. O remédio é iodo: estou nele. Ontem, descendo a pé do Silvestre, entrei pela Ladeira de Guararapes em vez da do Ascurra. Não sei como não morri. A meio do caminho um operário deu-me o braço até o bonde. Ao saltar em terra, não senti mais dor: concluo que o iodo tem produzido efeito[20].

Na medida em que nos deparamos com o generoso número de elementos, que a correspondência travada entre Capistrano e Paulo Prado, trouxe acerca do estado de saúde do historiador cearense, torna-se por demais sedutora a resposta de que Capistrano talvez não tivesse realizado a produção pública que dele se esperava por motivos afeitos ao seu quadro fisiológico. Mas, essa resposta se valeria da mesma chegada à dúvida colocada pela historiografia que se deteve sobre a obra e vida de Capistrano de Abreu. Ou seja, excluiria as angústias ou os impedimentos sentidos pelo historiador e apareceria como uma solução, até positiva e engrandecedora, para uma enorme frustração. Capistrano, então, não teria sido o historiador que se desejou por uma questão muito simples: almejou sê-lo mais não conseguiu por impossibilidade de saúde. Essa simplicidade se dilui na medida em que nos deparamos com um quadro mais amplo e que se remete à própria dimensão existencial do historiador. O estado de saúde de Capistrano era apenas mais um elemento frente a uma vivência deslocada e oblíqua para com o seu meio e época. Acreditamos que sua saúde e as conseqüências da gota apenas fizeram par com uma gama de dificuldades ainda maiores e que o impediram de responder publicamente àquilo que dele se esperava.

A correspondência de Capistrano também deu indicações seguras quanto ao fato de Paulo Prado ter patrocinado alguns dos trabalhos do historiador. Além das edições de documentos que compuseram a "Série Eduardo Prado", Paulo também auxiliava Capistrano em outros de seus projetos ou intenções. Foi isso que ocorreu com relação a uma tradução de um texto do etnólogo Carlos von den Steinen, para a qual Capistrano encontrava dificuldades financeiras de edição. Em carta datada de 6 de fevereiro de 1923, Capistrano assim se dirigia a Paulo Prado:

> O autor da carta junta, Franz Boas, é universalmente conhecido como uma das maiores autoridades em questões antropológicas. Carlos von den Steinen, a que se refere, fez duas expedições à nossa terra, e lançou as bases da etnografia científica do Brasil. Peço-lhe se interesse pela causa, lance uma derrama entre os amigos e mande a Franz Boas uma ordem prestigiosa para facilitar a impressão da obra que deve ser genial. (...) Devolva-me a carta de Franz Boas para ver se com ela consigo alguma coisa nestes pagos[21].

A ajuda de Paulo Prado deve ter sido substantiva uma, vez que em 20 de outubro de 1923, em carta enviada para João Lúcio, Capistrano assim se reportava ao texto de Boas:

> Não é só V. quem recebe elogios germânicos: *Tolle et lege: Wie oft habe ich Ihrer gedacht als eines der besten und liebenswürdigsten Meenschen denen ich in der Welt begenet bin...*[22] Quem escreve isto? Carlos von den Steinen, explorador do Xingu. A propósito de que? Franz Boas, um dos primeiros etnógrafos, escreveu-me sem conhecer, pedindo que arranjasse algumas assinaturas de 50 dólares para a obra em que Steinen gastou mais de vinte anos e que não encontrava editor. Arranjei umas oito ou nove: o elogio de arromba é um agradecimento[23].

A investida na direção da tradução do texto de Steinen é exemplar para que se perceba um dos usos da correspondência para Capistrano de Abreu. Não houve menção a qualquer instituição que pudesse ter auxiliado na edição dessa obra. Capistrano se valeu de seus amigos, e o fez também através das cartas, para conseguir que tal obra viesse a público. E pergunta-se, que público? Se a atmosfera intelectual não era propícia a tantas outras reflexões mais deglutíveis, o que dizer acerca de uma obra sobre a língua bacairi? De todo modo, mesmo sendo um desdobramento do desvio de Capistrano para com sua ambiência, o fato é que fez uso da correspondência como meio de ocupação de um espaço, que as instituições não podiam dar conta. Pelo menos, esta deve ter sido a percepção de Capistrano, quando partiu na direção da reunião de interessados na edição de um texto fadado à impossibilidade de edição.

Mas a participação de Paulo Prado seria ainda mais direta, principalmente na segunda investida de Capistrano no estudo da língua bacairi, entre os anos de 1915 e 1927. Em carta de 13 de fevereiro de 1921, enviada de Poços de Caldas, Capistrano abria ao amigo, o estado atual de seus trabalhos sobre a língua indígena:

> Caldeio-me e bacaerizo. O bacairi, velho e mofento pecado cometido de 92 a 95 ou 96, encontrava, para ser remido, dois embaraços sérios. O primeiro era passar a limpo o que estava numa porção de caderninhos. Fiz isto nos quatro meses vividos em Pedras Altas, fins de 18 e começo de 19. O segundo era a tradução. Conservei bem a gramática, de que dei um transunto suculento na *Revista* do José Veríssimo. Faltava-me o vocabulário, porque abandonei a precaução salutar de fazer a tradução interlinear do texto, apenas concluído o ditado. Felizmente mesmo nos cadernos sem versão tomava o sentido das palavras novas. Assim das 140 páginas manuscritas que trouxe para divertir-me, talvez não ignore 40 palavras. E o mesmo provavelmente baixará porque nos outros cadernos posso encontrar o que falta[24].

Dois anos mais tarde, Capistrano, ainda às voltas com o bacairi, reportava-se a Paulo Prado de uma maneira que já sinalizava um trabalho conjunto:

> Uma baiana, empregada de minha sogra, não podia dormir sem primeiro rezar para as almas do purgatório. Se descuidava e pegava no sono, as almas acordavam-na e acordada ficava até cumprir a obrigação. Dá-se comigo caso semelhante. Em fins de 92, C. v. d. Steinen mandou-me um exemplar da gramática e textos bacairis. Soube que um índio estava aqui no Rio, obtive que viesse para minha companhia, obtive que se interessasse pela causa a que nos entregamos – garbosos, facetos e abnegados, como nos dizia, em 74, no Ceará, um velho major do exército muito chuva, que nos proporcionou tardes bem agradáveis. Numa de minhas férias em Pedras Altas reduzi a três cadernos – cerca de 300 páginas – os textos não perdidos que colhera. Lembrei-me que podiam ser publicados na *Revista do Brasil* em folhas avulsas, de paginação diferente e que nada tivesse com o resto: isto mesmo está fazendo a *Revista* do Weizsflog com a *Arte de Furtar*. Se V. achar possível, são necessárias as matrizes a (elevado a zero), e, i, u, y (todos com til), ö, além de certos caracteres gregos. Creio que a *Rev.* se imprime em linotipo: as matrizes podem vir pelo correio como os que serviram para o caxinauá. Se o livro dos bacairis – *Bakáer'itano* se chama – sair, poderei dormir a meu gosto, coisa que ainda não fiz este século[25].

Os problemas da edição desse material, eram acompanhados de perto por Paulo Prado que, inclusive, passou a tratar da impressão dos textos, como percebemos em carta enviada por Capistrano datada de 13 de fevereiro de 1924: "A 24 chegou o esperado bacairi, um rapagão de vinte anos, que sabe bem a nossa língua e já tem me servido bastante. Estou ocupado em preparar originais para, quando V. for, levar ao menos umas cem páginas"[26].

E, como Paulo Prado morasse em São Paulo, e tivesse outras relações no campo das tipografias, Capistrano voltava à carga pouco depois, adiantando para o amigo que: "Quer aqui, quer aí, a composição do bacairi tem de ser paga. Não creio que seja mais cara aqui do que aí. Fale com Monteiro Lobato para a impressão ser aqui. Se V. trouxesse as matrizes, o trabalho tipográfico poderia começar na 4ª feira de cinzas"[27].

Em maio do ano de 1924, o trabalho patrocinado por Paulo Prado vai caminhando, como dizia o próprio Capistrano: "Como V. autorizou comecei a mandar originais do bacairi para a tipografia: à sua vinda espero mostrar-lhe talvez cem páginas compostas"[28].

Mas Capistrano enfrentaria sérios problemas com essa tipografia, conforme relatava a Paulo Prado, em carta datada de 23 de dezembro de 1925: "A propósito do bacairi, a tipografia tem-se portado por tal modo que resolvi imprimir o que está composto e deixar para mais tarde a obra completa. O que pode publicar-se consta de um esboço gramatical, de quatro capítulos com texto e versão justalinear, uma lista de verbos: ao todo umas 150 páginas. Pode estar concluído em janeiro; fevereiro irei para águas de São Lourenço"[29].

Meses depois, mais enfurecido, assim se reportava Capistrano para Paulo Prado, ainda acerca do caso da malfadada tipografia:

> A tipografia a que entreguei o bacairi vai de mal a pior. Agora está como chefe da oficina um português tão caradura que terei de pagar um portador para quotidianamente ouvir: não há nada. Não posso mais me entender com o galego para quem só a farmacopéia paraense possui droga adequada: umbigo-de-boi. Vou escrever ao gerente da tal empresa propondo que dos 3 contos entregues em julho passado retire o que lhe parecer pelo nada feito até agora e devolva o saldo para ir para a outra tipografia. E diga se há situação mais aborrecida que esta minha e como pensar em águas com o carro no toco e os bois na lama[30].

O resumo de todo esse problema, bem como a informação do papel de Paulo Prado como financiador da investida rumo à edição frustrada do texto sobre a língua bacairi, seria encontrada numa carta destinada ao amigo João Lúcio, datada de 12 de junho de 1926:

A questão do bacairi teve de ser decidida salomonicamente. Uma parte, custeada pelo Paulo, continua parada nuns caraduras da Avenida Men de Sá, que receberam 3:000$ em julho passado e não atam nem desatam – o carro no toco e os bois na lama, como dizem na minha terra; a outra entreguei a Leuzinger e prometeram provas para a semana. Se assim fizerem até o fim do ano, ficarei livre ao menos de parte do pesadelo. A parte confiada a Leuzinger consta sobretudo de histórias, umas trinta, mas às vezes continha descrições, e juntei-as: o capítulo sobre milho, por exemplo, é uma quase monografia. No texto há palavras cujo sentido ignoro. Trato de obter um bacairi para a revisão final[31].

Mas, de uma forma ou de outra, contando com a ajuda de Paulo Prado e de uma nova e conhecida tipografia, caso da Leuzinger, Capistrano não conseguiu publicar os resultados de seu trabalho sobre a língua bacairi. Numa de suas últimas menções a esse trabalho para João Lúcio de Azevedo, Capistrano emitia laconicamente, a seguinte informação: "O bacaeri encalhado"[32].

Nas cartas de Capistrano de Abreu a Paulo Prado, ou para outros de seus correspondentes, não houve nenhuma menção direta que apontasse os motivos pelos quais seus estudos sobre a língua bacairi não foram publicados. Pode ser que, se vivesse mais alguns anos, a iniciativa financeira de Paulo Prado viesse a redundar numa publicação. Mas não foi o que ocorreu. O produto desse trabalho, que consumiu anos da vida do historiador, nunca veio ao público. E o fato de Capistrano não mencionar explicitamente essa impossibilidade deve ser pensado com cuidado. Será que lhe faltava a consciência de que tivesse investido num campo que não contava com respaldo dos meios editoriais de sua época? Ou, ao se orientar numa direção de choque frente à ambiência intelectual de sua época, Capistrano apenas quisesse provar, a si mesmo e aos seus correspondentes, que não poderia, de fato, ter espaço num mundo como esse que o cercava? O afinco e a obsessão que demonstrou para o estudo dos bacairis poderiam significar mais uma das conseqüências de um sentimento de total e plena inadequação? A se crer nas menções objetivas diante das dificuldades de publicação desses estudos, o problema se resumiria à incompetência das tipografias existentes na época.

Mas essa resposta não é de todo satisfatória. Mesmo que tenham formado um volume pequeno, em comparação à produção de outros historiadores de sua época, Capistrano conseguiu editar um conjunto de textos. E para tanto, a iniciativa de Paulo Prado foi de inestimável ajuda. E o mesmo podemos dizer acerca da competência das tipografias que publicaram esses textos. Ora, Capistrano demonstrava conhecer proximamente os trabalhos dessas empresas e era capaz de indicar aquelas que eram as melhores, tanto no Rio (Leuzinger, Briguiet ou Laemmert), quanto em São Paulo (Weizsflog). A série de percalços rumo à esperada edição do trabalho em torno dos bacairis não pode ser explicada então pelo amadorismo de Capistrano ou pela incapacidade tipográfica.

Pendemos, dessa forma, para o entendimento de que não se desejava tomar para si a edição de um trabalho que, mesmo elaborado pelo talvez maior historiador vivo do Brasil, estaria fadado ao fracasso. As tipografias do Rio ou de São Paulo não acompanharam Capistrano na direção de seu deslocamento frente ao ambiente intelectual que o rodeava. E elas próprias eram partes substantivas desse meio rarefeito. Como tentamos demonstrar ao longo de nosso trabalho, eram poucas as tipografias, pequeno o público, e menores ainda as possibilidades de se averiguar com liberdade o conhecimento. No final de sua vida, o desvio de Capistrano para com a atmosfera pública pareceu ter chegado ao paroxismo. É dessa forma que podemos assimilar sua investida rumo a um estudo que, por mais válido que fosse – aliás, como entradas futuras iriam comprovar –, não contava com nenhuma espécie de respaldo ao nível da possibilidade de publicação. É nesse sentido que entendemos que a investida de Capistrano para com os temas indígenas, tenha sido uma forma, talvez inconsciente, de tornar emblemático o seu deslocamento diante do ao parco universo intelectual que o cercava. Ao mencionar de forma constante as impossibilidades de edição dos estudos sobre os bacairis, Capistrano parecia ter encontrado uma forma de se referir indiretamente a um desgosto mais profundo, que era o de ser um intelectual num meio tão opaco quanto aquele que o rodeava.

Ao final de sua vida, o deslocamento de Capistrano de Abreu se evidenciava nos assuntos que abordava em suas cartas. Era no exercício de escrita das epístolas que o historiador declinava os percalços de seu trabalho na busca pela edição de uma obra exótica. E, valendo-se objetivamente da importância inconteste destes estudos, Capistrano parece ter encontrado uma justificativa plausível que dava conta de um sentimento mais difuso e etéreo, aquele relacionado à falta de aspiração pela exposição de conhecimento num meio no qual não desejava atuar.

3. Uma entrada em si mesmo: as cartas a Mário de Alencar

> Nós temos hoje as mesmas simpatias e ódios que nutríamos o ano passado em agosto. Temo-los, porque, a menos de sermos hipócritas, não podíamos ter outros: nossos estudos, nossas idéias, nosso passado individual tolhiam-nos a liberdade de escolha: continue cada qual com sua opinião; um artigo, por mais eloqüente e fundamentado, pode envaidecer o autor da obra-prima ou irritar o adversário da diatribe; só convence a quem já está convencido.
>
> Carta de Capistrano para Mário de Alencar, datada de 6 de setembro de 1915[1].

Mário de Alencar nasceu no Rio de Janeiro no ano de 1872. Poeta, jornalista e contista, não se notabilizaria por uma grande produção escrita. Filho de José de Alencar, Mário era figura próxima de Machado de Assis, o que talvez o tivesse levado ao estabelecimento de alguns textos desse escritor após a sua morte. Mário de Alencar faleceu no ano de 1925.

A correspondência com Mário de Alencar cobriu um período que foi de 1896 até 1925, num total de 59 cartas enviadas. Tratou-se de uma longa convivência epistolar e, quando começou a escrever para Mário,

Capistrano ainda era professor do Colégio Pedro II. É marcadamente pessoal e deixa transparecer um afeto quase que paternal, que guarda proximidade com a admiração que Capistrano tinha por José de Alencar. E quando apontamos a existência desse vínculo entre esses missivistas, o fazemos pela atmosfera presente nessa troca de cartas. Mesmo que Capistrano desgostasse, era chamado de mestre por Mário de Alencar, que também terminava suas cartas enviadas ao historiador, assinando "vosso discípulo". Se Capistrano não aceitava formalmente essas denominações, subjetivamente, era o papel que abraçava em muitas das cartas enviadas ao escritor - seu ex-aluno dos tempos em que lecionava no Colégio Pedro II. É o que podemos subtrair de um conjunto de missivas, em que Capistrano aconselhava Mário, encaminhando-o para transformações e comparando as situações quepelas quasi o discípulo passava com outras vividas por ele próprio. Foram esses os momentos de maior abertura de Capistrano e, inclusive, formam o grande diferencial dessa correspondência. Ao pensar a vida de Mário, Capistrano abria espaço para sua própria revisão, e muitos de seus aspectos mais privados eram dispostos com franqueza.

De forma distinta daquela que se percebia nas cartas enviadas para João Lúcio, os assuntos pessoais tratados por Capistrano, nas cartas enviadas a Mário, eram colocados a partir de um referencial propedêutico, e isto se devia, com certeza, às diferenças de idade e de experiências passadas pelo historiador com relação ao escritor. Se João Lúcio era um interlocutor para o qual Capistrano não precisava se reportar às explicações mais específicas, a respeito de um ou outro sentimento profundo em sua vida, Mário era aquele para o qual Capistrano parecia escolher as palavras, como que para distanciar suas próprias angústias, daquelas manifestadas pelo escritor. Nesse sentido, havia um cuidado expresso de Capistrano em triar o que entendia ser a sua vida, seus desdobramentos e conseqüências mais negativas, distinguindo-se de Mário de Alencar. Essa demarcação apareceu em várias cartas, onde Capistrano, forçado a se rever a partir de conselhos que dava a Mário, apontava que sua vida já não poderia mais ser modificada, mas que a de Mário sim.

As muitas referências a José de Alencar nos levam à recuperação da proximidade havida entre o historiador e o escritor cearense. Além das passagens que já descrevemos, quando da ajuda que José de Alencar deu ao historiador para sua introdução no cenário intelectual do Rio de Janeiro, em 1875, Capistrano também faria o necrológio do escritor, num texto publicado pela *Gazeta de Notícias* no ano de 1877. Nesse escrito publicado em 13 de dezembro, Capistrano assim se referia ao falecimento do escritor:

> Findou-se ontem, depois de prolongado sofrimento, o primeiro e principal homem de letras brasileiro. (...) Produzindo sempre, sempre revelando, nas incorreções da forma, essa febre de se antecipar a si próprio e de criar para si a imortabilidade no curto prazo de vinte anos, deixou obras que os vindouros hão de ler para ensinamento, e que a história há de colocar, como marco miliar uma época literária. (...) Hoje Alencar repousa à sombra das palmas virentes dos seus louros, pranteado pela esposa e filhos, e por todo um povo. Quando desgraças, como esta, sopram por sobre um povo, há como uma espécie de desequilíbrio, como uma força oculta e misteriosa que faz curvar respeitosa e comovida toda uma geração[2].

Acerca deste texto - que veio sem a assinatura de Capistrano –, Rodrigo Otávio Filho, na aula inaugural do "Curso Capistrano de Abreu", realizada em 2 de setembro de 1953, apontava o seguinte:

> A morte de seu grande amigo José de Alencar foi-lhe, ainda, a oportunidade. Ferreira de Araújo pedia a Machado de Assis que escrevesse para a *Gazeta de Notícias* o necrológio do grande romancista. À noite, quando Machado encontrou-se na redação com Ferreira de Araújo, este entregou-lhe para ler umas tiras de papel e disse: trouxe-me este trabalho um Peri de paletó surrado e cabelos em desalinho. Nada lhe posso dizer da cor dos olhos, porque durante os rápidos instantes que aqui permaneceu trouxe-os velados pela impenetrável cortina de umas pálpebras preguiçosas. Disse-me, apenas que era cearense e admirador de José de Alencar. E deixou-me nas mãos, num gesto brusco, este pedaço de papel,

com a respectiva residência. Um tipo originalíssimo, seu Machado. Machado de Assis, depois de ler o artigo, que era de Capistrano, disse apenas: é admirável. E rasgou, com calma, o que lhe fora encomendado por Ferreira de Araújo[3].

Se podemos duvidar da veracidade dessa história, muito próxima de tantas outras que compunham o vasto anedotário do historiador – sua falta de cuidado com a apresentação, o fato de viver com os bolsos do paletó repletos de pequenas anotações etc. –, não temos dúvida em enfatizar a devoção que Capistrano possuía com relação a José de Alencar. E, em nenhum momento da correspondência de Capistrano esse respeito foi questionado.

Ao citar sistematicamente José de Alencar, Capistrano procurava demonstrar a Mário aquilo que seu pai tinha sido e o que desejava para ele próprio. Ao mesmo tempo, notava-se o esforço de Capistrano para que Mário buscasse a descoberta de sua própria personalidade, diferente daquela possuída pelo pai. Nesse sentido, o historiador apontava semelhanças que iam desde textos elaborados pelo jovem amigo até a letra em suas cartas, que na opinião de Capistrano, cada vez mais se parecia com a do pai.

Essa proximidade intimista era um traço aparente dessa correspondência, como se pode depreender da primeira das cartas enviadas por Capistrano a Mário de Alencar, que tratava do suicídio recente de Raul Pompéia. A carta, datada de 3 de janeiro de 1896, recuperava a morte trágica do escritor, antigo amigo de Capistrano, mas que pela personalidade explosiva, se encontrava afastado do historiador. Sobre Raul Pompéia, Capistrano apontava que:

> O modo por que ele suicidou-se prova claramente que ele já pensava nesta solução, e, agora que recordo tantos anos de convivência, admira-se que ele não o tivesse executado antes, ou melhor, tenho certeza de mais de uma vez ter estado com ele, quando seu suicídio estava por poucas horas. Era uma organização extraordinariamente rica e complexa, tão sincera e ao mesmo tempo tão fugidia, como que uma série de almas encapsuladas umas nas

outras, e sempre crescendo por intussuscepção e multiplicando-se em novas almas. Veja como suicidou-se, com um tiro no coração, isto é, pondo ao abrigo do ridículo de escapar, respeitando o rosto, que em suma é para a sociedade o indivíduo, respeitando o pudor de virgem, porque, feita a verificação pela autoridade, e vestido o cadáver, ninguém mais veria por onde se escapou a vida. E ainda o seu último grito, pedindo que acudissem a irmã![4]

A menção ao fim trágico de Pompéia pode servir para que nos introduzamos no tom das cartas enviadas pelo historiador a Mário de Alencar. Pelas colocações de Capistrano em muitas de suas missivas, espreitamos o escritor envolto num estado de aparente imobilidade quanto aos seus mais profundos desejos, o que parecia significar um quadro de depressão. Em carta datada do dia 14 de setembro de 1891, Capistrano iniciava lastimando os incômodos físicos de Mário, para logo depois exclamar: "fora com o ramerrão!"[5]. E após questionar a maneira com que Mário estava organizando o seu dia, com atividades em que não havia grande envolvimento, Capistrano adicionava, de forma conclusiva: "Do meio de vida a gente só deve lastimar-se quando está resolvido a jogá-lo fora imediatamente e procurar outro. Lastimar-se e continuar pode ser uma forma mais ou menos embuçada de covardia, mas é sempre covardia"[6].

Nessa mesma carta – já citada anteriormente –, mais adiante, após suspeitar de uma idéia de Mário acerca de um lançamento de um livro no formato de bolso, o que na sua opinião não alcançaria grandes cifras de vendagem – "É um sonho de poeta conseguir vendas de dez mil exemplares"[7] –, Capistrano retomava a carga, e mais intimista, apontava:

> V. precisa de deixar seu pai de lado; o que ele podia dar-lhe de bom já deu; maior convivência do que V. tem tido com o espírito dele, agora só pode lhe fazer mal; paralisaria seu desenvolvimento, condenaria V. ao triste papel de epígono. Seu pai deu-lhe um exemplo bem claro. O velho Alencar em política representou um papel que nunca será devidamente apreciado, porque seu pai, quando começou a carreira política, procurou abrir cami-

nho por outro rumo. E seu pai deixou-lhe um aviso. Nas horas de pensamento louco, em [que] as idéias atiram-se às cabriolas pelo vácuo, tenho cismado que seu pai previu um filho como V., sacrificando ao amor filial energias que depois lhe faltarão para a evolução própria, e quis deixar-lhe um conselho, uma norma de vida, contidos na *Encarnação*. Medite-o, acenda e dispare o gás, deixe o passado, volte-se para o presente[8].

Mais incisivo, Capistrano asseverava ao amigo e escritor:

> Quase quinze anos V. tem sacrificado a seu pai: tome agora dez anos para si; depois, com a experiência e o saber adquiridos neste prazo, torne a seu antigo culto, porque o perigo do epigonato estará acabado, e poderá cumprir o seu dever com uma superioridade que V. tem-se condenado a não adquirir, se persistir na atmosfera de herói de *Encarnação*. Não é isto idéia de momento, há muito penso assim, mais de uma vez lhe tenho dado a entender, desde que se oferece hoje a ocasião, expondo-lhe logo de uma vez sem refolhos todo o meu pensamento[9].

Professando esperança e investindo na possibilidade de transformação do amigo, Capistrano parecia abrir um flanco, que seria aquele reservado as suas próprias atitudes, frente ao que o angustiava e o que necessitaria de mudanças. Como se fosse colocado diante de um espelho, as palavras finais de Capistrano nessa significativa carta, foram as seguintes:

> Ainda aqui reduz-se minha opinião a repetir: fora com o ramerrão! É difícil; mas é possível dar uma direção à vida, como gato que se vira no ar e cai sobre os pés: em nosso tempo, Goethe fez isto, depois da viagem da Itália; Comte fez isto depois de conhecer Clotilde; anteriormente Dante tivera a idéia da *Vita Nuova*; precedentes não faltam; falta é quem se inspire neles e aumente o número. Eu infelizmente não o consegui, e já dei de mão a tais ambições. Estão chamando e o portador vai sair. Até outra[10].

Encarnação fora, de fato, o último romance de José de Alencar, redigido em 1877 e publicado em 1893. Nas cartas enviadas para Mário de Alencar, Capistrano se referia a Hermano, o herói dessa trama, que se caracterizava por um apego desmedido ao passado. Amado por Amália, Hermano não conseguia superar o sentimento de perda provocado pela morte de sua esposa, Julieta. Em sua casa, mantinha um boneco de cera que representava Julieta. Era para esse fetiche que Hermano devotava horas de seus dias. No desfecho da obra, para sinalizar a libertação de Hermano com relação ao seu passado, o protagonista incendiava a própria casa e partia para sua nova vida com Amália. Era essa imagem que Capistrano recuperava, nos trechos das cartas que foram citados.

Ao se voltar para a relação de Mário com seu passado, Capistrano demonstrava uma certa objetividade de procedimento para com o seu próprio. De fato, pelo que se percebe na correspondência do historiador, não era comum que se remetesse a sua história passada, e quando o fazia, não transparecia a imagem de apego, arrependimento ou não-superação. Mas o comentário final que fez, com relação sua impossibilidade de revisão – "já dei mão a tais ambições" – terminou por apresentar uma certa dose de aceitação inconteste do futuro. Resta-nos lembrar que o historiador então contava com 48 anos de idade e já havia, como vimos, perdido sua esposa.

Outra carta em que Capistrano se tornava interlocutor das atitudes de Mário de Alencar, foi a datada de 20 de janeiro de 1910. O historiador dizia que ficara sabendo que Mário se incumbira de reunir em seis volumes alguns textos de Machado de Assis, então já falecido. Capistrano apontava:

> Pobre vítima! Dada mesmo a hipótese de que Machado de Assis já deixou o material reunido e V. não terá, portanto, o trabalho das pesquisas, a empresa não mereceria minha aprovação, se V. me consultasse antes de ombreá-la. E por dois motivos, ambos graves, no meu entender. O primeiro é que a papelada de Machado de Assis, salvo uma ou outra escapada humorís-

tica, é muito medíocre. Compará-la à de Eça de Queiroz, exuberante, excessivo, irregular, denota falta de noção das cousas: por que antes não compara um ovo com um espeto? O segundo motivo é que, com sua neurastenia, o tempo deve ser-lhe muito precioso. V. não pode dispor dele com liberalidade, tem de sujeitar-se ao regime de Spencer, que às vezes não podia escrever mais de cinco linhas por dia. Por que esbanjar com outros o que V. não tem bastante para si? Deixar os mortos enterrar os mortos, reza o Evangelho[11].

Sabia-se que Mário de Alencar nutria simpatia e respeito por Machado de Assis e que fez parte de um seleto grupo que o rodeava. O mesmo não se pode auferir de Capistrano para com o autor de *As Memórias Póstumas de Brás Cubas*. Não nos deparamos com outras menções que aprofundassem esse aspecto. Na correspondência, notamos que foram quatro as epístolas enviadas por Capistrano para Machado[12], e duas recebidas[13]. Tratavam-se de cartas formais, onde Capistrano e Machado trocavam alguns pequenos favores, como indicação de alguma obra ou apresentação de amigos. Destoava nesse sentido, a carta de 10 de janeiro de 1881, em que Capistrano elogiava o *Brás Cubas* que então acabara de ler. O historiador se remeteu a Machado de Assis, nos seguintes termos: "Livros como *Brás Cubas* é que deveriam assumir as proporções de *Rocambole* ou *Três Mosqueteiros*"[14].

Decerto Machado não foi um interlocutor privilegiado de Capistrano, o que pode ser percebido pela ausência de outras menções em sua correspondência. O elogio a *Brás Cubas* pode denotar um exercício de urbanidade por parte de Capistrano. Tratou-se de uma das raras vezes em que Capistrano fez uso das cartas como forma de resposta elogiosa, frente aos estímulos da boa educação. As indiscrições ficavam para os correspondentes mais próximos. Mas, pelo que vimos com relação à acidez com que Capistrano tratava os espaços de institucionalização de saber, como, por exemplo, a Academia Brasileira de Letras, é de se supor que nutrisse uma certa antipatia por Machado. Diga-se de passagem que o juízo que emitiu acerca das obras do escritor – "a papelada do Machado" – não passava outra idéia, senão a de que desgostasse de sua produção.

E, ao aconselhar Mário de Alencar, Capistrano se via às voltas com suas próprias idiossincrasias. Manifestando a constituição de um diálogo consigo mesmo, Capistrano apontava – logo a seguir das reflexões anteriormente dispostas para Mário de Alencar –, o seguinte:

> Dir-me-á V. que ninguém mais esbanjador que eu. Concordo; mas variam muito nossos ideais. O meu seria um *cul de sac*, beco sem saída; sem netos, já que tive a infelicidade de ter filhos, sem nome, um perfeito zero na cadeia dos seres. A este ideal não atingi desde o princípio, meus atos vão às vezes contra ele, mas há quantos séculos já não escreveu o poeta: *vídeo meliora* etc.?[15]

Um "beco sem saída como ideal" passa-nos a dimensão do deslocamento de Capistrano para com sua contemporaneidade. Ao mesmo tempo, é curioso observar que Capistrano apontava que seus "atos vão às vezes contra este ideal". Pode ser que se remetesse aos trabalhos que já tivesse realizado e a maneira como foram destacados na própria época em que viveu. A frase, no entanto, enfatizava o desejo de que fosse esquecido e de que seus feitos fossem subestimados.

Nas cartas para Mário de Alencar, era comum que Capistrano se reportasse aos seus próprios assuntos familiares, e quando o fazia, passava a idéia de que seus filhos fossem conhecidos do escritor. Assim, em resposta a supostas perguntas de Mário, Capistrano comentava os sentimentos que tivera, quando da entrada de Honorina para o convento, do falecimento de seu filho Fernando, do casamento de sua filha Matilde, do estado de saúde de sua sogra, a quem Capistrano demonstrava grande afeto e consideração. Numa dessas cartas, após ter exposto o estado de coisas, a partir da tomada de decisão de Honorina, Capistrano sinalizava um limite para as entradas de Mário: "Mas basta de Honorina. Peço-lhe que nunca mais se refira a este assunto, se eu em primeiro lugar não o abordar"[16].

A franqueza com que aludia ao limite de sua privacidade, indicava a proximidade que tinha com Mário, o que de resto compõe apenas mais um dos indícios da forte relação havida entre eles. E para que seja possível perceber que o contato entre os dois também oferecia a oportunidade da conversa sobre trabalhos em andamento, é interessante que se acompanhe o que Capistrano falava para Mário acerca da retomada de seus estudos sobre os bacairis. Em um primeiro momento, ainda em 1910, quando Capistrano se encontrava na Fazenda Paraíso, em companhia dos dois índios kaxinawás, Vicente e Tuxinin, percebe-se que o historiador já aceitava uma retomada dos estudos bacairis: "(...) pode ficar certo que outra língua não me pegará; só se for o bacaeri, para não ficar de todo perdido o material que recolhi. Na próxima semana aí estarei, e minha demora será de uns dez dias"[17].

De fato, um pouco mais de cinco anos depois, Capistrano comentava com Mário: "Depois de um período de longo amortecimento cerebral, voltei ao bacaeri. Darei conta da mão? Depois de vinte anos de abandono, serei capaz de recomeçar? Em todo caso, viro as costas à História; não faltarão Tácitos e Suetônios: os pobres índios sumir-se-ão do mundo; quero apenas que não vão sem acompanhamento ao túmulo"[18].

A justificativa que deu para a sua investida rumo ao estudo da tribo bacairi transparecia uma enorme simplicidade e, ao mesmo tempo, uma certa martirização. Percebe-se que Capistrano sabia que esse trabalho se encontrava em oposição àqueles outros, voltados para o estudo de história – campo em que havia expectativa pelo aprofundamento de seus estudos. Nesse sentido, o estudo dos temas indígenas parecia justificar externamente uma obsessão diante do deslocamento. Como já observamos, além de se tratar de um campo árido, não contaria com o apoio, inclusive, das casas tipográficas do país.

A aludida retomada dos estudos sobre a língua bacairi foi assunto integrante de uma carta enviada por Mário para Capistrano, aparentemente em resposta à anterior: "Desejo que os seus trabalhos sobre bacairi prossigam suave e proveitosamente, e produzam obra equivalente ao *Rã-txa*. Haveria possibilidade de encontrar-se o Irineu ou de achar-se outro que lhe auxilie o estudo?"[19].

E, em resposta à pergunta de Mário, Capistrano enviaria uma missiva datada de 15 de setembro de 1915, onde explicava o que pretendia com a língua bacairi, bem como sinalizava os problemas que tinha de enfrentar, uma vez que possuía outros projetos concomitantes:

> Outro dia trouxe da B. Nac. os cadernos bacaeris que encontrei. São apenas uma parte mínima, talvez um sexto. Não voltei ainda a ver se aparecem mais, porque, contando sempre com a pior hipótese, adio a decepção. Os cadernos trazidos são exatamente os primeiros que escrevi. Quase todos têm tradução interlinear. Compreendo a gramática melhor que em outro tempo, mas faltam-me muitos significados. Infelizmente não tratei do vocabulário em tempo, nem era fácil, porque substantivo e verbo vêm geralmente acompanhados de prefixos móveis, e qualquer modo de dispô-los alfabeticamente é defeituoso: uma saída seria tomar por base nosso vocabulário; não me sorriu na ocasião e agora expio[20].

E, terminando por estabelecer um diálogo entre seus campos de estudo – o estudo das tribos indígenas e o aprofundamento em história –, Capistrano apontava que:

> Na primeira parte do dia, tratarei de preparar uma nova edição dos *Capítulos*. Com o catálogo dos mss. do Conselho Ultramarino, começado a publicar pelo Cícero [Manuel Cícero Peregrino da Silva, diretor da Bib. Nac.], vê-se como é prematuro pensar em escrever história do Brasil. Só conhecíamos os documentos triviais, dos mais importantes, dos fundamentais, só agora se vai conhecendo a existência. Uma pessoa moça, de recursos, que pudesse ir residir em Lisboa, poderia fazer alguma coisa que valesse a pena. Quem sabe se o Brasil está em evolução ou dissolução?[21]

Tanto um trabalho, o estudo do bacairi, quanto o outro, a segunda edição dos *Capítulos de História Colonial*, não redundariam em textos publicados. Observe-se, no entanto, que eram duas as justificativas para as dificuldades de escrita de uma história do Brasil. Em primeiro lugar, Capistrano se remetia à exigüidade de documentos. Mas, em segundo lugar, a justificativa de Capistrano abre espaço para um questionamento interior, afeito à própria forma que o historiador via o país: *quem sabe se o Brasil está em evolução ou dissolução?* Nesse sentido, o trabalho de escrita de uma obra histórica sobre o Brasil – ou a aguardada segunda edição dos *Capítulos de História Colonial* –, esbarrava numa dificuldade de origem. Valeria a pena se deter nesse campo? Haveria leitores? E mais: contribuiria de alguma forma para o país? De toda sorte, de 1915, ano em que escreveu essas últimas considerações, a 1927, Capistrano se envolveria nas edições dos textos que compuseram a "Série Eduardo Prado" e enfrentaria problemas, como vimos, na edição do estudo sobre o bacairi. Seu conhecimento da história do Brasil, não chegaria ao público, uma vez que o meio onde esses aspectos foram tratados resumiu-se a ser o espaço privado das cartas.

4. A continuidade dos estudos em história: as cartas a Afonso de Taunay

> Disseram-me que o Instituto anda em pasmaceira. A *Revista* não sai porque não há dinheiro? Mas se o *Diário Oficial* a imprime! Ouvi dizer que o principal estorvo provém de brigas da politicagem provinda da disputa do penacho. Dizem que fervem. Que há de exato nisso? Sempre a mesma história das competições pessoais e da vaidadezinha toleirona! Com isto padecem as Musas. Enfim não quero meter-me nestas brigas nem fazer o papel de conciliador. E você andará muito bem se alhear de semelhante ambiente.
>
> Carta de Capistrano para Afonso de Taunay, datada dos "idos de março" de 1917[1].

Afonso d'Escragnolle-Taunay nasceu em Santa Catarina, no dia 11 de julho de 1876, e faleceu em São Paulo no dia 20 de março de 1958. Possuía ligações diretas de parentesco com Nicolau Taunay, seu bisavô e professor da Missão Francesa contratada por D. João VI

–, com Félix Emílio de Taunay, o Barão de Taunay, professor do Pedro II, – seu avô –, e com Alfredo d'Escragnolle-Taunay, escritor, autor de A Retirada de Laguna e de Inocência, dentre outros livros – seu pai.

Estudou no Colégio Pedro II quando ainda de sua estadia no Rio de Janeiro e foi aluno particular de Capistrano de Abreu. No ano de 1917, quando era professor da Escola Politécnica de São Paulo, foi designado para a direção do Museu Paulista, cargo a que foi efetivado em 1923. Notabilizou-se, então, pela pesquisa de temas históricos relacionados à história de São Paulo, com especial destaque para os primeiros anos da província. Diferentemente de Capistrano de Abreu, Taunay conviveu de forma produtiva com as instituições de que fez parte, caso do IHGB e sua filial paulista, o Instituto Histórico e Geográfico de São Paulo, e da Academia Brasileira de Letras – tornou-se acadêmico no ano de 1929. E, ainda mais distinto de Capistrano, Taunay estabeleceu uma vultosa história do Brasil. De 1910, ano em que apresentou a sua primeira obra, até 1956, Taunay publicaria 26 livros, além de uma coleção de sete volumes sobre a história de São Paulo no século XVIII.

Na *Correspondência de Capistrano de Abreu*, foram 99 as cartas enviadas para Afonso de Taunay, num período que foi de 1904 a 1927. Mesmo que se perceba uma atmosfera de interlocução, as cartas enviadas por Capistrano levavam o traço da orientação, e isto pelo fato de apresentarem um número significativo de críticas ao andamento dos trabalhos de Taunay – dos temas que escolhia pesquisar ao estilo de sua escrita. Capistrano foi uma espécie de orientador informal de Taunay, no que dizia respeito ao estudo da história. E, pelo que se percebe, Taunay manteve com Capistrano uma relação de grande afeto e consideração. E manifestava esse sentimento de uma forma pública. Ao estabelecer *Cultura e opulência do Brasil*[2], de Antonil, Taunay apresentou uma dedicatória ao historiador cearense, nos seguintes termos: "Ao mestre prezado e ilustre, J. Capistrano de Abreu, em lembrança das sábias lições da adolescência até os dias de hoje continuadas, afetuosamente oferece – e como quem de direito – este ensaio despretensioso, o discípulo e amigo, Affonso D'Escragnolle Taunay"[3].

Mas, além dos elementos retirados das cartas enviadas por Capistrano ao historiador catarinense, a relação entre ambos pode ser observada pelos comentários que o historiador cearense fazia a seus outros destinatários. Um tipo de distanciamento havido entre Capistrano e seu ex-aluno, pode então ser mensurado a partir da correspondência enviada para João Lúcio de Azevedo onde se percebe que Taunay muitas vezes desagradava a Capistrano. Já vimos a passagem em que Capistrano lamentava o fato de Taunay ter estabelecido o livro *Cultura e Opulência do Brasil* de Antonil, obra que ele muito admirava. Era igualmente comum que, ao se reportar a Taunay para João Lúcio, Capistrano manifestasse seu desgosto pela maneira pomposa com que o historiador escrevia seus artigos.

E, de fato, a leitura de alguns trechos do "Estudo Biobibliográfico" realizado por Taunay, e que antecedia a edição de 1923 de *Cultura e Opulência do Brasil*[4], permite que constatemos uma grande distância para com a escrita de Capistrano. Depois de dispor sumariamente os assuntos abordados pela obra de Antonil, Taunay comentava a descoberta da real identidade do jesuíta, o que, como vimos, fora obra de Capistrano. Taunay então se remetia ao texto em que Capistrano tornou público o fato de que André João Antonil, se tratava na realidade, de João Antonio Andreoni[5]. E, após citá-lo, Taunay encadeava:

> Quem assinara este prólogo, a 13 de julho de 1886, era Capistrano de Abreu, a quem coubera a glória do eureca relativo ao velho intrincadíssimo caso da bibliografia brasileira. E como? Será ele o próprio quem no-lo contará, pois a tal propósito resolvemos consultar o nosso prezado e ilustre mestre. Dele tivemos a resposta que aqui se transcreve, e onde com encantadora naturalidade e singeleza narra o *fiat lux!* a propósito da sua bela descoberta[6].

De certa forma, pela franqueza com que se dirigia a Taunay, Capistrano não escondia essas considerações mais desgostosas, o que pode ser percebido na leitura dos trechos que escolhemos, e que virão a seguir. A primeira das cartas que aparece na seleção editada por José Honório Rodrigues, apesar de não possuir a data em que foi escrita, nos introduz num desses vieses da relação de orientação havida entre Capistrano e seu antigo aluno. O historiador cearense se recusava a receber um tratamento pomposo que sinalizasse o seu maior conhecimento sobre história do Brasil: "É você teimoso! Já lhe disse várias vezes: nem mestre nem dr.! Mestre!? Mestre de meninos? Sabe você perfeitamente que me doutorei na "academia de xenxém". Não reincida que o caso é de *non placet*"[7].

Na mesma carta e logo abaixo do comentário descrito acima, Capistrano parecia aceitar o papel de orientador, ao menos é o que fez quando sugeriu a Taunay as maneiras de se trabalhar com textos de história: "Se você escreve um romance histórico, tome tento sobretudo com os diálogos. Não vá fazer um sujeito de 1630 falar como um carioca de agora. Aí está o maior escolho, a meu ver. E leia, leia e leia! Não conheço os tais Alabanzas de que você me fala. Em matéria de feitiçaria do tempo encontrará você muita coisa publicada"[8].

Esses primeiros trechos se remetiam a pontos reincidentes presentes nessa correspondência. Capistrano não aceitava o fato de ser chamado de mestre ou por algum título que julgava não possuir. De fato, a modéstia, tão largamente comentada por seus biógrafos, tornava-se como um impedimento para que o historiador se sujeitasse ou até mesmo se jactasse de alguma titulação, mesmo que formalmente justa. A reputação adquirida principalmente após os feitos da Exposição de História e Geografia e da apresentação da tese de acesso ao Pedro II, facilmente lhe permitiria que fosse chamado de mestre. Mas, pelos elementos mais subjetivos que subtraímos da correspondência, principalmente quando Capistrano se mostrava indignado contra determinadas atitudes mais orgulhosas de Rui Barbosa ou de Max Fleiuss, percebe-se que verdadeiramente não suportava a presunção ou a prepotência, relacionadas ao conhecimento. A restrição que fez a Taunay apareceria mais de uma vez em sua correspondência, para todo aquele destinatário que se dirigisse a Capistrano servindo-se de alguma espécie de titulação possuída pelo historiador.

Um outro aspecto a ser comentado diz respeito à orientação que Capistrano fazia aos estudos históricos de Taunay. E é curioso observar que de alguma forma mantinha-se o antigo vínculo existente entre o professor e seu aluno. De fato, Capistrano se mostrava bastante à vontade para estabelecer as críticas que julgava pertinentes ao trabalho do historiador catarinense. Como vimos, Capistrano já demonstrara a João Lúcio algumas deficiências que encontrava no texto de Taunay. Esses problemas não eram velados nas cartas que enviava ao historiador catarinense. E nessas investidas, Capistrano aparecia como um orientador informal dos estudos de Taunay, e não se furtava a se arrojar a uma consideração mais cáustica. O fato de ter sido professor de Taunay, talvez lhe permitisse que fosse mais ao fundo nos comentários que fazia. De toda sorte, é no estudo dessas cartas que poderemos nos deparar com o legado do próprio estilo de trabalho de Capistrano de Abreu. Ao se debruçar sobre os textos de Taunay e criticá-los, Capistrano ia estabelecendo a sua própria forma de trabalho em história.

A familiaridade que possuía junto a Taunay, e a liberdade para criticá-lo, esteve presente numa carta, que o próprio destinatário tinha dúvidas quanto ao ano que teria sido escrita:

> A sua idéia de escrever uma história dos capitães-generais de S. Paulo é simplesmente infeliz. Que lembrança desastrada a de preferir um período desinteressante, quando a grande época dos paulistas é o século XVII! Deixe este encargo ao ... ou ao ...[9] Isto lhes vai calhar. Que encham as páginas da *Revista* com tão desenxabido assunto. Reserve você para si o melhor naco, deixe os miúdos para quem gostar[10].

Numa carta seguinte, o zelo de Capistrano em sinalizar o que entendia ser a melhor forma, inclusive, de se estabelecer um texto de história, apareceria com todas as cores, no seguinte comentário:

Alegrou-me a resolução de acrescentar índice à *Nobiliarquia* de Taques; o livro ficará valendo muito mais; sua *Formação Intelectual* não menos. Em história o ideal é não deixar trabalhos para os outros, enquanto não aparecem novos documentos. As notas que fizer, acoste-as ao texto, sem chamadas: as diferenças de tipo impedirão a confusão[11].

E como Capistrano percebesse que ao dar a sugestão a Taunay, fazia-o por intermédio de sua própria experiência, adicionava ao trecho acima que: "Bem quisera fazê-lo com Varnhagen mas o texto compacto e duro só permitiria isto com modificações radicais a que não me arrojo: em Taques o caso é simples"[12].

Outro comentário, que caminhava no sentido técnico, quanto a melhor citação de notas em texto, apareceu na carta de 13 de junho de 1914:

> Para notas o meio parêntese é mais elegante. No texto, além do meio parêntese, conviria usar de tipo menor no alto: as guaritas são rebarbativas. Cuidado com as notas: tendo de levantar e abaixar os olhos, tem-se a impressão de estar cochilando. Melhor seria reunir no fim de cada capítulo, mas sem chamadas. Assim: para tal fato cita-se o documento. Outras seria melhor incorporar no texto[13].

E quanto ao estilo, o que não seria a primeira vez que sinalizaria a Taunay, Capistrano teve o cuidado de sugerir alterações, nessa mesma carta acima citada: "Chamo a sua atenção para o estilo: há certos hipérbatons desgraciosos; algumas vezes reunindo dois períodos em um, o estilo fica mais terso"[14].

Em outra carta, datada de 2 de junho de 1917, Capistrano voltaria ao assunto da seguinte forma: "Vi ontem o modo por que V. escreve Brasil e fiquei horrorizado. Continue, se quiser, com a cangalha quebrada, mas nunca diga que lhe dei uma só lição. Hei de negá-lo uma e muitas vezes a pés juntos, antes e depois do galo"[15].

De fato, havia conhecimento para aqueles mais próximos de Capistrano, quanto ao fato de ele, verdadeiramente, odiar a grafia de Brasil com z. E isto não era escondido de Taunay. Na seqüência ao comentário acima, ainda se lia:

> Acho o sumário muito carregado de história. O Juzarte tem cabimento porque se trata de um documento histórico, mas o plagiário? Se acho um meio de introduzí-lo é em nota, sem retórica, tratar do *Divertimento Admirável*: aí V. dará rapidamente o mais. Monografias históricas de pontos mínimos deixe-as para o Arquivo e para o Instituto. Talvez convenha dar o volume com menos matéria: imprima o que já tem; lembre-se que para o ano V. terá de entrar com o outro número[16].

Como se percebe, Capistrano se detinha no trabalho de Taunay, indo até mais além, no que dizia respeito, inclusive, à organização de suas atividades. Em nova carta, que Taunay apontava ser datada de meados de 1917 – talvez pelo fato de abordar o trabalho que vinha realizando acerca de Pedro Taques –, Capistrano novamente questionava o estilo de seu ex-aluno: "Como vai o Taques? Não recebi a continuação dos seus artigos. Ouça-me: nada de alusões literárias! Nem mesmo as corriqueiras: o que uma geração conhece é muitas vezes totalmente ignorado pela seguinte"[17].

O itinerário das preocupações de Capistrano com Afonso de Taunay se manifestava na forma e no conteúdo. As várias menções com relação ao estilo de Taunay, bem como sobre a correta forma de citação, nos levam a enfatizar, novamente, a intenção de Capistrano de melhorar o acesso ao público, mesmo que exíguo. Mas, sabedor do potencial produtivo de Taunay, Capistrano também se preocupava em sinalizar os temas, que na sua opinião, eram os mais importantes e que deveriam ser abordados. E, nessa direção, o historiador cearense manifestava o seu distanciamento para com as produções capitaneadas pelas vias institucionais, caso dos Institutos de História e Geografia. De certa forma, pode-se observar uma certa esperança depositada em Taunay, uma vez que, pelo que vimos em tantos outros trechos da correspondência de Capistrano, um dos motivos explicativos para a sua baixa produtividade pública se relacionava às políticas institucionais de pesquisa e conhecimento de história. Capistrano não escondia esses desgostos para Taunay e o fazia, acreditamos, para direcioná-lo rumo ao estabelecimento de uma reflexão mais independente. Ao orientá-lo, mesmo que informalmente, Capistrano parecia estabelecer um diálogo a respeito do que esperava dos estudos em história que seriam encaminhados pela geração que o sucedia.

E por guardar algum distanciamento com relação a Taunay, Capistrano não submetia seus juízos a uma gama de justificativas e explicações. Apenas sugeria o que entendia ser o melhor caminho, valend-se daquilo que sua experiência passada lhe autorizava. Exemplar, nessa direção, foi uma menção às crenças teóricas de Capistrano, diga-se de passagem, aquelas que foram fortes na época em que o historiados cearense chegou ao Rio de Janeiro. Aparentemente em resposta a uma colocação de Taunay, Capistrano trazia informações sobre o que pensava acerca de Spencer: "Já fui absolutamente spencerista; tenho mudado de idéias, mas ainda fico muito longe do socialismo, principalmente do que procuram implantar entre nós"[18].

E é particularmente interessante que esse relativismo somente aparecesse em sua correspondência, um meio privado. Talvez denotasse a ciência do historiador para com o seu meio intelectual, imune às dúvidas e desejoso de certezas. Nesse caso, podemos compreender ainda mais os motivos que teriam levado Capistrano a se realizar num exercício privado, em contraposição ao público. Para quê publicar textos se não se podia colocar com franqueza as idéias que professava? E, além do mais, tais textos, com esse grau de abertura, conseguiriam ser publicados? E quem se interessaria por eles, caso viessem a ser editados?

A menção de Capistrano, quanto ao fato de já ter sido spencerista, pode sinalizar mais uma nuança da relação de orientação para com Taunay. Lido após a morte de Capistrano, pode ser tomado como antídoto frente às análises que buscaram peremptoriamente situar o historiador no interior de uma ou outra corrente de pensamento[19]. Visto através da relação epistolar que manteve com Taunay, pode aludir ao desejo do antigo professor de evitar que seus alunos seguissem algum modelo preestabelecido de pensamento. No melhor dos casos, nos possibilita o encontro com o relativismo de Capistrano, o que não seria possível se unicamente se partisse de seus textos que foram publicados em vida.

E pelo que vimos até o momento, não se trata também de se observar que o trabalho de Capistrano apenas redunde num elo de ligação entre duas correntes distintas de encaminhamento da interpretação em história. Se Capistrano não conseguiu inaugurar para si os meios que lhe permitiriam expor essas considerações mais cáusticas de uma forma pública, sua correspondência nos indica que pensava a história de uma maneira distinta e não afeita aos rigorismos pomposos daquela esposada pelo IHGB, por exemplo.

A maneira com que se reportava ao ex-aluno e orientando informal, apresentava um Capistrano que abria caminhos, refletidos, mas não realizados. Nesse sentido, para além de suas maiores dificuldades e bloqueios, Capistrano poderia contar com a esperança de que sua posteridade conseguisse tornar público aquilo que ele próprio somente conseguiu realizar do ponto de vista privado. E, na medida em que Capistrano possuía interlocução com alguns desses novos historiadores, sua orientação caminhava no sentido de procurar evitar que cometessem os mesmos equívocos que observava com freqüência em muitos outros.

Guilherme Studart, o historiador conterrâneo de Capistrano que, como vimos, se dedicava à história do Ceará, também foi alvo de considerações críticas por parte de Capistrano de Abreu. E, de forma semelhante ao tratamento dispensado a Afonso de Taunay, Capistrano não se furtava a apontar o que entendia ser o melhor caminho de escrita de história. Numa carta datada de 20 de abril de 1904, Capistrano recebia o primeiro volume de *Documentos para a História do Brasil*, de Studart, e se indispunha pelo fato de não ver a correta citação de fontes:

Por que não dás a procedência dos documentos que publicas? Félix Ferreira, sujeito aliás pouco fidedigno, contou-me que indo um dia visitar Melo Morais, encontrou-o queimando documentos, explicou-lhe o alagoano historiador, porque mais tarde, quando quiserem estudar História do Brasil hão de recorrer às minhas obras. Tu não és Melo Morais. Varnhagen, pelo menos na Torre do Tombo, levou para casa alguns documentos e se esqueceu de restituí-los: não podia depois indicar a procedência. Tu não és Varnhagen. Por que motivo, portanto, te insurges contra uma obrigação a que se sujeitam todos os historiadores, principalmente desde que, com os estudos arquivais, com a criação da crítica histórica, criada por Leopoldo von Ranke, na Alemanha, foi renovada a fisionomia da História?[20]

Na orientação havida para com Taunay ou Studart, Capistrano indicava o que entendia ser o melhor caminho rumo à reflexão, pesquisa e escrita da história. Não se tomava como exemplo – não aceitava formalmente, como vimos, o título de mestre – e indispunha-se com uma metodologia, que encontrava num espectro de historiadores que lhe foram contemporâneos. Como não aspirava dedicar-se à escrita desmesurada, Capistrano voltava-se para aqueles que saciavam a demanda intelectual – e tipográfica – por obras de história. E, ao orientar os novos estudos históricos, o historiador, mais uma vez, evidenciava um deslocamento. Possuía todos os elementos possíveis e suficientes para se consagrar à escrita da história e, igualmente, experimentava todos os motivos para não escrevê-la. Era com essas preocupações que acompanhava o destemor dos novos historiadores que viu surgir.

Considerações finais

> Quando se faz qualquer pesquisa, o interrogado mais ou menos imita o cortesão que quando Luís XIV lhe perguntou a hora, respondeu: *Il est l'heure qu'il plaira à Votre Majesté*.
> Carta de 15 de novembro de 1916, para Luís Sombra.[1]

A partir de 1925, Capistrano de Abreu passou sistematicamente a assinar suas cartas com as alcunhas João Ninguém, Doutor João Ninguém, J. N. ou Hans Niemann. Era comum também, que indicasse que as escrevia de Beócia-guaçu, ou do Tugúrio. Encontrava-se havia cinqüenta anos no Rio de Janeiro, e já tinha realizado o estabelecimento de alguns dos mais importantes documentos relativos à história do Brasil. Desde 1899 não possuía nenhum vínculo formal de emprego. Viveu daquilo que recebia como professor em disponibilidade, das traduções e dos artigos que escreveu para os jornais e as revistas de sua época.

Ao se tomar como João Ninguém, Capistrano manifestava o seu deslocamento, um tanto amargo, diante do período em que viveu. Sinalizava, também, a impossibilidade de realizar contribuições para a atmosfera intelectual que o circundava. Ao mesmo tempo, permitia que sua personalidade fosse tomada como pessimista, e que sua incapacidade de se relacionar com os meios de produção e divulgação de conhecimento fosse tratada como produto de um gênio forte e avesso às convenções. E, na medida em que seu percurso foi sendo retomado, essas considerações terminaram por se apegar à imagem que foi construída acerca de Capistrano de Abreu.

Como procuramos apresentar, um dos grandes equívocos da tradição historiográfica que se remeteu a Capistrano de Abreu foi se deter, tão somente, nos escritos que o historiador publicou em vida. E, como Capistrano não realizou a grande história do Brasil que era ansiada, buscaram-se explicações que pudessem suprir essa falta. Como vimos, os motivos apontados iam dos percalços particulares de Capistrano, passavam pela menção a uma certa desorganização do historiador, e justificavam-se na carência de fontes históricas. Num sentido, buscou-se suprir uma ausência, alinhavando respostas que pudessem permitir a continuação dos discursos mais apologéticos.

Acreditamos, no entanto, que Capistrano de Abreu possa ser definido exatamente pelo que não fez, em outras palavras, por essa ausência pública. E este é um sentido das cartas de Capistrano de Abreu. Nesse meio de construção de diálogo, Capistrano apontava os projetos que estava realizando e, especialmente, aqueles que não conseguira editar – caso dos textos bacaeris –, e os que não conseguia elaborar – a segunda edição dos *Capítulos*.

Essas frustrações nos ajudaram a refletir sobre alguns elementos – da personalidade do historiador, da ambiência intelectual de sua época. E, nesta última, pudemos adentrar aspectos reincidentes da estrutura de produção e divulgação de conhecimento no contexto brasileiro – poucos jornais, revistas e editores; analfabetismo da maior parte da população; número reduzido de instituições voltadas para a pesquisa etc. Some-se a isto, um critério que privilegiava autores bem relacionados com o governo ou com as entidades-chave de divulgação de conhecimento.

Esse quadro de vacuidade era bem conhecido por Capistrano, bem como por outros intelectuais de sua época. Mas, diferentemente de alguns outros, em Capistrano transparecia uma coerência entre as dificuldades que apontava em suas cartas e o fato de ter escrito pouco, do ponto de vista público. E se, para muitos intelectuais havia uma distância entre o que pronunciavam em público e aquilo que era exposto privadamente, para Capistrano, isso não se deu dessa forma.

A personalidade do historiador parece tê-lo impedido de se portar publicamente de uma maneira muito distinta daquela que aparentava em suas cartas. E, como de fato não se notabilizou por uma ampla produção pública, Capistrano se serviu das epístolas como um meio deslocado de divulgação de conhecimento.

Sendo um meio informal, além do conhecimento que demonstrava, Capistrano apresentava tudo aquilo que via como obstáculo, ao trabalho intelectual – valorização de comendas; estudos personalistas; relações interesseiras. Enfim, tem-se o quadro intelectual da época através das observações sensíveis de alguém que não desejou – ou não conseguiu – reagir satisfatoriamente aos estímulos dessa atmosfera.

Caracterizado pelo que deixou de realizar – pela ausência de uma obra de maior vulto –, o percurso de Capistrano de Abreu tem muito a nos dizer acerca da precariedade intelectual de sua época. E foi nessa direção que nos perguntamos sobre os motivos que teriam levado o historiador a se sentir mais à vontade para se expressar, numa via essencialmente privada. E se optássemos por preencher essa lacuna a partir de elementos somente afeitos à personalidade do historiador, deixaríamos de lado toda a atmosfera intelectual que agiu sobre Capistrano. Nesse sentido, se as cartas somente nos fossem úteis para que percebêssemos que Capistrano não escreveu uma grande obra por conta da carência documental de sua época, abandonaríamos toda a série de ricas ilações que esse material pode fornecer. E se as cartas de Capistrano ofereciam com generosidade, projetos e trabalhos realizados intensamente – casos dos estudos lingüísticos – pensamos que o historiador tivesse muito o que dizer, mas não pelos meios que lhe foram facultados em sua época.

E, talvez por não visarem o tratamento das questões afeitas ao meio intelectual – por terem apartado o historiador do contexto sociocultural em que viveu e produziu –, muitos analistas da obra de Capistrano tenham somente buscado a correção do percurso, objetivando a elaboração de respostas que invariavelmente dissessem respeito à personalidade do historiador. Enfim, nada que pudesse abalar o meio em que viviam e do qual dependiam para o prosseguimento de suas pesquisas e da divulgação de seus conhecimentos.

O desempenho de Capistrano, do ponto de vista público, pareceu apresentar um incômodo a muitos daqueles que se debruçaram sobre a sua obra. E é interessante observar que muitos desses autores portaram-se de uma maneira bem diferente daquela manifestada pelo historiador cearense. José Honório Rodrigues, Hélio Vianna e Afonso Taunay não tiveram maiores problemas no sentido de divulgação de suas obras, bem vastas, diga-se de passagem. O mesmo pode ser dito quanto aos seus relacionamentos com as instituições ligadas à pesquisa e divulgação de conhecimento: participaram, por exemplo, do IHGB, e até onde os conhecemos, não manifestaram qualquer espécie de tensão para com a instituição.

Uma forma, talvez, de expurgo de má consciência pode ser, então, dirigida à maneira com que buscaram resolver o dilema de Capistrano, saindo à busca de respostas naquilo que o historiador publicou em vida ou em sua correspondência. E, nessa investida, talvez pelo fato de não desejarem se deparar com referências críticas e ácidas, que se remetessem ao próprio meio intelectual que desfrutavam – que bem poderia ser caracterizado pelo apadrinhamento, pelas bajulações e pela vaidade –, optaram por personalizar as respostas. Para esses analistas, como vimos, Capistrano não se dedicou a uma produção pública pelo fato de ser muito exigente consigo mesmo ou de almejar um trabalho quase que próximo da perfeição. Em última instância, se Capistrano não publicou uma grande obra, os obstáculos deveriam ser encontrados nele, e não no ambiente intelectual que o circundava, uma vez que foi campo fértil para tantos outros intelectuais.

Assim, livre de qualquer mal-estar, a trajetória de Capistrano parecia recomposta e os seus maiores problemas se exilavam. Poderia então, ser tratado como o maior historiador do país e, inclusive, ser homenageado numa instituição à qual não devotava consideração em vida: o Instituto Histórico e Geográfico Brasileiro. E após a sua morte, o historiador pode, inclusive, ser recuperado e apropriado, por uma espécie de tradição historiográfica – afeita às pompas do IHGB –, da qual Capistrano não nutriu admiração.

E o que a vida de Capistrano trouxe de tão emblemático para as reflexões acerca das estruturas intelectuais de nosso país? Parece-nos um caso exemplar, uma vez que nos permite o contato com algumas manifestações da inteligência brasileira. Talvez fosse o caso, então, de se perguntar: o que acontecia na ambiência intelectual da época de Capistrano que o impediu de realizar seus trabalhos de uma forma pública? Que tipos de normas informais – de ritos –, não foram seguidos por Capistrano para que não conseguisse produzir uma grande obra? Por que, desde cedo, as atitudes de Capistrano constituíram-se como um bloqueio que o distanciavam da divulgação pública de seu conhecimento?

Muito dificilmente essas questões poderiam ser levantadas – quanto menos respondidas – pela tradição historiográfica que se deteve na obra de Capistrano. Na verdade, diga-se, essa estrutura pouco ou nada havia mudado desde a época em que o historiador estava vivo. Ou seja, antes de se operar uma revisão, quase que intestina, os analistas buscaram isolar um problema e tratá-lo como fruto de uma personalidade intempestiva.

E tudo isso pelo fato de se perceber com facilidade que Capistrano excedia em conhecimento, e se colocava, de fato, adiante de seus colegas mais próximos. Com isso queremos dizer que o autor não pode ser tratado como um profissional medíocre, que não teve espaço em sua época por conta de sua má qualificação. Pelo contrário – e aí reside a maior dificuldade –, como desde cedo havia notoriedade em apontá-lo como um grande historiador, o movimento do corpo historiográfico que se deteve na obra de Capistrano foi o de sair na busca de sua releitura. E nesse processo, tudo o que era de mais ácido, crítico e conflituoso foi abandonado.

É por esse viés de leitura que, talvez, possamos compreender o movimento inspirador das homenagens promovidas pelo IHGB em torno do centenário de nascimento de Capistrano de Abreu, no ano de 1953. Essa recuperação de Capistrano parecia se assemelhar à imagem bíblica do "filho pródigo", com a restrição enfática de que Capistrano teria que estar ausente para ser conduzido ao monumento que se estabeleceu no centro dessas comemorações. Como supor que concordasse com a proposta do "Curso Capistrano de Abreu"?

Mas por que Capistrano foi homenageado, no ano de seu centenário, por uma instituição à qual não devotava apreço enquanto viveu? Por que Capistrano foi saudado como um dos maiores historiadores do Brasil por um grupo de associados que se voltavam para um tipo de trabalho em história que não contava com o aval do historiador?

Pode ser que questões pessoais e subjetivas, afeitas à personalidade – afetuosa, como mais de uma vez se disse – do historiador tenham pesado. Igualmente, talvez fosse uma manifestação de um *mea culpa* por parte dos participantes do IHGB, uma vez que, em 1953, ainda estavam vivos sócios que tinham conhecido Capistrano pessoalmente. É igualmente viável a hipótese de que o IHGB tenha aspirado a marcar a memória de Capistrano, qualificando-se como uma instituição que sempre soubera apreciar as suas qualidades. Uma vez demarcada essa chegada, diluiriam-se as tensões havidas entre o historiador e essa instituição na época em que ainda era vivo. Nesse sentido, se não se tomasse contato com as cartas de Capistrano, poderia se supor que o historiador tivesse tido uma convivência produtiva para com o IHGB.

E, como não houve uma atenção maior para a correspondência de Capistrano, podemos auferir que, se este foi o desejo dos participantes do IHGB – esvaziar as tensões existentes entre Capistrano de Abreu e os canais possibilitadores de exposição de conhecimento –, de certa forma, ele foi atingido. Basta dizer que se o legado do historiador cearense for tomado como tributário de uma visão conservadora de história, e se sua diminuta produção pública for explicada por motivos afeitos à sua personalidade, é bem provável que Capistrano de Abreu ainda continue sendo visto, tão somente, a partir de um critério constituído no interior de uma ambiência intelectual para a qual o historiador não devotava consideração nem respeito.

Ao se abrir mão de opiniões que procuraram justificar a produção do historiador a partir de menções ao seu pessimismo e misantropia – ou relacionadas a sua saúde –, pode-se deparar com as aspirações de um intelectual que não encontrou espaço no circuito intelectual de sua época. Nesse sentido, as manifestações mais negativas por parte de Capistrano podem ser tomadas como reativas diante de uma atmosfera intelectual da qual não desejou – ou não conseguiu – fazer parte.

E, na medida em que passamos a ver a produção de Capistrano de Abreu – e, especialmente, sua ausência –, melhor configurada na época em que o historiador viveu, caminhamos em direção a uma reorientação dos juízos emitidos a respeito de seu legado. Seria possível, de fato, tomá-lo como um historiador conservador? É correto que o vejamos como uma promessa que não se realizou? É adequado que sua produção seja remetida aos determinismos teóricos do final do século XIX? É justo que se justifique o seu desempenho público a partir da ênfase no seu pessimismo?

Visto a partir da ambiência sociocultural, o desempenho de Capistrano de Abreu pode nos remeter a uma série de elementos reincidentes, que não se encontram nas particularidades da personalidade do historiador. Acham-se, sobretudo, no interior da relação difusa que se estabelece entre os intelectuais e os peculiares canais rarefeitos de divulgação de conhecimento existentes neste país.

Nesse sentido, a atualidade da trajetória de Capistrano de Abreu não se relaciona somente às questões que inaugurou – escolha de novas metodologias ou objetos de estudo –, mas sim na disposição dos problemas existentes no próprio circuito intelectual. Escrever para quê, para quem e de que forma? – são dúvidas que ainda se qualificam como pertinentes, quando remetidas ao interior da relação de estímulos e respostas cifradas, promovidas pela nossa atmosfera intelectual.

No caso específico de Capistrano de Abreu, a correspondência pode delinear uma ampla gama de aspectos, que não encontraram espaço de vazão pública na época em que o historiador viveu. Assim, um dos desdobramentos das cartas de Capistrano se remete ao fato de este ter sido um historiador que não encontrou meios de interlocução pública no contexto intelectual que o circundava.

E na medida em que o legado de Capistrano foi normalmente aprofundado a partir dos textos que publicou em vida, o melhor que o historiador tinha para dizer – bem como realizar – foi sistematicamente abandonado. Dessa maneira, o ideal dos primeiros editores de Capistrano de Abreu – aquele relacionado ao empenho em se publicar as cartas do historiador –, não conseguiu vingar. Capistrano de Abreu teve o seu percurso recomposto e interpretado pelas hostes intelectuais que, do ponto de vista privado, o historiador mais criticava e execrava.

Notas

Capítulo 1

[1] Monteiro Lobato, *A Barca de Gleyre*, São Paulo, Editora Brasiliense, 8ª edição, 1957.

[2] Frei Vicente do Salvador, *História do Brasil*, Rio de Janeiro, Tipografia Leuzinger & Filhos, 1889, 1ª edição e Frei Vicente do Salvador, *História do Brasil*, São Paulo, Weiszflog Irmãos, 1918, 2ª edição.

[3] *Primeira Visitação do Santo Ofício às Partes do Brasil pelo Licenciado Heitor Furtado de Mendonça, fidalgo del rei nosso senhor e do seu desembargo, deputado do Santo Ofício. Confissões da Bahia*, São Paulo, Homenagem de Paulo Prado, 1922.

[4] *Primeira Visitação do Santo Ofício às Partes do Brasil pelo Licenciado Heitor Furtado de Mendonça, capelão fidalgo del rei nosso senhor e do seu desembargo, deputado do Santo Ofício. Denunciações da Bahia*, São Paulo, Empresa Brasil Editora, 1925.

[5] Fernão Cardim, *Do Princípio e Origem dos Índios do Brasil e de seus Costumes e Adoração e Cerimônias*, Rio de Janeiro, Tipografia da Gazeta de Notícias, 1881.

[6] Capistrano de Abreu, artigos publicados no *Jornal do Comércio* de 24 de novembro de 1900 e de 24 de setembro de 1901.

[7] O historiador publicou essa descoberta no texto "Informações e Fragmentos Históricos do Padre Joseph de Anchieta, S. J. (1584-1586)", in *Materiais e Achegas para a História e Geografia do Brasil*, Rio de Janeiro, Imprensa Nacional, 1886.

[8] Capistrano de Abreu, *O descobrimento do Brasil e seu desenvolvimento no século XVI*, Rio de Janeiro, Leuzinger & Filhos, 1883.

[9] Capistrano de Abreu, *Os Capítulos de História Colonial*, Rio de Janeiro, Impressores M. Orosco & Cia, 1907.

[10] Capistrano de Abreu, *Rā-txa hu-ni-ku-i – A Língua dos Caxinauás do Rio Ibuaçú, Afluente do Murú, (Prefeitura de Tarauacá)*, Rio de Janeiro, Tipografia Leuzinger, 1914.

[11] As referências completas dos textos que constam das compilações se encontram no Anexo 2.

[12] Capistrano de Abreu, *Os Caminhos Antigos e Povoamento do Brasil*, Rio de Janeiro, Sociedade Capistrano de Abreu, Livraria Briguiet, 1930.

[13] Capistrano de Abreu, *Ensaios e Estudos (Crítica e História)*, 1ª série, Rio de Janeiro, Sociedade Capistrano de Abreu, Livraria Briguiet, 1931; *Ensaios e Estudos (Crítica e História)*, 2ª série, Rio de Janeiro, Sociedade Capistrano de Abreu, Livraria Briguiet, 1932; *Ensaios e Estudos (Crítica e História)*, 3ª série, Rio de Janeiro, Sociedade Capistrano de Abreu, Livraria Briguiet, 1938; *Ensaios e Estudos*, 4ª série, Rio de Janeiro, Civilização Brasileira, 1976.

[14] A relação completa dos destinatários e da quantidade de cartas de Capistrano de Abreu se encontra no Anexo 1.

[15] A relação completa da correspondência passiva de Capistrano de Abreu, bem como da quantidade de cartas também se encontra no Anexo 1.

[16] Capistrano de Abreu, *Correspondência de Capistrano de Abreu*, Rio de Janeiro, Instituto Nacional do Livro, 3 volumes, 1954-1956.

[17] Capistrano de Abreu, *Correspondência de Capistrano de Abreu*, Rio de Janeiro, Civilização Brasileira/MEC, 3 volumes, 2ª edição, 1977.

[18] Januário A. Carmo, *Bibliografia de Capistrano de Abreu*, Rio de Janeiro, Imprensa Nacional, 1942.

[19] Tancredo de Paiva, *Bibliografia Capistraneana*, São Paulo, Tipografia "Diário Oficial", 1931.

[20] Hélio Vianna, *Capistrano de Abreu: ensaio biobibliográfico*, Rio de Janeiro, MEC, Serviço de Documentação, 1955.

[21] José A. Saraiva Câmara, *Capistrano de Abreu: tentativa biobibliográfica*, Rio de Janeiro, Livraria José Olympio Editora, 1969.

[22] Pedro Gomes de Matos, *Capistrano de Abreu: vida e obra do grande historiador*, Fortaleza, Batista Fontinele, 1953.

[23] Alba C. Nascimento, *Capistrano de Abreu: o homem e a obra*, Rio de Janeiro, F. Briguiet, 1931.

[24] Raimundo de Menezes, *Capistrano de Abreu: um homem que estudou*, São Paulo, Edições Melhoramentos, 1956.

[25] E. de Castro Rebello, *Capistrano de Abreu e a síntese histórica*, Rio de Janeiro, Livraria São José, 1956.

[26] Virgílio Corrêa Filho, "Auto-retrato Capistraneano", separata da *Revista do Instituto Histórico e Geográfico Brasileiro*, Rio de Janeiro, vol. 227, abril-junho, 1955.

[27] José Honório Rodrigues, "Capistrano de Abreu e a historiografia brasileira", "Curso Capistrano de Abreu", *Revista do Instituto Histórico e Geográfico Brasileiro/ IHGB*, Rio de Janeiro, vol. 221, 1953, pp. 120-138.

[28] Barbosa Lima Sobrinho, "Capistrano de Abreu – Historiador", "Curso Capistrano de Abreu", *op. cit.*, pp. 67-91.

[29] Denise Bottmann, *Padrões explicativos da historiografia brasileira*, Curitiba, Aos Quatro Ventos, 1977.

[30] Stuart Schwartz, "A house built on sand: Capistrano de Abreu and the History of Brazil", Introdução, Capistrano de Abreu, *Chapters of Brazil's Colonial History*, New York, Oxford University Press, 2ª edição, 1998.

[31] Ricardo Benzaquen de Araújo, "Ronda noturna: narrativa, crítica e verdade em Capistrano de Abreu", *Estudos Históricos*, Rio de Janeiro, nº 1, 1988, pp. 28-54.

[32] Ronaldo Vainfas, "Capítulos de História Colonial", in Lourenço Dantas Mota (org.), *Introdução ao Brasil: um banquete nos trópicos*, São Paulo, Editora Senac, 1999.

[33] José Carlos Reis, *As Identidades do Brasil: de Varnhagen a FHC*, Rio de Janeiro, Fundação Getúlio Vargas Editora, 1999.

[34] Francisco Iglésias, *Historiadores do Brasil*, Rio de Janeiro, Nova Fronteira, Belo Horizonte, Editora UFMG, 2000.

[35] O "Curso Capistrano de Abreu" foi uma iniciativa do Instituto Histórico e Geográfico Brasileiro no sentido de comemorar o centenário de nascimento do historiador. Assim, em 1953, vários autores foram convidados a comentar aspectos da vida e da obra de Capistrano de Abreu. Uma reunião dessas aulas e conferências foi apresentada na *Revista do Instituto Histórico e Geográfico Brasileiro/ IHGB*, Rio de Janeiro, vol. 221, 1953, pp. 44-245.

[36] Alba C. Nascimento, *Capistrano de Abreu: o homem e a obra*, *op. cit.*

[37] Gustavo Barroso, "Capistrano de Abreu e a interpretação do Brasil", "Curso Capistrano de Abreu", *op. cit.*, pp. 92-101.

[38] Rodrigo Octávio Filho, "A vida de Capistrano de Abreu", "Curso Capistrano de Abreu", *op. cit.*, pp. 46-66.

[39] Vários autores, "Curso Capistrano de Abreu", *op. cit.*

[40] José Honório Rodrigues, "Capistrano de Abreu e a historiografia brasileira", *op. cit.*

[41] Hélio Vianna, *Capistrano de Abreu: ensaio biobibliográfico*, *op. cit.*

[42] Barbosa Lima Sobrinho, "Capistrano de Abreu – Historiador", "Curso Capistrano de Abreu", *op. cit.*

[43] Ronaldo Vainfas, "Capítulos de História Colonial", in Lourenço Dantas Mota (org.), *Introdução ao Brasil: um banquete nos trópicos*, *op. cit.*

[44] Denise Bottmann, *Padrões explicativos da historiografia brasileira*, *op. cit.*

[45] Ricardo Benzaquen de Araújo, "Ronda noturna: narrativa, crítica e verdade em Capistrano de Abreu", *Estudos Históricos*, *op. cit.*

[46] Alice Canabrava, "Apontamentos sobre Varnhagen e Capistrano", *Revista de História*, São Paulo, USP, 18 (88), outubro-dezembro, 1971, pp. 417-424.
[47] Fernando Novais, Prefácio à edição norte-americana de *Capítulos de História Colonial*, op. cit.
[48] Laura de Mello e Souza, "Aspectos da historiografia da cultura sobre o Brasil colonial" in Marcos Cezar de Freitas (org.), *Historiografia brasileira em perspectiva*, São Paulo, Editora Contexto, USF, 1998.
[49] Nilo Odália, *As Formas do Mesmo: ensaios sobre o pensamento historiográfico de Varnhagen e Oliveira Vianna*. São Paulo, Editora Unesp, 1997.
[50] Impressas na *Revista da Academia Brasileira de Letras*, nos 118-120, em 1931.
[51] Publicadas no boletim nº 6 da *Revista do Instituto do Ceará*, em 1942.
[52] Capistrano de Abreu, *Cartas a Lino de Assumpção*, prefaciadas e organizadas por Luís Silveira, Lisboa, Oficina Gráfica, 1946.
[53] Vinham sendo publicadas no *Jornal do Comércio* nas proximidades da comemoração do centenário de nascimento de Capistrano de Abreu, em 1953.
[54] Eugênio de Castro, *Diário de Pero Lopes de Souza*, Rio de Janeiro, Tipografia Leuzinger, 1927.
[55] Hélio Vianna, *Capistrano de Abreu: ensaio biobibliográfico*, op. cit.
[56] Barbosa Lima Sobrinho, "Capistrano de Abreu – Historiador", "Curso Capistrano de Abreu", op. cit.
[57] Mozart Monteiro, "Curso Capistrano de Abreu", "Curso Capistrano de Abreu", op. cit., p. 151-181.
[58] José Honório Rodrigues, "Capistrano de Abreu e a historiografia brasileira", "Curso Capistrano de Abreu", op. cit., pp. 120-138
[59] João Cruz Costa, "Correspondência de Capistrano de Abreu", *Revista de História*, VI (21-22), jan./jun., 1955, São Paulo, USP, pp. 541-543.
[60] Pedro Moacyr Campos, "Esboço de Historiografia Brasileira" in Jean Glénisson, *Iniciação aos Estudos Históricos*, São Paulo, DIFEL, 1961, pp. 273-287.
[61] João Cruz Costa, "Correspondência de Capistrano de Abreu", op. cit., p. 541.
[62] Pedro Moacyr Campos, "Esboço de Historiografia Brasileira", op. cit., p. 276.
[63] Francisco Iglésias, *Historiadores do Brasil*, op. cit.
[64] *Idem*, p. 123.
[65] Virgílio Corrêa Filho, "Auto-retrato Capistraneano", separata da *Revista do Instituto, Histórico e Geográfico Brasileiro*, vol. 227, abril-junho, 1955.
[66] Januário Pinto do Carmo, *Bibliografia de Capistrano de Abreu*, op. cit.
[67] *Idem*, pp. 27, 28.
[68] Gustavo Barroso, "Capistrano de Abreu e a interpretação do Brasil", op. cit., pp. 92-101.

[69] *Idem*, p. 96.
[70] *Idem*, p. 97.
[71] *Idem*, p. 97.
[72] Mozart Monteiro, "Curso Capistrano de Abreu, *op. cit.*, pp. 171-175.
[73] "Por que não escreveu Capistrano de Abreu uma *História do Brasil?*" é uma das seções do livro *Capistrano de Abreu: ensaio biobibliográfico* de Hélio Vianna, *op. cit.*
[74] "Poderia ter sido maior a contribuição de Capistrano, mas não nos parece que tenha sido pequena" é um juízo emitido por Honório Rodrigues no texto "Capistrano de Abreu e a historiografia brasileira", "Curso Capistrano de Abreu", *op. cit.*, p. 136.
[75] Francisco Iglésias, *Historiadores do Brasil*, *op. cit.*, p. 123.
[76] *Idem*, pp. 123-124.
[77] Nilo Odália, *As Formas do Mesmo: ensaios sobre o pensamento historiográfico de Varnhagen e Oliveira Vianna*, *op. cit.*, pp. 15-16.
[78] Denise Bottmann, *Padrões Explicativos da Historiografia Brasileira*, *op. cit.*
[79] *Idem*, p. 3.
[80] *Idem*, p. 20.
[81] Pedro Moacyr Campos, "Esboço de Historiografia Brasileira", *op. cit.*, p. 276.
[82] *Idem, ibidem.*
[83] *Idem, ibidem.*
[84] *Idem*, pp. 276-277.
[85] Pedro Moacyr Campos, "Esboço de Historiografia Brasileira", *op. cit.*, p. 283.
[86] *Idem*, p. 285.
[87] *Idem*, p. 283.
[88] Alice Canabrava, "Apontamentos sobre Varnhagen e Capistrano", *op. cit.*
[89] *Idem*, pp.423-424.
[90] Fernando Novais, Prefácio à edição norte-americana de *Capítulos de História Colonial*, *op. cit.*
[91] Capistrano de Abreu, "Necrológio de Francisco Adolpho de Varnhagen, Visconde de Porto Seguro" publicado no *Jornal do Comércio* de 16 e 20 de dezembro de 1878 e reproduzido no *Appenso à História Geral do Brasil*, de Varnhagen, tomo I, pp. 502-508, 4ª edição in Capistrano de Abreu, *Ensaios e Estudos (Crítica e História)*, 1ª série, *op. cit.*, pp. 81-91.
[92] "Abreu não somente sugeriu diferentes temas; ele se debateu pela superação de uma história factual em direção a uma história mais ampla, para além de uma estrita narrativa histórica, e escreveu uma história que, ainda narrativa, poderia também ser explicativa ou, ao menos, compreensiva", Fernando Novais, Prefácio à edição norte-americana de *Capítulos de História Colonial*, *op. cit*, p. xiv.

[93] "Abreu abriu o caminho para o que pode ser chamado de historiografia brasileira moderna, que iniciou-se na década de 30." *Idem, ibidem*.

[94] "Capistrano de Abreu construiu uma ponte entre a primeira (IHGB) e a terceira (universidade) fases da historiografia brasileira. Essa ponte impediu uma quebra de continuidade. Este é o significado de seu trabalho e de sua atividade, em tudo o que ele apresentou de grande e de deficiente", *Idem, ibidem*.

[95] Caso único de estudo voltado para a exploração dos trabalhos de Capistrano sobre os bacairis e kaxinawás foi o texto de Marta Rosa Amoroso, intitulado "Capistrano de Abreu e os índios" e que foi publicado em *Política e Cultura: visões do passado e perspectivas contemporâneas*, obra organizada por Elisa Reis, Maria Hermínia Tavares de Almeida e Peter Fry, São Paulo, Hucitec – ANPOCS, 1996, pp. 182-196. Não por acaso, a análise foi operada por uma antropóloga.

[96] Capistrano de Abreu, "Os Bacaeris" in *Revista Brasileira*, ano 1, tomos III e IV, 1895.

[97] Campo de estudo que visa vistoriar as práticas intelectuais que não se tornaram públicas. Faz parte desse itinerário, observar as possíveis vazões da prática intelectual, bem como onde se processavam. Nesse tipo de orientação, a correspondência cumpre um papel de inestimável importância, uma vez que se tratam dos poucos casos de documentos privados escritos. Assemelharia-se à prática epistolar, por exemplo, os diários.

[98] "A correspondência pode ser um instrumento maior de aproximação às sociabilidades intelectuais por ao menos, três razões. Em primeiro lugar, ela é uma das raras fontes escritas sobre um modo de relações dominado pela palavra e pela oralidade. Em segundo lugar, ela possui um estatuto de narrativa pessoal, próximo da auto-biografia ou do diário e, diferentemente dos textos destinados à publicação, é isto que lhe confere autenticidade, em virtude da qual, os bastidores do texto tem por função explicar qual era a ante-cena, o íntimo que dá conta do que foi exprimido. Enfim, a correspondência se constitui por ela mesma, um espaço de sociabilidade, espaço privado certamente, em oposição aos espaços públicos como as revistas, os colóquios ou os manifestos, mas também espaço de troca, não somente entre pessoas, mas entre comportamentos individuais e regras impostas do exterior, códigos sociais e normas de escrita." Michel Trebitsch, "Correspondances d'intelectuels: les cas des lettres d'Henri Lefebvre à Norbert Guterman (1935 – 1947)", *in* "Sociabilites Intellectuelles: lieux, milieux reseaux", *Les Cahiers de L'IHTP*, sous la direction de Nicole Racine et Michel Trebitsch, n° 20, mars 1992, Paris, CNRS, p. 82.

[99] Existem casos não cobertos por essa afirmação. Monteiro Lobato, por exemplo, já manifestava nas próprias cartas que enviava a Godofredo Rangel, a intenção de publicar a correspondência mantida com o amigo. E, numa carta enviada no dia 15

de setembro de 1943, apontava a Rangel: "Achei ótima a idéia de você mesmo bater na máquina as tuas cartas. Farei isso às minhas, e assim as depuraremos dos gatos, do bagaço, das inconveniências. Deixaremos só o bom – como as canas de chupar que a gente atora a ponta e o pé". De fato, essa carta pode ser lida na página 354, de *A Barca de Gleyre*, obra que foi organizada e publicada pelo próprio Lobato pela Editora Brasiliense, São Paulo, no ano de 1957, pela edição que consultamos.

[100] "Este duplo estatuto de fonte e objeto de estudo é, por outro lado, uma dificuldade. Na medida em que a correspondência é, por si própria, um ato de sociabilidade, ela se introduz, como nos mostra Roger Chartier, numa prática social mais ampla, distanciando-se de uma ordem somente privada, e tende, ao contrário, a interpenetrar as esferas privadas e públicas." Michel Trebitsch, "Correspondances d'intelectuels: les cas des lettres d'Henri Lefebvre à Norbert Guterman (1935 – 1947)", *op. cit*, p. 82.

[101] Capistrano de Abreu, *Correspondência de Capistrano de Abreu*, vol. 2, *op. cit*, pp. 9-385.

[102] *Idem*, pp. 386-485.

[103] Capistrano de Abreu, *Correspondência de Capistrano de Abreu*, vol. 1, *op. cit*, pp. 201-260.

[104] *Idem*, pp. 274-350.

Capítulo 2

[1] Capistrano de Abreu, *Correspondência de Capistrano de Abreu*, vol. 2, *op. cit.*, p. 326.

[2] Guilherme Studart, *Dicionário Bio-Bibliográfico*, Fortaleza, tip. lit. a vapor, 1910.

[3] Carta a Guilherme Studart, datada de 18 de agosto de 1901, Capistrano de Abreu, *Correspondência de Capistrano de Abreu*, vol. 1, *op. cit.*, p. 151.

[4] Capistrano publicou "O descobrimento do Brasil. Povoamento do solo. Evolução social" no *Livro do Centenário (1500-1900)*, publicado pela Associação do Quarto Centenário do Descobrimento do Brasil, Rio de Janeiro, 1900, pp. 191-286.

[5] Carta a Guilherme Studart, datada de 18 de agosto de 1901, Capistrano de Abreu, *Correspondência de Capistrano de Abreu*, vol. 1, *op. cit.*, p. 152.

[6] *Idem, ibidem*.

[7] Carta a Guilherme Studart datada de 21 de setembro de 1901, Capistrano de Abreu, *Correspondência de Capistrano de Abreu*, *op. cit.*, p. 152.

[8] Carta de Capistrano para Guilherme Studart, datada de 2 de janeiro de 1906, Capistrano de Abreu, *Correspondência de Capistrano de Abreu*, vol. 1, *op. cit.*, p. 172.

[9] Giovanni Levi, "Usos da biografia", in Marieta de Moraes Ferreira e Janaína Amado (orgs.), *Usos & Abusos da História Oral*, Rio de Janeiro, Fundação Getúlio Vargas, 1996, p. 169.
[10] *Idem, ibidem*.
[11] Pierre Bourdieu, "A ilusão biográfica", in Marieta de Moraes Ferreira e Janaína Amado (orgs.), *Usos & Abusos da História Oral, op. cit.*
[12] *Idem*, p. 183.
[13] Giovanni Levi, "Usos da biografia", *op. cit.*, p. 182.
[14] Tendo em mente que o *campo* seria a estrutura externa que, num sentido, forneceria os limites das atuações dos sujeitos, e o *habitus*, a interiorização dessa estrutura, a história intelectual visaria o estudo das manifestações teóricas dos pensadores concomitantemente com o próprio período em que viveram e produziram suas idéias e conceitos. Esse tipo de orientação, contemplado pelos estudos de Pierre Bourdieu, não nos guiou na elaboração deste texto biográfico.
[15] Pierre Bourdieu, "A ilusão biográfica", *op. cit.*, pp. 190, 191.
[16] Rodrigo Otávio Filho, "A vida de Capistrano de Abreu" in "Curso Capistrano de Abreu", *op. cit.*, p. 48.
[17] Barbosa Lima Sobrinho, "Capistrano de Abreu – Historiador" in "Curso Capistrano de Abreu", *op. cit.*, p. 86.
[18] Alba Canizares Nascimento, *Capistrano de Abreu: o homem e a obra, op. cit.*
[19] Tancredo de Paiva, *Bibliografia Capistraneana, op. cit.*
[20] Januário Pinto do Carmo, *Bibliografia de Capistrano de Abreu, op. cit.*
[21] *Idem*, p. 32.
[22] Barbosa Lima Rodrigues, "Capistrano de Abreu – Historiador", *op. cit.*
[23] José Honório Rodrigues, "Capistrano de Abreu e a Historiografia Brasileira", *op. cit.*
[24] Raimundo de Menezes, *Capistrano de Abreu: um homem que estudou, op. cit.*
[25] Pedro Gomes de Matos, *Capistrano de Abreu: vida e obra do grande historiador, op. cit.*
[26] Hélio Vianna, *Capistrano de Abreu: ensaio biobliográfico, op. cit.*
[27] Esse concurso fora instituído pela lei nº 1.896, de 2 de julho de 1953.
[28] José Aurélio Saraiva Câmara, *Capistrano de Abreu: tentativa biobibliográfica, op. cit.*
[29] Capistrano de Abreu, *O descobrimento do Brasil e seu desenvolvimento no século XVI, op. cit.*
[30] Capistrano de Abreu, *Capítulos de História Colonial, op. cit.*
[31] Capistrano de Abreu, *Rã-txa hu-ni-ku-i – A Língua dos Caxinauás do Rio Ibuaçú, Afluente do Murú (Prefeitura de Tarauacá), op. cit.*

[32] As referências completas dos textos que compõem as compilações se encontram no Anexo 2.
[33] Capistrano de Abreu, *Caminhos Antigos e Povoamento do Brasil*, op. cit.
[34] Capistrano de Abreu, *Ensaios e Estudos (Crítica e História)*, 1ª série, op.cit.; *Ensaios e Estudos (Crítica e História)*, 2ª série, op. cit.; *Ensaios e Estudos (Crítica e História)*, 3ª série, op. cit.; *Ensaios e Estudos*, 4ª série, op. cit.
[35] Brito Broca, *Naturalistas, Parnasianos e Decadistas: Vida Literária do Realismo ao Pré-Modernismo*, Campinas, Editora da Unicamp, 1991, p. 174.
[36] Essa informação, bem como outras sobre a fase em que Capistrano de Abreu ainda vivia no Ceará, devemos à leitura de *Capistrano de Abreu: tentativa biobibliográfica*, de José Aurélio Saraiva Câmara, op. cit. Pareceu-nos o melhor trabalho biográfico acerca de Capistrano e isto pelo autor ter se debruçado sobre o que até então já havia sido dito sobre o historiador, além de apresentar uma ampla gama de fontes, sempre trabalhadas criticamente.
[37] Eugênio de Castro Rebello, "Capistrano de Abreu", "Curso Capistrano de Abreu", op. cit., p. 204.
[38] O padre Braveza, além de ter realizado a missa do casamento dos pais de Capistrano, batizou-o e estava no Rio de Janeiro quando da chegada do autor em 1875. Consta também entre as biografias de Capistrano de Abreu, a partir daquela publicada por Pedro Gomes de Matos, que o padre Braveza, na época em que era diretor do Colégio dos Educandos, teria enviado um bilhete para a família de Capistrano com os seguintes dizeres: "A comadre tem-se descuidado muito da educação cristã do João, que nem sequer sabe fazer o sinal da cruz". Eugênio de Castro Rebello, "Capistrano de Abreu", "Curso Capistrano de Abreu, op. cit., p. 205.
[39] Guilherme Studart, o Barão de Studart, seria interlocutor de Capistrano nos assuntos referentes à história do Ceará, campo a que se dedicou ao longo de sua vida. Rocha Lima, Xilderico de Farias e Tomás Pompeu seriam próximos de Capistrano no período da Academia Francesa do Ceará. Rocha Lima, em especial, mereceu de Capistrano um prefácio quando do lançamento póstumo de uma série de suas poesias no livro *Crítica e Literatura*, publicado em 1878.
[40] Citado por Eugênio de Castro Rebello, "Capistrano de Abreu", "Curso Capistrano de Abreu, op. cit., p. 205.
[41] Barbosa Lima Sobrinho, "Capistrano de Abreu – Historiador", "Curso Capistrano de Abreu", op. cit., p. 69.
[42] José Aurélio Saraiva Câmara, *Capistrano de Abreu: tentativa biobibliográfica*, op. cit., pp. 54, 55.

[43] Capistrano de Abreu, "Raimundo da Rocha Lima", prefácio à *Crítica e Literatura*, 1878 in Capistrano de Abreu, *Ensaios e Estudos (Crítica e História)*, 1ª série, op. cit., p.77.

[44] Capistrano de Abreu, "A Literatura Brasileira Contemporânea", jornal *O Globo*, Rio de Janeiro, dias 29 e 30 de novembro e 5 e 18 de dezembro de 1875 in Capistrano de Abreu, *Ensaios e Estudos (Crítica e História)*, 1ª série, op. cit., pp. 35-70.

[45] Capistrano de Abreu, "Perfis Juvenis", semanário *Maranguapense*, Fortaleza, 3, 4, 14 e 22 de junho e 9 e 16 de agosto de 1874.

[46] Capistrano de Abreu, "A Literatura Brasileira Contemporânea", op. cit.

[47] Idem, p. 37.

[48] Desde o lançamento da biografia de Capistrano de Abreu realizada por Pedro Gomes de Matos, em 1953, tornou-se comum levar em consideração uma informação que relaciona a vocação de Capistrano para os estudos históricos com a figura do coronel Sombra. Diz-se que Capistrano teria oferecido um exemplar de sua tese de acesso ao Colégio Pedro II a Sombra com a seguinte dedicatória: "Ao Coronel Sombra, que me fez historiador". Barbosa Lima Sobrinho, "Capistrano de Abreu – Historiador", op. cit., p. 70.

[49] Sílvio Romero, *Apontamentos para a história da literatura brasileira no século XIX – A literatura brasileira e a crítica moderna. Ensaio de generalização*, Rio de Janeiro, Imprensa Industrial de João Paulo Ferreira Dias, 1880.

[50] Capistrano de Abreu, "História Pátria", textos publicados na *Gazeta de Notícias* nos dias 9, 10 e 13 de março de 1880 in Capistrano de Abreu, *Ensaios e Estudos (Crítica e História)*, 3ª série, op. cit., p. 123.

[51] Capistrano de Abreu, "Raimundo da Rocha Lima", prefácio à *Crítica e Literatura* in Capistrano de Abreu, *Ensaios e Estudos (Crítica e História)*, 1ª série, op. cit., p. 78.

[52] Januário Pinto do Carmo, *Bibliografia de Capistrano de Abreu*, op. cit., p. 24.

[53] Brito Broca, *Naturalistas, Parnasianos e Decadistas: Vida Literária do Realismo ao Pré-Modernismo*, op. cit., p. 230.

[54] Capistrano de Abreu, "Necrológio de Francisco Adolpho de Varnhagen, Visconde de Porto Seguro" publicado no *Jornal do Comércio* de 16 e 20 de dezembro de 1878 e reproduzido no *Appenso à História Geral do Brasil*, de Varnhagen, tomo I, pp. 502-508, 4ª edição in Capistrano de Abreu, *Ensaios e Estudos (Crítica e História)*, 1ª série, op. cit., pp. 81-91

[55] José Honório Rodrigues, "Capistrano de Abreu e a Historiografia Brasileira", op. cit., p. 121.

[56] Capistrano de Abreu, "Necrológio de Francisco Adolpho de Varnhagen, Visconde de Porto Seguro", op. cit., p. 82

[57] Capistrano de Abreu, "Sobre o Visconde de Porto Seguro", publicado primeiramente na *Gazeta de Notícias* do Rio de Janeiro, de 21, 22 e 23 de

novembro de 1882 e reproduzido em *Appenso à História Geral* de Varnhagen, tomo III, pp. 435-444, 3ª edição *in* Capistrano de Abreu, *Ensaios e Estudos (Crítica e História)*, 1ª série, *op. cit.*, pp. 131-147.

[58] *Idem*, p. 140.

[59] *Idem*, p. 145.

[60] *Idem, ibidem.*

[61] O primeiro volume dessa obra foi publicado pela Laemmert & Cia., mas é provável que tenha sido impresso na Companhia Tipográfica do Brasil. Nesse sentido, concordam Tancredo de Barros Paiva (*Bibliografia Capistraneana, op. cit.*, 1931, p. 18) e Hélio Vianna (*Capistrano de Abreu: Ensaio Biobibliográfico, op. cit.*, 1955, p. 39). Em carta de Capistrano enviada para Ramos Paz e datada de 21 de setembro de 1907, o historiador apontava que tinha mais tempo para aguardar documentos que havia pedido a Paz, por conta do incêndio na Laemmert.(Capistrano de Abreu, *Correspondência de Capistrano de Abreu*, vol. 1, *op. cit.*, p. 27). Como, de fato, o incêndio na Livraria Laemmert somente ocorreu em 1909, acreditamos que a *História Geral* de Varnhagen tenha sido impressa na casa tipográfica citada por Tancredo de Paiva e Hélio Vianna.

[62] Capistrano de Abreu, "Prefácio à *História do Brasil* de Frei Vicente do Salvador", *Ensaios e Estudos (Crítica e História)*, 2ª série, *op. cit.*, pp. 112-113.

[63] Frei Vicente do Salvador, *História do Brasil, op. cit.*

[64] João Maria da Gama Berquó fora o professor substituto que sucedeu a Joaquim Manuel de Macedo; ocupou interinamente a cátedra até a escolha do novo lente.

[65] Carta de Capistrano de Abreu para Raul Pompéia, datada de 24 de julho de 1884. Capistrano de Abreu, *Correspondência de Capistrano de Abreu*, vol. 1, *op. cit.*, p. 54.

[66] Karl von Koseritz, *Imagens do Brasil*, São Paulo, Martins, 1943, p. 110.

[67] Carta de Capistrano de Abreu para Antonio Joaquim Macedo Soares, não datada, mas que, pelo assunto, permite que a situemos no ano de 1883. *Correspondência de Capistrano de Abreu*, vol. 3, *op. cit.*, p. 1.

[68] Ver Anexo II.

[69] Capistrano de Abreu, artigo para a *Gazeta de Notícias*, 29 de abril de 1880, apud *Ensaios e Estudos*, 4ª série, *op. cit.*, pp. 131-134.

[70] Capistrano de Abreu, artigo para a *Gazeta de Notícias*, 17 de julho de 1880, apud *Ensaios e Estudos*, 4ª série, *op. cit.*, pp. 135-136. Nesse volume dos *Ensaios e Estudos*, José Honório datou esse artigo como sendo de abril e o outro, que o antecedeu em nosso texto, como sendo de julho. Acreditamos que, pelas menções de Capistrano, tenha havido um equívoco por parte de Honório Rodrigues.

[71] Como também entendeu José Honório Rodrigues em seu texto "Capistrano de Abreu e a Historiografia Brasileira", "Curso Capistrano de Abreu", op. cit., pp. 122-123.

[72] Capistrano de Abreu, artigo para a *Gazeta de Notícias*, 17 de julho de 1880, apud *Ensaios e Estudos*, 4ª série, op. cit., p, pp. 138-139.

[73] O Colégio Pedro II teve seu nome alterado para Ginásio Nacional logo após a proclamação da República; posteriormente retomou a sua antiga denominação.

[74] Carta de Capistrano de Abreu para Domingos Jaguaribe, datada de 19 de março de 1899, Capistrano de Abreu, *Correspondência de Capistrano de Abreu*, vol. 1, op. cit., p. 32.

[75] As obras traduzidas por Capistrano de Abreu foram: J.E. Wappaeus, *A geografia física do Brasil*, Rio de Janeiro, Tipografia Leuzinger & Filhos, 1884; Herbert H. Smith, *Viagem pelo Brasil – do Rio de Janeiro à Cuiabá. Notas de um naturalista*, Rio de Janeiro, Tipografia da *Gazeta de Notícias*, 1886; A. W. Sellin, *Geografia Geral do Brasil*, Rio de Janeiro, Livraria Clássica de Alves & Cia., 1889; Paulo Ehrenreich, "Divisão e distribuição das tribos no Brasil, segundo o estado atual dos nossos conhecimentos", *Revista da Sociedade de Geografia do Rio de Janeiro*, Rio de Janeiro, tomo VIII, 1º Boletim, 1892, pp. 3-55; Sophus Ruge, *Colombo e o quarto centenário do descobrimento de um novo mundo*, Rio de Janeiro, Laemmert & C, 1892; Emílio Augusto Goeldi, *Os mamíferos do Brasil*, Rio de Janeiro, Livraria Clássica, 1893; Emílio Augusto Goeldi, *As aves do Brasil*, Rio de Janeiro, Livraria Clássica de Alves & Cia., 1894; Edmundo Biernacki, *Medicina Moderna: gênio e limites do saber médico*, Laemmert & Cia., 1903; Alfred Kirchoff, *O homem e a terra: esboço das correlações entre ambos*, Rio de Janeiro, Laemmert & Cia., 1902; Fred Katzer, "Paisagem do Ceará", *Revista trimestral do Instituto do Ceará*, Fortaleza, tomo XVII, pp. 291-298; Emílio Augusto Goeldi, "O clima do Pará", *Jornal do Comércio*, Rio de Janeiro, 13 e 20 de janeiro de 1903; Paulo Ehrenreich, "A etnografia da América do Sul ao começar o século XX", *Revista do Instituto Histórico de São Paulo*, São Paulo, vol. XI, 1906, pp. 280-305; Paulo Ehrenreich, *Etnografia selvagem*", *Almanaque Brasileiro Garnier*, Rio de Janeiro, 1907, pp. 79-98;

[76] Capistrano de Abreu, *Capítulos de História Colonial*, op. cit.

[77] Carta de Capistrano de Abreu para Ramos Paz, datada de 2 de janeiro de 1906, Capistrano de Abreu, *Correspondência de Capistrano de Abreu*, vol. 1, op. cit. p. 26.

[78] Carta de Capistrano de Abreu para Guilherme Studart, datada de 28 de outubro de 1903, Capistrano de Abreu, *Correspondência de Capistrano de Abreu*, vol. 1, op. cit., p. 162.

[79] Carta de Capistrano de Abreu para Guilherme Studart, datada de 7 de janeiro de 1907, Capistrano de Abreu, *Correspondência de Capistrano de Abreu*, vol. 1, *op. cit.*, p. 178.

[80] Carta de Capistrano de Abreu para João Lúcio de Azevedo, datada de 17 de novembro de 1917, *Correspondência de Capistrano de Abreu*, vol. 2, *op. cit.*, p. 74.

[81] Carta de Capistrano de Abreu para João Lúcio de Azevedo, datada de 1º de abril de 1918, *Correspondência de Capistrano de Abreu*, vol. 2, *op. cit.*, pp. 88-90.

[82] *Primeira Visitação do Santo Ofício às Partes do Brasil pelo Licenciado Heitor Furtado de Mendonça, fidalgo del rei nosso senhor e do seu desembargo, deputado do Santo Ofício. Confissões da Bahia*, *op. cit.*

[83] *Primeira Visitação do Santo Ofício às Partes do Brasil pelo Licenciado Heitor Furtado de Mendonça, capelão fidalgo del rei nosso senhor e do seu desembargo, deputado do Santo Ofício. Denunciações da Bahia*, *op. cit.*

[84] Claude d'Abbeville, *História da Missão dos Padres Capuchinhos na Ilha do Maranhão*, *op. cit.*

[85] Eugênio de Castro, *Diário de Pero Lopes de Souza: 1530-1532*, Rio de Janeiro, Tipografia Leuzinger, 1927.

[86] Carta de Capistrano de Abreu para Guilherme Studart, Capistrano de Abreu, *Correspondência de Capistrano de Abreu*, vol. 1, *op. cit*, pp. 144-145.

[87] Capistrano de Abreu, "Os Bacaeris", *Ensaios e Estudos*, 3ª série, *op. cit.*, pp. 219-274.

[88] Capistrano de Abreu, *Rã-txa hu-ni-ku-i – A Língua dos Caxinauás do Rio Ibuaçú, Afluente do Murú*, (Prefeitura de Tarauacá), *op. cit.*

[89] Carta de Capistrano de Abreu para João Lúcio de Azevedo, datada de 19 de março de 1917, Capistrano de Abreu, *Correspondência de Capistrano de Abreu*, vol. 2, *op. cit*, pp. 36, 37.

[90] Carta de Capistrano de Abreu para João Lúcio de Azevedo, datada de 7 de março de 1919, Capistrano de Abreu, *Correspondência de Capistrano de Abreu*, vol. 2, *op. cit*, p. 114

[91] É comum que as biografias de Capistrano de Abreu se remetam ao péssimo aspecto da casa onde o historiador passou seus últimos anos de vida. Rodrigo Otávio Filho, por exemplo, narrou o seguinte: "E o quarto em que Capistrano trabalhava? Nele vivia, sentado na rede, de dolman cáqui e descalço. Pouco se levantava. Mas quando isso acontecia, a tragédia estava em encontrar o par de chinelos, perdido pelo chão, naquele chão que não via vassoura ou pano molhado, coalhado de jornais velhos e revistas, livros grandes e pequenos, garrafas vazias e tudo mais que se possa imaginar um espírito criador de coisas incríveis, indescritíveis

e estapafúrdias!". Rodrigo Otávio Filho, "A vida de Capistrano de Abreu" in "Curso Capistrano de Abreu", *op. cit.*, p. 59.

[92] Humberto de Campos, apud Rodrigo Octávio Filho, "A vida de Capistrano de Abreu", "Curso Capistrano de Abreu", *op. cit.*, p. 65.

Capítulo 3

[1] Capistrano de Abreu, *Correspondência de Capistrano de Abreu*, vol. 1, *op. cit.*, p. 251.

[2] Carta para João Lúcio de Azevedo, datada de 24 de julho de 1920, Capistrano de Abreu, *Correspondência de Capistrano de Abreu*, vol. 2, *op. cit.*, p. 168.

[3] Esse problema aludido por Capistrano, é tratado no próximo capítulo deste livro.

[4] Carta de Capistrano para João Lúcio de Azevedo, datada de 24 de julho de 1920, Capistrano de Abreu, *Correspondência de Capistrano de Abreu*, vol. 2, *op. cit.*, p. 168.

[5] Carta de Capistrano para João Lúcio de Azevedo, datada de 4 de agosto de 1920, Capistrano de Abreu, *Correspondência de Capistrano de Abreu*, vol. 2, *op. cit.*, p 172.

[6] Gigante de Pedra era o nome que Capistrano dava ao Corcovado, no Rio de Janeiro. *Idem, ibidem.*

[7] Capistrano de Abreu, "Dois Depoimentos", *Jornal do Comércio* de 25 de dezembro de 1911 e de 7 e 14 de janeiro de 1912. Consta também dos *Ensaios e Estudos (Crítica e História)*, 3ª série, *op. cit.*, pp. 200-250.

[8] Carta de Capistrano de Abreu para Luís Sombra, datada de 22 de outubro de 1912, Capistrano de Abreu, *Correspondência de Capistrano de Abreu*, vol. 3, *op. cit.*, p. 26.

[9] Carta de Capistrano para João Lúcio de Azevedo, datada de 17 de setembro de 1923, Capistrano de Abreu, *Correspondência de Capistrano de Abreu*, vol. 2, *op. cit.*, p. 280.

[10] Artigo 1º dos Estatutos da Sociedade Capistrano de Abreu. Ver anexo 3.

[11] Carta de Capistrano de Abreu para João P. Calógeras, datada do dia do Corpo de Deus de 1923, Capistrano de Abreu, *Correspondência de Capistrano de Abreu*, vol. 1, *op. cit.*, pp. 407, 408.

[12] Capistrano de Abreu, *O descobrimento do Brasil e seu desenvolvimento no Século XVI, op. cit.*

[13] Capistrano de Abreu, *Capítulos de História Colonial, op. cit.*

[14] Capistrano de Abreu, *Rã-txa hu-ni-ku-i – A Língua dos Caxinauás do Rio Ibuaçú, Afluente do Murú, (Prefeitura de Tarauacá), op. cit.*

[15] Capistrano de Abreu, *Ensaios e Estudos*, 4ª série, *op. cit.*

[16] Capistrano de Abreu, *Correspondência de Capistrano de Abreu*, Rio de Janeiro, Instituto Nacional do Livro, 3 volumes, 1954-1956. *op. cit* e Capistrano de Abreu,

Correspondência de Capistrano de Abreu, Rio de Janeiro, Civilização Brasileira/MEC, 3 volumes, 2ª edição, 1977, op. cit.

[17] Como pode ser visto nas citações relacionadas às biografias de Capistrano dispostas no capítulo anterior.

[18] Ver Anexo 3.

[19] Capistrano de Abreu, *Capítulos de História Colonial (1500-1800)*, Rio de Janeiro, Tipografia Leuzinger, 1928.

[20] Capistrano de Abreu, *O Descobrimento do Brasil*, Rio de Janeiro, Livraria Briguiet, 1929.

[21] Capistrano de Abreu, *Caminhos Antigos e Povoamento do Brasil*, Rio de Janeiro, Livraria Briguiet, 1930.

[22] Capistrano de Abreu, *Ensaios e Estudos (Crítica e História)*, 1ª série, Rio de Janeiro, Sociedade Capistrano de Abreu, Livraria Briguiet, 1931.

[23] Capistrano de Abreu, *Ensaios e Estudos (Crítica e História)*, 2ª série, Rio de Janeiro, Sociedade Capistrano de Abreu, Livraria Briguiet, 1932.

[24] Capistrano de Abreu, *Capítulos de História Colonial*, Rio de Janeiro, Livraria Briguiet, 3ª edição, 1934.

[25] *Primeira Visitação do Santo Ofício às Partes do Brasil pelo Licenciado Heitor Furtado de Mendonça, fidalgo del rei nosso senhor e do seu desembargo, deputado do Santo Ofício. Confissões da Bahia*, Rio de Janeiro, Livraria Briguiet, 2ª edição, 1935.

[26] Capistrano de Abreu, *Ensaios e Estudos (Crítica e História)*, 3ª série, Rio de Janeiro, Sociedade Capistrano de Abreu, Livraria Briguiet, 1938.

[27] Capistrano de Abreu, *Rã-txa hu-ni-ku-i – A Língua dos Caxinauás do Rio Ibuaçú, Afluente do Murú, (Prefeitura de Tarauacá)*, Rio de Janeiro, Livraria Briguiet, 1941.

[28] Capistrano de Abreu, *Capítulos de História Colonial (1500-1800)*, Rio de Janeiro, Livraria Briguiet, 4ª edição, 1954.

[29] Capistrano de Abreu, *Caminhos Antigos e Povoamento do Brasil*, Rio de Janeiro, Livraria Briguiet, 1960.

[30] Antonio de Alcântara Machado, *Anchieta na Capitania de S. Vicente*, Rio de Janeiro, Livraria Briguiet, 1929.

[31] Francisco de Assis Carvalho Franco, *Os Companheiros de D. Francisco de Souza*, Rio de Janeiro, Livraria Briguiet, 1929.

[32] Ambas as editoras são tratadas no próximo capítulo deste livro.

[33] Caso específico dos três primeiros lançamentos da Sociedade Capistrano de Abreu, *Capítulos de História Colonial, O Descobrimento do Brasil e Ensaios e Estudos, 1ª série, op. cit.*

[34] Os premiados, por exemplo, de 1928 foram Antonio de Alcântara Machado, pela obra *Anchieta na Capitania de S. Vicente* e Francisco de Assis Carvalho Franco, por *Os Companheiros de D. Francisco de Souza*. Em 1935, foi a vez de Luiz Flores de Moraes Rego com *O Vale do São Francisco*, ensaio de monografia geográfica.

[35] Na edição de *O Descobrimento do Brasil*, de 1929 observa-se a homenagem ao Padre José Manuel Madureira, a Leopoldo de Bulhões, José Cardoso de Moura Brasil, Gentil de Moura, Raoul Dunlop e Paul Groussac. Na edição dos *Ensaios e Estudos (Crítica e História)* 1ª série, de 1931, os sócios falecidos em 1931 que receberam homenagem foram Alberto de Faria, Graça Aranha, Heráclito Domingues, Jacy Monteiro, Joaquim Lacerda de Abreu e Vicente Licínio Cardoso. Na 2ª série dos *Ensaios e Estudos*, publicada em 1932, a homenagem era feita a José Pires Brandão, Malan D'Angrone, Manoel Bonfim e Miguel Arrojado Lisboa. Este último recebia uma homenagem especial que mencionava a presença de sócios quando da inauguração de uma placa de prata com o nome de Arrojado, que ficaria na estante número 1 da Biblioteca de Capistrano de Abreu. A seguir vinha a homenagem pronunciada por Eugênio de Castro em nome da Comissão Executiva da Sociedade Capistrano de Abreu. Na 3ª série dos *Ensaios e Estudos*, publicada em 1938, a homenagem era para os sócios falecidos entre janeiro de 1936 e agosto de 1938. Figuravam então, Alcides Bezerra, Barão de Ramiz Galvão, Cassius Berlinck, Cesar Lopes, Conde de Afonso Celso, Felix Pacheco, Francisco Sá, José Rodrigues de Carvalho, Luis Sombra, Mario Guedes Naylor e Theodoro Sampaio.

[36] José Honório Rodrigues, Nota Liminar aos *Ensaios e Estudos*, 1ª série, Rio de Janeiro, Civilização Brasileira, 2ª edição, 1975, pp. IX-XI.

[37] Eugênio de Castro, *Diário de Pero Lopes de Souza (1500-1532)*, Rio de Janeiro, 1927

[38] Capistrano de Abreu, *Rã-txa hu-ni-ku-i – A Língua dos Caxinauás do Rio Ibuaçú, Afluente do Murú (Prefeitura de Tarauacá)*, Rio de Janeiro, Sociedade Capistrano de Abreu, Livraria Briguiet, 1941.

[39] José Honório Rodrigues, Nota Liminar aos *Ensaios e Estudos*, 1ª série, Rio de Janeiro, Civilização Brasileira, 1975, p. X.

[40] *Idem, ibidem*.

[41] Capistrano de Abreu, *O Descobrimento do Brasil*, Rio de Janeiro, Livraria Briguiet, 1929.

[42] Cartas a João Lúcio de Azevedo, de São Paulo, de 22 de junho de 1918, pp. 99, 100 e do Rio, 25/26 de junho de 1918, pp. 101, 102, Capistrano de Abreu, *Correspondência de Capistrano de Abreu*, vol. 2, *op. cit.*

[43] A participação de Capistrano nessa série deu-se nos quatro primeiros lançamentos, na reprodução fac-símile da *História da Missão dos Padres Capuchinhos na Ilha do*

Maranhão pelo Padre Claude D'Abbeville, Paris, Librairie Ancienne, Edouard Champion, Quai Malaquais 5, 1922; na *Primeira Visitação do Santo Ofício às Partes do Brasil pelo licenciado Heitor Furtado de Mendonça, fidalgo del rei nosso senhor e do seu desembargo, deputado do Santo Ofício. Confissões da Bahia*, São Paulo, 1922; *Primeira Visitação do Santo Ofício às partes do Brasil pelo licenciado Heitor Furtado de Mendonça, capelão fidalgo del rei nosso Senhor e do seu desembargo, deputado do Santo Ofício. Denunciações da Bahia*, São Paulo, Empresa Brasil Editora, 1925 e no *Diário de Pero Lopes de Souza (1500-1532)*, São Paulo, 1927. Capistrano elaborou o prefácio a todas essas obras.

[44] Quando da publicação dessas cartas, Luís Silveira apontava que algumas destas já haviam sido publicadas na revista *Ocidente*, vol. IV, em 1939 por intermédio de Manoel Múrias, Capistrano de Abreu, *Cartas a Lino de Assumpção: prefaciadas e organizadas por Luís Silveira*, Lisboa, Oficina Gráfica, 1946, p. 3.

[45] Sócio honorário da Sociedade Capistrano de Abreu desde a sua fundação.

[46] "Por espaço de mais de onze anos, tive a oportunidade de entreter ativa correspondência com Capistrano de Abreu, e tão interessantes achei suas cartas que as guardei todas ou quase todas. Elas encerram curiosas particularidades sobre o viver e pensar do escritor e poderão servir utilmente a quem um dia pretender traçar o perfil de uma figura de tanto prestígio entre os estudiosos. Pareceu-me por isso que agora, por morte dele, o lugar adequado para estas cartas seria a Biblioteca Nacional do Rio, para onde as dirijo, com endereço de V. Senhoria, seu ilustre Diretor. Aí ficarão sob boa guarda e acessíveis aos amigos e admiradores do finado que, se a família não fizer objeção, as poderão ver, copiar ou publicar, se assim quiserem, porque da minha parte não me oponho a isso", carta de João Lúcio de Azevedo, enviada a Mário Bhering, diretor da Biblioteca Nacional, do dia 7 de março de 1928 apud José Honório Rodrigues, "Introdução", *Correspondência de Capistrano de Abreu*, vol. 1, *op. cit.*, p. X.

[47] *Idem*, pp. IX-X.

[48] *Idem*, p. X.

[49] Essas cartas, deixadas de fora dessa primeira edição da *Correspondência*, foram algumas das dirigidas a João Lúcio de Azevedo.

[50] José Honório Rodrigues, "Introdução", Capistrano de Abreu, *Correspondência de Capistrano de Abreu*, vol. 1, *op. cit.*, p. X.

[51] As cartas a João Lúcio, a Ramos Paz e a Rodolfo Garcia eram as únicas que já se encontravam na Biblioteca Nacional; as cartas a Assis Brasil foram cedidas pela própria família por intermédio do Dr. Bastián Pinto; as cartas ao Barão de Rio Branco pertenciam ao arquivo particular do Barão, então alocado no Arquivo Histórico do Ministério das Relações Exteriores; as cartas dirigidas a Guilherme

Studart estavam, como vimos, no Instituto do Ceará sendo que a família de Capistrano possuía péssimas cópias que então foram cotejadas com os originais de Fortaleza; as cartas a José Veríssimo já haviam sido publicadas pela Academia Brasileira de Letras; as cartas a Mário de Alencar e a Domício da Gama foram cedidas pela família de Capistrano; as cartas a Afonso de Taunay tinham sido publicadas em algumas edições do *Jornal do Comércio*; as dirigidas a Miguel Arrojado Lisboa foram cedidas por Iseu de Almeida da Silva; aquelas remetidas a Paulo Prado foram cedidas pela Senhora Paulo Prado, através de A.A. Monteiro de Barros Neto; as cartas a João P. Calógeras foram doadas pela Madame Calógeras à Sociedade Capistrano de Abreu por intermédio de Eugênio de Castro; as cartas a Paulo José Pires Brandão também pertenciam ao arquivo da Sociedade Capistrano de Abreu; as cartas a Domingos Jaguaribe passaram a pertencer ao acervo da Biblioteca Nacional. Ficaram fora dessa primeira edição da *Correspondência de Capistrano de Abreu*, as cartas a Lino de Assunção e aquelas dirigidas a Oliveira Lima que se encontravam na Lima Library, na Universidade Católica de Washington, onde não foi permitida a consulta por José Honório. Apud José Honório Rodrigues, "Introdução", Capistrano de Abreu, *Correspondência de Capistrano de Abreu, op. cit.*, p. XI.

[52] No vol. 3 da *Correspondência de Capistrano de Abreu*, publicado em 1956, José Honório traria novos correspondentes de Capistrano de Abreu. Assim, as cartas dirigidas a Antonio Joaquim Macedo Soares foram oferecidas pelo Dr. Julião Macedo Soares; as cartas de Oliveira Lima foram obtidas por intermédio de Engel Sluiter da Universidade da Califórnia e oferecidas por Manuel Cardoso de Oliveira; as dirigidas a Luís Sombra foram apresentadas pela sua esposa; a carta dirigida a Alfredo Pujol encontrava-se no Álbum de Autógrafos de Pujol, pertencente ao Coronel Adir Guimarães; o mesmo Bastían Pinto ofereceu novas cartas à família Assis Brasil; novas cartas a Afonso Taunay tinham sido recentemente publicadas no *Jornal do Comércio*; as cartas a Martim Francisco de Andrada estavam na coleção de Taunay; as cartas a Adriano de Abreu pertenciam à viúva Amnéris de Abreu; Gastão Cruls ofereceu a carta à publicação. Apud, José Honório Rodrigues, "Prefácio", Capistrano de Abreu, *Correspondência de Capistrano de Abreu*, vol. 3, *op. cit.*, p. IX.

[53] Nesse terceiro volume, José Honório acresceu a correspondência passiva de Capistrano Abreu. Apontava no prefácio ao volume que quase todas as cartas eram de propriedade da Biblioteca Nacional, excetuada a de João Lúcio de Azevedo que se encontrava com Eugênio de Castro e que foi cedida por seu filho, Maurício de Castro, como aparecia citado no prefácio do volume 3 da *Correspondência de Capistrano de Abreu*, pp. IX, X. A carta de Martim Francisco já

havia sido editada na França em 1917 pela Bordeaux Impriméries Gounouilhou, Bordeaux, 1917, com o título de *Carta a Capistrano de Abreu*. Apud, José Honório Rodrigues, "Prefácio", Capistrano de Abreu, *Correspondência de Capistrano de Abreu*, vol. 3, op. cit.

[54] Capistrano de Abreu, "Novas cartas a Capistrano de Abreu", *Revista de História*, São Paulo, nº 31, 1957.

[55] Capistrano de Abreu, *Correspondência de Capistrano de Abreu*, Rio de Janeiro, Civilização Brasileira/MEC, 3 volumes, 2ª edição, 1977.

[56] Capistrano de Abreu, *Capítulos de História Colonial*, Rio de Janeiro, Civilização Brasileira/Instituto Nacional do Livro, 1976.

[57] Capistrano de Abreu, *O Descobrimento do Brasil*, Rio de Janeiro, Civilização Brasileira/Instituto Nacional do Livro, 1976.

[58] Capistrano de Abreu, *Caminhos Antigos e Povoamento do Brasil*, Rio de Janeiro, Civilização Brasileira/Instituto Nacional do Livro, 1975.

[59] Capistrano de Abreu, *Ensaios e Estudos (Crítica e História)*, 1ª série, Rio de Janeiro, Civilização Brasileira/Instituto Nacional do Livro, 1976; *Ensaios e Estudos (Crítica e História)*, 2ª série, Rio de Janeiro, Civilização Brasileira/Instituto Nacional do Livro, 1976; *Ensaios e Estudos (Crítica e História)*, 3ª série, Rio de Janeiro, Civilização Brasileira/Instituto Nacional do Livro, 1976.

[60] Capistrano de Abreu, *Ensaios e Estudos*, 4ª série, Rio de Janeiro, Civilização Brasileira/Instituto Nacional do Livro, 1976.

[61] José Honório Rodrigues, Nota Liminar à *Correspondência de Capistrano de Abreu*, vol. 3, 2ª edição, op. cit, p. VI.

[62] *Idem*, p. VII.

[63] Capistrano de Abreu, "Novas cartas a Capistrano de Abreu", *Revista de História*, op. cit, p. 359.

[64] Vários autores, "Curso Capistrano de Abreu", Rio de Janeiro, *Revista do Instituto Histórico e Geográfico Brasileiro*, vol. 221, 1953, pp. 44-245.

[65] Rodrigo Octávio Filho, "A vida de Capistrano de Abreu", "Curso Capistrano de Abreu", op. cit., pp. 46-66.

[66] Honorina de Abreu Monteiro, "O avô que eu conheci", "Curso Capistrano de Abreu", op. cit., pp. 182-193.

[67] Barbosa Lima Sobrinho, "Capistrano de Abreu – Historiador", "Curso Capistrano de Abreu", op. cit., pp. 67-91.

[68] José Honório Rodrigues, "Capistrano de Abreu e a Historiografia Brasileira", "Curso Capistrano de Abreu", op. cit., pp. 120-138.

[69] Jayme Coelho, "Capistrano de Abreu", "Curso Capistrano de Abreu", op. cit., pp. 214-216.

[70] Mozart Monteiro, "Curso Capistrano de Abreu", "Curso Capistrano de Abreu", *op. cit.*, pp. 151-181.
[71] Jayme Coelho, *op. cit.*, p. 215.
[72] *Idem, ibidem*.
[73] *Idem*, p. 216.
[74] *Idem, ibidem*.
[75] Mozart Monteiro, "Curso Capistrano de Abreu", *op. cit.*, p. 175.
[76] Referência à nota editorial de *O Globo* de 15 de maio de 1928, que noticiava a chegada das cartas de Capistrano a João Lúcio, bem como ao fato de permanecerem secretas.
[77] Mozart Monteiro, "Curso Capistrano de Abreu", *op. cit.*, p. 178.
[78] *Idem*, p. 181.
[79] *Idem*, p. 162.
[80] *Idem*, p. 177.
[81] José Honório Rodrigues, "Prefácio", Capistrano de Abreu, *Correspondência de Capistrano de Abreu*, vol. 3, *op. cit.*, p. VII.
[82] José Honório Rodrigues, *Teoria da História do Brasil*, São Paulo, Companhia Editora Nacional, 1978, 5ª edição.
[83] *Idem*, pp. 386, 387.
[84] *Idem, ibidem*.
[85] Capistrano de Abreu, "Novas cartas a Capistrano de Abreu", *Revista de História*, *op. cit.*, p. 359.
[86] João Cruz Costa, "Correspondência de Capistrano de Abreu", *Revista de História*, VI (21-22), jan./jun., 1955, São Paulo, USP, p. 541.
[87] Virgílio Corrêa Filho, "Auto-retrato Capistraneano", separata da *Revista do Instituto, Histórico e Geográfico Brasileiro*, vol. 227, abril-junho de 1955, texto primeiramente publicado no *Jornal do Comércio*, do Rio de Janeiro, entre os meses de janeiro e março de 1955.
[88] Pedro Moacyr Campos, "Esboço de Historiografia Brasileira" in Jean Glénisson, *Iniciação aos Estudos Históricos*, São Paulo, DIFEL, 1961, pp. 273-287.
[89] *Idem*, p. 276.
[90] *Idem, ibidem*.
[91] Capistrano de Abreu, *Capítulos de História Colonial e Caminhos Antigos e Povoamento do Brasil*, Brasília, Editora da Universidade de Brasília, 1963.
[92] Capistrano de Abreu, *Capítulos de História Colonial e Caminhos Antigos e Povoamento do Brasil*, Brasília, Editora da Universidade de Brasília, 2ª edição, 1982.
[93] Capistrano de Abreu, *Capítulos de História Colonial*, São Paulo, Edusp/Itatiaia, 1988.

[94] Capistrano de Abreu, *Caminhos Antigos e Povoamento do Brasil*, São Paulo, Edusp/Itatiaia, 1989.
[95] Capistrano de Abreu, *Chapters of Brazil's Colonial History*, New York, Oxford University Press, 1ª edição, 1997 e 2ª edição, 1998.
[96] Capistrano de Abreu, *O Descobrimento do Brasil*, São Paulo, Martins Fontes, 1999.
[97] Capistrano de Abreu, *Capítulos de História Colonial*, Belo Horizonte, Editora Itatiaia, São Paulo, Publifolha, 2000.
[98] Caso de José Carlos Reis, *As Identidades do Brasil: de Varnhagen a FHC*, op. cit., de Ronaldo Vainfas no "Capistrano de Abreu: *Capítulos de História Colonial*", resenha que integra o livro de Lourenço Dantas Mota, *Introdução ao Brasil: um Banquete no Trópico*, op. cit. e, finalmente, de Francisco Iglésias, *Historiadores do Brasil*, op. cit.
[99] "o mais esclarecido biógrafo de Capistrano e de certo modo, o seu sucessor.", Stuart Schwartz, "A house built on sand: Capistrano de Abreu and the History of Brazil", Capistrano de Abreu, *Chapters of Brazil's Colonial History*, op. cit., p.xxv.

Capítulo 4

[1] Capistrano de Abreu, *Correspondência de Capistrano de Abreu*, op. cit, p. 226.
[2] Carta de João Lúcio de Azevedo a Mário Behring, apud José Honório Rodrigues, "Introdução", Capistrano de Abreu, *Correspondência de Capistrano de Abreu*, vol. 1, op. cit., p. IX.
[3] Esse é o período coberto pelos três volumes editados de sua correspondência.
[4] Carta de 25/26 de junho de 1918, Capistrano de Abreu, *Correspondência de Capistrano de Abreu*, vol. 2, op. cit., 2, p. 102.
[5] Carta de 9 de janeiro de 1910, Capistrano de Abreu, *Correspondência de Capistrano de Abreu*, vol. 1, op. cit., p. 215.
[6] Barbosa Lima Sobrinho, "Capistrano de Abreu – Historiador", "Curso Capistrano de Abreu", op. cit., p. 73.
[7] Carta de Capistrano de Abreu para João Lúcio de Azevedo, datada de 30 de junho de 1916, Capistrano de Abreu, *Correspondência de Capistrano de Abreu*, vol. 2, op. cit., pp. 12-13.
[8] Carta de Capistrano de Abreu para Lino de Assunção, datada de 12 de março de 1885, Capistrano de Abreu, *Correspondência de Capistrano de Abreu*, vol. 3, op., cit., pp. 306, 307.
[9] Carta de Capistrano de Abreu para João Lúcio de Azevedo, datada de 10 de fevereiro de 1917, Capistrano de Abreu, *Correspondência de Capistrano de Abreu*, vol. 2, op. cit., p. 32.

[10] Carta de Capistrano ao Barão de Rio Branco, datada de 25 de novembro de 1886, Capistrano de Abreu, *Correspondência de Capistrano de Abreu*, vol. 1, *op., cit.*, p. 103.

[11] Carta de Capistrano de Abreu para Oliveira Lima, datada de 25 de setembro de 1900, *Correspondência de Capistrano de Abreu*, vol. 3, *op. cit.*, p. 13.

[12] Carta de Capistrano de Abreu para Kiki, datada de 3 de junho de 1919, Capistrano de Abreu, *Correspondência de Capistrano de Abreu*, vol. 3, *op., cit.*, p. 71.

[13] Carta de "12 ou 13 a ½ da madrugada de janeiro de 1920", Capistrano de Abreu, *Correspondência de Capistrano de Abreu*, vol. 1, *op., cit.*, p. 219.

[14] Carta de Capistrano para Ramos Paz, datada de 12 de abril de 1905, Capistrano de Abreu, *Correspondência de Capistrano de Abreu*, vol. 1, *op. cit.*, p. 23.

[15] Carta de Capistrano para Afonso Taunay, Capistrano de Abreu, *Correspondência de Capistrano de Abreu*, vol. 1, *op. cit.*, p. 280.

[16] Carta de Capistrano para Lino de Assunção, datada de 26 de maio de 1886, Capistrano de Abreu, *Correspondência de Capistrano de Abreu*, vol. 3, *op. cit.*, p. 334.

[17] 1893, ABREU, Capistrano de, tradução do alemão de trabalhos de Emílio Augusto Goeldi; faziam parte da série: *Monografias Brasileiras, Os Mamíferos do Brasil* e *As Aves do Brasil*, este em dois volumes, de 1894 e 1900, parte previamente divulgada no *Jornal do Comércio*, naquele ano.

[18] Carta de Capistrano de Abreu para Assis Brasil, datada de 25 de janeiro de 1893, Capistrano de Abreu, *Correspondência de Capistrano de Abreu*, *op. cit.*, p. 83.

[19] Carta de Capistrano de Abreu para Paulo Prado, datada do "domingo da Pascoela", de 1920, Capistrano de Abreu, *Correspondência de Capistrano de Abreu*, vol. 2, *op. cit.*, p. 396.

[20] Capistrano de Abreu, *Cartas de Capistrano de Abreu a Lino de Assunção*, publicadas e prefaciadas por Luís Silveira, Lisboa, Oficina Gráfica, 1946; Capistrano de Abreu, *Correspondência de Capistrano de Abreu*, vol. 3, 2ª edição, *op. cit.*, pp. 303-356.

[21] Capistrano de Abreu, *Correspondência de Capistrano de Abreu*, vol. 2, *op. cit*, pp. 9-385.

[22] *Idem*, pp. 486-500.

[23] *Diário Oficial*, dias 23, 24 e 27 de julho; 8 e 10 de agosto; 7, 9, 14, 21 e 24 de setembro; 11, 22 e 30 de outubro; 1, 2, 12, 20, 27 e 29 de novembro; 11 e 13 de dezembro.

[24] *Diário Oficial*, dias 1, 2, 3, 6, 16, 20, 21 e 22 de janeiro; 3 e 4 de fevereiro.

[25] Frei Vicente do Salvador, *História do Brasil*, Rio de Janeiro, Tipografia Leuzinger & Filhos, 1889.

[26] Capistrano de Abreu, "Prefácio" a Frei Vicente do Salvador, *História do Brasil*, São Paulo, Weiszflog Irmãos, 1918.

[27] A exposição ocorreu até 2 de janeiro de 1882.
[28] *Catálogo da Exposição de História e Geografia*, Rio de Janeiro, Anais da Biblioteca Nacional, vol. IX, três tomos, 1881.
[29] Capistrano de Abreu, "Prefácio" a Frei Vicente do Salvador, *História do Brasil*, op. cit.
[30] Carta XII de 7 de abril de 1886; Carta XIV de 5 de maio de 1886; Carta XV de 16 de maio de 1886. Capistrano de Abreu, *Correspondência de Capistrano de Abreu*, vol. 3, 2ª edição, op. cit., pp. 328-333.
[31] Claude d'Abbeville, *História da Missão dos Padres Capuchinhos na Ilha do Maranhão*, Paris, Librairie Ancienne, Edouard Champion 5, Quai Malaquais 5, 1922; Tiragem de cem exemplares.
[32] *Primeira Visitação do Santo Ofício às Partes do Brasil pelo Licenciado Heitor Furtado de Mendonça, fidalgo del rei nosso senhor e do seu desembargo, deputado do Santo Ofício. Confissões da Bahia*, São Paulo, 1922. Tiragem de 250 exemplares.
[33] *Primeira Visitação do Santo Ofício às Partes do Brasil pelo Licenciado Heitor Furtado de Mendonça, capelão fidalgo del rei nosso senhor e do seu desembargo, deputado do Santo Ofício. Denunciações da Bahia*, São Paulo, Empresa Brasil Editora, 1925. Tiragem de 500 exemplares.
[34] Eugênio de Castro, *Diário de Pero Lopes de Souza*, Rio de Janeiro, Tipografia Leuzinger, 1927.
[35] Capistrano de Abreu, *Correspondência de Capistrano de Abreu*, vol. 2, op. cit., pp. 386-485.
[36] Todos presentes na 2ª série dos *Ensaios e Estudos (Crítica e História)*, op. cit.
[37] Capistrano de Abreu, *Ensaios e Estudos (Crítica e História)*, 1ª série, op. cit., pp. 179-191.
[38] Capistrano de Abreu, *Ensaios e Estudos (Crítica e História)*, 2ª série, op. cit., pp. 323-340.
[39] Capistrano de Abreu, *Ensaios e Estudos (Crítica e História)*, 1ª série, op. cit., pp. 299-336.
[40] Carta de 18 de novembro de 1916, Capistrano de Abreu, *Correspondência de Capistrano de Abreu*, op. cit., vol. 2, p. 22-3
[41] Carta a João Lúcio, datada dia 5 de novembro de 1921, Capistrano de Abreu, *Correspondência de Capistrano de Abreu*, vol. 2, op. cit., p.223.
[42] Capistrano de Abreu, *Correspondência de Capistrano de Abreu*, vol. 1, op. cit., pp. 139-188.
[43] Francisco Adolfo de Varnhagen, *História Geral do Brasil*, Rio de Janeiro, Laemmert & Cia. 1907.

[44] Carta de 30 de junho de 1916, Capistrano de Abreu, *Correspondência de Capistrano de Abreu*, vol. 2, *op. cit.*, p. 12

[45] Capistrano de Abreu, "Os Bacaeris", *Revista Brasileira*, Rio de Janeiro, ano I, ts. III e IV, 1895 e *Ensaios e Estudos*, 3ª série, *op. cit.*, pp. 217-274.

[46] Capistrano de Abreu, Rã-txa hu-ni-ku-i – *A Língua dos Caxinauás do Rio Ibuaçú, Afluente do Murú*, (Prefeitura de Tarauacá), *op. cit.*

[47] Capistrano de Abreu publicou dois textos no *Jornal do Comércio*, nos dias 25 de dezembro de 1911 e 7 e 14 de janeiro de 1912, com o nome de "Dois Depoimentos".

[48] Capistrano de Abreu, *Correspondência de Capistrano de Abreu*, vol. 3, *op. cit.*, pp. 17-65.

[49] Ronaldo Vainfas, por exemplo, em nota explicativa que dispôs na resenha que fez sobre *Capítulos de História Colonial*, incidiu em dois erros. Em primeiro lugar, aponta que Capistrano teria passado a estudar bacairi de uma forma sistemática desde 1909. Em segundo lugar, leva o leitor a entender que em virtude desses estudos, veio Capistrano a publicar *Rã-txa Ru-ni-ku* [Sic]. Ronaldo Vainfas, "Capistrano de Abreu: *Capítulos de História Colonial*", in Lourenço Dantas Mota (org.), *Introdução ao Brasil: um banquete nos trópicos*, São Paulo, Editora Senac, 1999, p. 173.

[50] Cartas datadas de 3 e 5 de janeiro de 1884, Capistrano de Abreu, *Correspondência de Capistrano de Abreu*, vol. 3, *op. cit.*, pp. 113-119.

[51] Capistrano de Abreu, "Os Bacaeris", *op. cit.*

[52] Vários autores, *Introdução. Indústria Extrativa*, vol. I. Rio de Janeiro, Impressores M. Orosco & Cia, 1907, pp. 1-216.

[53] Capistrano de Abreu, *Capítulos de História Colonial*, *op. cit.*

[54] Carta de Capistrano de Abreu para João Lúcio de Azevedo, datada de 17 de março de 1917, Capistrano de Abreu, *Correspondência de Capistrano de Abreu*, vol. 3, *op. cit.*, pp. 37-38.

[55] Carta de Capistrano para Mário de Alencar, datada de 9 de setembro de 1915, Capistrano de Abreu, *Correspondência de Capistrano de Abreu*, vol. 1, *op. cit.*, pp. 240-241.

[56] Carta de Capistrano de Abreu para João Lúcio de Azevedo, datada de 17 de março de 1917, Capistrano de Abreu, *Correspondência de Capistrano de Abreu*, vol. 3, *op. cit.*, p. 38.

[57] Carta de Capistrano para Mário de Alencar, datada de 23 de junho de 1909, Capistrano de Abreu, *Correspondência de Capistrano de Abreu*, vol. 1, *op. cit.*, p. 211.

[58] Carta de Capistrano para João Lúcio, datada de 4 de julho de 1922, Capistrano de Abreu, *Correspondência de Capistrano de Abreu*, vol. 2, *op. cit.*, p. 253.

[59] Carta de Capistrano para João Lúcio, datada de 12 de julho de 1922, Capistrano de Abreu, *Correspondência de Capistrano de Abreu*, vol. 2, *op. cit.*, p. 256.

[60] Carta de Capistrano para João Lúcio, datada de 1º de setembro de 1922, Capistrano de Abreu, *Correspondência de Capistrano de Abreu*, vol. 2, op. cit., p. 261.

[61] Capistrano de Abreu, "Os Bacaeris" in *Revista Brasileira*, ano I, tomos III e IV, 1895.

[62] Antes disso, no entanto, Mário de Andrade serviu-se dos estudos etnológicos de Capistrano como fonte para *Macunaíma* (cuja primeira edição é de 1928). Na crônica, "A Raimundo Moraes", publicada no *Diário Nacional*, em São Paulo, no dia 20/09/1931, Mário de Andrade comentava como os estudos de Kock-Grumberg e de Carlos von den Steinen foram valiosos para a elaboração de sua obra. Esses autores, como sabemos, eram costumeiramente citados por Capistrano e, no caso de Steinen, houve correspondência. Os mitos kaxinawá traduzidos por Capistrano também devem ter sido utilizados por Mário de Andrade, que dedicou a obra a Paulo Prado, amigo e divulgador do historiador cearense.

[63] Carta de Carlos von den Steinen para Capistrano de Abreu, datada de 21 de julho de 1892, Capistrano de Abreu, *Correspondência de Capistrano de Abreu*, vol. 3, op. cit., p. 125.

[64] Carta de Carlos von den Steinen para Capistrano de Abreu, datada de 17 de abril de 1914, Capistrano de Abreu, *Correspondência de Capistrano de Abreu*, vol. 3, op. cit., p. 130.

[65] *Idem, ibidem.*

[66] Talvez, Paulo José Pires Brandão. Na *Correspondência de Capistrano de Abreu*, vol. 1, observa-se que Capistrano enviou oito cartas para Paulo Brandão, entre os anos de 1904 e 1912. Nessas cartas existiam menções ao envio de dinheiro por parte de Paulo Brandão. Capistrano de Abreu, *Correspondência de Capistrano de Abreu*, vol. 1, op. cit., pp. 270-273.

[67] Carta de Capistrano para José Veríssimo, datada de 21 de janeiro de 1914, Capistrano de Abreu, *Correspondência de Capistrano de Abreu*, vol. 1, op. cit., p. 200.

[68] Carta de Capistrano de Abreu para Alfredo Pujol, datada de 29 de abril de 1916, *Correspondência de Capistrano de Abreu*, vol. 3, op. cit., p. 66.

[69] Carta de Capistrano para João Lúcio, datada de 9 de julho de 1920, Capistrano de Abreu, *Correspondência de Capistrano de Abreu*, vol. 2, op. cit., p. 165.

[70] Carta de Capistrano de Abreu para João Lúcio, datada de 17 de maio de 1920, Capistrano de Abreu, *Correspondência de Capistrano de Abreu*, vol. 2, op. cit., p. 161.

[71] Carta de Capistrano de Abreu para Mário de Alencar, datada de 14 de setembro de 1901, Capistrano de Abreu, *Correspondência de Capistrano de Abreu*, vol. 1, op. cit., p. 209.

[72] Carta de Capistrano para Guilherme Studart, datada de 31 de dezembro de 1907, Capistrano de Abreu, *Correspondência de Capistrano de Abreu*, vol. 1, *op. cit.*, p. 180.

[73] Carta de Capistrano para Guilherme Studart, datada de 19 de dezembro de 1909, Capistrano de Abreu, *Correspondência de Capistrano de Abreu*, vol. 1, *op. cit.*, p. 182.

[74] *Idem, ibidem.*

[75] Carta de Capistrano de Abreu para João Lúcio de Azevedo, datada de 18 de março de 1918, Capistrano de Abreu, *Correspondência de Capistrano de Abreu*, vol. 2, *op. cit.*, pp. 86, 87.

[76] Carta de Capistrano de Abreu para Afonso Taunay, datada somente com o ano de 1921, Capistrano de Abreu, *Correspondência de Capistrano de Abreu*, vol. 1, *op. cit.*, p. 322.

[77] Oliveira Lima, *D. João VI no Brasil*, Rio de Janeiro, Tipografia de Rodrigues & Cia, 2 volumes, 1908.

[78] Carta de Capistrano de Abreu para José Veríssimo, datada de 20 de junho de 1909, Capistrano de Abreu, *Correspondência de Capistrano de Abreu*, vol. 1, *op. cit.*, p. 195.

[79] Carta de Capistrano de Abreu para Oliveira Lima, datada de 19 de abril de 1900, *Correspondência de Capistrano de Abreu*, vol. 3, *op. cit.*, p. 12.

[80] Pode ser: Oliveira Lima, *O Movimento da Independência: 1821-1822*, São Paulo, Weizflog Irmãos, 1922.

[81] Carta de Capistrano de Abreu para João Lúcio de Azevedo, datada de "Independence day", 1922, Capistrano de Abreu, *Correspondência de Capistrano de Abreu*, vol. 2, *op. cit.*, p. 253

[82] Alexandre José de Melo Morais, *Corografia histórica, cronológica, genealógica, nobiliária, e política do Império do Brasil*, Rio de Janeiro, Tipografia Americana de José Soares de Pinho, 5 volumes, 1858-1860.

[83] Alexandre José de Melo Morais, *Brasil Histórico*, Rio de Janeiro, Editores Pinheiro & Cia., Tomo I, 1866; Rio de Janeiro, Tipografia dos editores, Tomos II e III, 1866.

[84] Alexandre José de Melo Morais, *História do Brasil Reino e Brasil Império*, Rio de Janeiro, Tipografia de Pinheiro & Cia., 2 tomos, 1871-1873.

[85] Alexandre José de Melo Morais, *Documentos para a história da independência do Brasil*, São Paulo, sem referências da edição, 1867-1868.

[86] Alexandre José de Melo Morais, *Crônica geral e minuciosa do Império do Brasil desde a descoberta do Novo Mundo ou América até o ano de 1879*, Rio de Janeiro, Dias da Silva Júnior, 1879.

[87] Capistrano de Abreu, "Sobre o Visconde de Porto Seguro", publicado primeiramente na *Gazeta de Notícias* do Rio de Janeiro, de 21, 22 e 23 de novembro de 1882 e reproduzido em *Appenso à História Geral* de Varnhagen,

tomo III, pp. 435-444, 3ª edição in Capistrano de Abreu, *Ensaios e Estudos (Crítica e História)*, 1ª série, *op. cit.*, p. 146.

[88] Carta de Capistrano de Abreu para João Lúcio de Azevedo, datada de 24 de julho de 1924, *Correspondência de Capistrano de Abreu*, vol. 2, *op. cit.*, p. 168.

[89] Apulcro de Castro, proprietário do *Corsário*, pasquim fluminense – "repositório de escândalos", segundo Carl von Koseritz –, serviu-se das páginas do jornal para atacar oficiais do 1º Regimento de Cavalaria e, em virtude desse fato, veio a ser assassinado no ano de 1883. Carl von Koseritz *Imagens do Brasil*, São Paulo, *op. cit.*, pp. 233-234, apud Nelson Werneck Sodré, *História da Imprensa no Brasil*, Rio de Janeiro, Edições do Graal, 2ª edição, 1977, p. 265.

[90] Carta de Capistrano de Abreu para Afonso Taunay, datada de 29 de janeiro de 1924, *Correspondência de Capistrano de Abreu*, vol. 1, *op. cit.*, p. 339.

[91] Capistrano de Abreu, "Biografia", artigo para *O Globo*, de 10 março de 1877, in *Ensaios e Estudos*, 4ª série, *op. cit.*, pp. 37-41.

[92] João Manuel Pereira da Silva, *História da Fundação do Império Brasileiro*, Rio de Janeiro, B. L. Garnier, ed (Paris, Impressão de Simon Raçon et comp.), 7 volumes, 1864-1868.

[93] *Idem*, p. 38.

[94] *Idem*, p. 41.

[95] *Idem*, p. 39.

[96] José Francisco da Rocha Pombo, *História do Brasil para o Ensino Secundário*, São Paulo, Weizflog Irmãos, 1918.

[97] Carta de Capistrano de Abreu para João Lúcio de Azevedo, datada de 9 de março de 1921, *Correspondência de Capistrano de Abreu*, vol. 2, *op. cit.*, p. 197.

[98] Paulo Prado, *Paulística*, Rio de Janeiro, 2ª edição, 1934, pp. 409-410.

[99] Epígrafe de *Retrato do Brasil*, de Paulo Prado, *op. cit.* Retirada de Capistrano de Abreu, carta para João Lúcio de Azevedo, Capistrano de Abreu, *Correspondência de Capistrano de Abreu*, vol. 2, *op. cit.*, p. 21

[100] Nicolau Sevcenko, *Literatura como Missão: tensões sociais e criação cultural na Primeira República*, São Paulo, Editora Brasiliense, 1983.

[101] *Idem*, p. 88.

[102] Samuel de Oliveira, "O Kantismo no Brasil", *Revista Americana*, maio 1910, vol. III, nº 6, p. 285. apud Nicolau Sevcenko, *Literatura como Missão*, *op. cit.*, p. 89.

[103] José Veríssimo, "Revista Literária", *Jornal do Comércio*, 25/07/1900, apud Nicolau Sevcenko, *Literatura como Missão*, *op. cit.*, p. 88.

[104] Nicolau Sevcenko, *Literatura como Missão*, op. cit., p. 89.

[105] Cruz e Souza, *Poemas escolhidos*, sel. e int. Massaud Moisés, São Paulo, Cultrix, p. 150 apud, Nicolau Sevcenko, *Literatura como Missão*, *op. cit.*, p. 89.

[106] Referência aos trabalhos dos portugueses nos balcões das lojas. Nessa carta, Lobato contrapunha o trabalho dos comerciantes ao dos escritores e somente via vantagens naquilo que os primeiros faziam. A dificuldade de pagamento de papel importado, que inclusive levaria ao fechamento desta sua primeira editora, nos permite supor que no Brasil da época tanto os intelectuais quanto os editores estavam contemplados pelas mesmas considerações cáusticas apontadas pelo escritor.

[107] Carta de Monteiro Lobato a Godofredo Rangel, datada de 20 de fevereiro de 1919, *A Barca de Gleyre*, Tomo II, op. cit., p. 190.

[108] Lúcia Miguel Pereira, *Machado de Assis*, 4ª edição, São Paulo, 1949, p. 19. apud Nelson Werneck Sodré, *História da Imprensa no Brasil*, op. cit., p. 330.

[109] Nelson Werneck Sodré, *História da Imprensa no Brasil*, op. cit., p. 334.

[110] Idem, ibidem, p. 334.

[111] Carta para João Lúcio de Azevedo, datada da vépera da Conceição, 1925. Capistrano de Abreu, *Correspondência de Capistrano de Abreu*, vol. 2, op. cit., p. 347.

[112] O *Jornal do Comércio* fora fundado em 1º de outubro de 1827 pelo francês Pierre Plancher. Segundo Nelson Werneck Sodré, Plancher trouxe da França, o seu meio de vida, "uma oficina tipográfica completa, que logo pôs em funcionamento, imprimindo folhinhas, leis, papéis avulsos, e vendendo na loja também livros e calendários", Nelson Werneck Sodré, *História da Imprensa no Brasil*, op. cit., p. 126.

[113] Idem, p.257.

[114] Segundo Darrel Levi, "em 1916, Paulo era um dos intelectuais paulistas descontentes que organizaram a *Revista do Brasil*, um jornal devotado à análise dos acontecimentos brasileiros". Darrel Levi, *A Família Prado*, São Paulo, Cultura 70 – Livraria e Editora, 1974, p. 233.

[115] Carta de Capistrano para João Lúcio de Azevedo, datada da véspera de São Sebastião de 1922, Capistrano de Abreu, *Correspondência de Capistrano de Abreu*, op. cit., p. 236.

[116] Capistrano era sócio efetivo do IHGB desde 1887, tendo sido elevado à categoria de sócio honorário em 1913.

[117] Barbosa Lima Sobrinho, "Capistrano de Abreu – Historiador", op. cit., p. 86.

[118] Criada em 1827, essa instituição, como o nome indica, vinha no sentido do incentivo do progresso do país. Segundo Manoel Luís Salgado Guimarães, tanto a SAIN quanto o IHGB "pensam em projetos de natureza global, de forma a integrar as diferentes regiões do país, ou melhor, de forma a viabilizar efetivamente a existência de uma totalidade 'Brasil'", Manoel Luís Salgado Guimarães, "Nação e Civilização nos Trópicos: o Instituto Histórico e Geográfico

Brasileiro e o projeto de uma história nacional", *Revista Estudos Históricos*, Rio de Janeiro, nº 1, p. 8.

[119] *Idem*, p. 9.

[120] *Idem*, p. 9.

[121] Januário da Cunha Barbosa, *Revista do Instituto Histórico e Geográfico Brasileiro*, tomo I, Rio de Janeiro, 1839, pp. 17-18, apud Pedro Moacyr Campos e Emília Viotti da Costa, "Esboço da historiografia brasileira nos séculos XIX e XX" in Jean Glénisson, *Iniciação aos Estudos Históricos*, São Paulo - Rio de Janeiro, DIFEL, 1979, p.259.

[122] Manoel Luís Salgado Guimarães, "Nação e Civilização nos Trópicos: o Instituto Histórico e Geográfico Brasileiro e o projeto de uma história nacional", *op. cit.*, p. 6.

[123] Carta de Capistrano para Antonio Joaquim Macedo Soares, provavelmente do ano de 1883 por abordar o então recente concurso para provimento do cargo de professor do Colégio Pedro II, *Correspondência de Capistrano de Abreu*, vol. 3, *op. cit.*, p. 2.

[124] *Idem, ibidem.*

[125] Carta de Capistrano de Abreu para Ramos Paz, datada de 17 de maio de 1886, Capistrano de Abreu, *Correspondência de Capistrano de Abreu*, vol. 1, *op. cit.*,p. 7.

[126] Carta de Capistrano de Abreu para o Barão do Rio Branco, datada de 25 de novembro de 1886, Capistrano de Abreu, *Correspondência de Capistrano de Abreu*, vol. 1, *op. cit.*, p. 104.

[127] *Diário Oficial* do dia 4 de abril de 1886, e dos meses de julho de 1886 a fevereiro de 1887.

[128] O primeiro volume dos *Materiais e Achegas para a História e Geografia do Brasil*, de julho de 1886, apresentou as "Informações e Fragmentos Históricos do Padre Joseph de Anchieta, S. J. (1584-1586)", com apresentação assinada por J. B. da Silveira Caldeira, A. do Vale Cabral e J. Capistrano de Abreu. Trechos da *História do Brasil* de Frei Vicente de Salvador apareceram na primeira parte do quinto número dos *Materiais e Achegas para a História e Geografia do Brasil*, dedicada apenas nos Livros I e II da obra, com "Aviso Preliminar", de Capistrano, datado de 20/11/1887.

[129] Carta de Capistrano de Abreu para o Barão do Rio Branco, datada de 25 de novembro de 1886, Capistrano de Abreu, *Correspondência de Capistrano de Abreu*, vol. 1, *op. cit.*, p. 104.

[130] Laurence Hallewell, *O Livro no Brasil*, São Paulo, T. A. Queiroz, Editor e Editora da Universidade de São Paulo, 1982, p. 158.

[131] *Idem, ibidem*, p. 158.

[132] *Idem, ibidem*, p. 158.

[133] *Idem*, p. 160.

[134] *Idem, Ibidem*, p. 160.

[135] Segundo Hallewell, Capistrano de Abreu teria sido uma exceção, uma vez que era o único brasileiro contratado como assistente para o trabalho na Garnier. Todos os outros eram franceses. Laurence Hallewell, *O Livro no Brasil, op. cit.*, p. 133.

[136] *Idem, op. cit.*, p. 179.

[137] Carta de Capistrano de Abreu para João Lúcio de Azevedo, datada de 25/26 de junho de 1918, Capistrano de Abreu, *Correspondência de Capistrano de Abreu*, vol. 2, *op. cit.*, p. 103.

[138] Oliveira Lima, *O Movimento da Independência: 1821-1822*, São Paulo, Weizflog Irmãos, 1922.

[139] André João Antonil, *Cultura e opulência do Brasil*, São Paulo, Companhia Editora Melhoramentos, 1923.

[140] Carta de Capistrano de Abreu para João Lúcio de Azevedo, datada de 2 de junho de 1917, Capistrano de Abreu, *Correspondência de Capistrano de Abreu*, *op. cit.*, p. 58.

[141] *Idem*, pp. 58-59.

[142] Segundo Hallewell, após a morte de Francisco Alves, "seu testamento provocou surpresa. Diz-se que o espanto com o tamanho de sua fortuna produziu uma corrida generalizada para a abertura de livrarias", Laurence Hallewell, *O Livro no Brasil, op. cit.*, p. 218.

[143] Luíz Costa Lima, "Da existência precária: o sistema intelectual no Brasil", in Luíz Costa Lima, *Dispersa Demanda: ensaios sobre literatura e teoria*, Rio de Janeiro, Livraria Francisco Alves Editora, 1981, p. 7.

[144] Carta de Capistrano de Abreu para João Lúcio de Azevedo, datada de 6 de outubro de 1920, Capistrano de Abreu, *Correspondência de Capistrano de Abreu*, vol. 2, *op. cit.*, p. 177.

[145] Carta de Capistrano de Abreu para Paulo Prado, datada de 18 de agosto de 1922, Capistrano de Abreu, *Correspondência de Capistrano de Abreu*, vol. 2, *op. cit.*, p. 417.

[146] Carta de Capistrano de Abreu para João Lúcio de Azevedo, datada de 2 de junho de 1917, Capistrano de Abreu, *Correspondência de Capistrano de Abreu*, *op. cit.*, p. 58.

[147] Jeffrey D. Needell, *Belle Époque tropical: sociedade e cultura de elite no Rio de Janeiro na virada do século*, São Paulo, Companhia das Letras, 1993.

[148] Elias Thomé Saliba, "A dimensão cômica da vida privada na República" in Nicolau Sevcenko (org.), *História da vida privada no Brasil, República: da Belle Époque à Era do Rádio*, vol. 3, São Paulo, Companhia das Letras, 1998, p. 340.

[149] Carta de Capistrano de Abreu para João Lúcio de Azevedo, datada de 14 de setembro de 1916, Capistrano de Abreu, *Correspondência de Capistrano de Abreu*, vol. 2, *op. cit.*, p. 17.

[150] Carta de Capistrano par Paulo Prado, datada de 6 de abril de 1925, Capistrano de Abreu, *Correspondência de Capistrano de Abreu*, vol. 2, *op. cit.*, p. 467.

[151] Carta de Capistrano de Abreu para João Lúcio de Azevedo, datada de 16 de março de 1920, Capistrano de Abreu, *Correspondência de Capistrano de Abreu*, vol. 2, *op. cit.*, p. 150.

[152] Carta de Capistrano de Abreu para João Lúcio de Azevedo, datada de 13 de janeiro de 1922, Capistrano de Abreu, *Correspondência de Capistrano de Abreu*, vol. 2, *op. cit.*, p. 234

[153] Carta de Capistrano de Abreu para João Lúcio de Azevedo, datada da oitava da Páscoa (provavelmente 16 de abril de 1922), Capistrano de Abreu, *Correspondência de Capistrano de Abreu*, vol. 2, *op. cit.*, p. 244

[154] Carta de Capistrano de Abreu para João Lúcio de Azevedo, datada de 30 de julho de 1922, Capistrano de Abreu, *Correspondência de Capistrano de Abreu*, vol. 2, *op. cit.*, p. 259.

[155] Michel Trebitsch, "Correspondances d'intelectuels: les cas des lettres d'Henri Lefbvre à Norbert Guterman (1935 – 1947)", in "Sociabilites Intellectuelles: lieux, milieux reseaux", *Les Cahiers de L'IHTP*, sous la direction de Nicole Racine et Michel Trebitsch, nº 20, mars 1992, Paris, CNRS.

[156] "são também um documento político e um testemunho igualmente muito penetrante sobre as redes de sociabilidade, e que provêm de intelectuais marginalizados, tanto pela instância acadêmica, quanto pela política, por suas tentativas de elaborar um marxismo crítico." Michel Trebitsch, "Correspondances d'intelectuels: les cas des lettres d'Henri Lefbvre à Norbert Guterman (1935 – 1947)", *op. cit.*, p. 70.

Capítulo 4.1

[1] Carta de Capistrano de Abreu para João Lúcio, datada de 7 de março de 1919, Capistrano de Abreu, *Correspondência de Capistrano de Abreu*, vol. 2, *op. cit.*, p. 112.

[2] Carta de 30 de junho de 1916, Capistrano de Abreu, *Correspondência de Capistrano de Abreu*, vol. 2, *op. cit.*, pp. 11, 12.

[3] Capistrano estava se remetendo ao concurso para provimento do cargo de professor de História Geral do Colégio Pedro II, no ano de 1906. Além de Capistrano, foram examinadores João Ribeiro e Raja Gabaglia. Os concorrentes, além de Escragnole Dória e Veríssimo, foram Feliciano Pereira Pinto, Pedro do Couto, José Francisco da

Rocha Pombo, Armando Dias, Joaquim Osório Duque Estrada, Justiniano de Melo e Silva, Felisbelo Freire, Charles Charnaux, Ernesto Carneiro Santiago e Pedro Alexandrino Cardoso Filho. Além de Escragnole Dória, segundo Honório Rodrigues, Capistrano ganhou a inimizade de Rocha Pombo. José Honório Rodrigues, "Introdução", *Correspondência de Capistrano de Abreu*, vol. 1, *op. cit.*, p. XV.

[4] Carta não datada, Capistrano de Abreu, *Correspondência de Capistrano de Abreu*, vol. 2, *op. cit.*, p. 79.

[5] Carta de 27 de outubro de 1920, Capistrano de Abreu, *Correspondência de Capistrano de Abreu*, vol. 2, *op. cit.*, p. 182.

[6] Carta de 5 de novembro de 1921, Capistrano de Abreu, *Correspondência de Capistrano de Abreu*, vol. 2, *op. cit.*, p. 223.

[7] Carta de Capistrano para João Lúcio, datada do dia de S. João Evangelista no ano de 1826 (sic). Entendemos que seja do dia 27 de dezembro de 1927. Capistrano de Abreu, *Correspondência de Capistrano de Abreu*, vol. 3, 2ª edição, *op. cit.*, pp. 404-405.

[8] Carta de 28 de novembro de 1909, Capistrano de Abreu, *Correspondência de Capistrano de Abreu*, vol. 1, *op. cit.*, p. 212.

[9] Carta enviada a João Lúcio e que supomos ser de 4 de fevereiro de 1920, uma vez que parece se ligar a uma outra anterior e datada do dia 2 do mesmo mês. Consta da edição de 1977, aquela que saiu com as cartas impedidas de serem publicadas pela família de Capistrano quando da primeira edição da *Correspondência* entre os anos de 1954 e 1956. Encontra-se em Capistrano de Abreu, *Correspondência de Capistrano de Abreu*, vol. 3, *op. cit.*, pp. 390, 391.

[10] *Idem, ibidem.*

[11] Carta de 22 de junho de 1918, Capistrano de Abreu, *Correspondência de Capistrano de Abreu*, *op. cit.*, vol. 2, p. 99.

[12] Carta de 14 de abril de 1918, Capistrano de Abreu, *Correspondência de Capistrano de Abreu*, vol. 2, *op. cit.*, p. 97.

[13] *Idem, ibidem.*

[14] *Idem, ibidem.*

[15] Carta de Max Fleiuss para Capistrano de Abreu, datada de 10 de outubro de 1895, Capistrano de Abreu, *Correspondência de Capistrano de Abreu*, vol. 3, *op. cit.*, p. 283.

[16] Carta de 11 de outubro de 1895, Capistrano de Abreu, *Correspondência de Capistrano de Abreu*, vol. 1, *op. cit.*, p. 136.

[17] Carta de 15 de dezembro de 1920, Capistrano de Abreu, *Correspondência de Capistrano de Abreu*, vol. 2, *op. cit.*, pp. 187, 188.

[18] Apud Januário Pinto do Carmo, *Bibliografia de Capistrano de Abreu*, Rio de Janeiro, Imprensa Nacional, 1942, pp. 59, 60.

[19] Carta de 18 de março de 1910, Capistrano de Abreu, *Correspondência de Capistrano de Abreu*, vol. 1, *op. cit.*, p. 224.

[20] Carta de 26 de março de 1919, Capistrano de Abreu, *Correspondência de Capistrano de Abreu*, vol. 2, *op. cit.*, pp. 118, 119.

[21] *Idem*, p. 119.

[22] *Idem, ibidem*.

[23] *Idem, ibidem*.

[24] *Idem*, p. 120.

[25] *Idem, ibidem*.

[26] Carta de 11 de setembro de 1919, Capistrano de Abreu, *Correspondência de Capistrano de Abreu*, vol. 2, *op. cit.*, p. 134.

[27] Carta de 18 de setembro de 1917, Capistrano de Abreu, *Correspondência de Capistrano de Abreu*, vol. 2, *op. cit.*, p.71.

[28] Carta de 25 de setembro de 1917, Capistrano de Abreu, *Correspondência de Capistrano de Abreu*, vol. 2, *op. cit.*, p. 72.

[29] Carta da Quinta-feira da Ascensão, que José Honório Rodrigues colocou como do dia 2 de maio e dentre aquelas enviadas no ano de 1918, Capistrano de Abreu, *Correspondência de Capistrano de Abreu*, vol. 2, *op. cit.*, pp. 98, 99.

[30] *Idem, ibidem*.

[31] *Idem, ibidem*.

[32] Carta de 12 de março de 1920, Capistrano de Abreu, *Correspondência de Capistrano de Abreu*, vol. 2, *op. cit.*, p. 148.

[33] Carta de 11 de fevereiro de 1920, Capistrano de Abreu, *Correspondência de Capistrano de Abreu*, vol. 2, *op. cit.*, pp. 146, 147.

[34] Carta de 6 de julho de 1921, Capistrano de Abreu, *Correspondência de Capistrano de Abreu*, vol. 2, *op. cit.*, p. 218.

[35] Carta de 30 de junho de 1916, Capistrano de Abreu, *Correspondência de Capistrano de Abreu*, vol. 2, *op. cit.*, p. 12.

[36] Carta de 9 de março de 1918, Capistrano de Abreu, *Correspondência de Capistrano de Abreu*, vol. 2, *op. cit.*, p. 84.

[37] Capistrano se remetia ao incêndio ocorrido na Companhia Tipográfica do Brasil, onde estava sendo impressa a obra de Varnhagen, que seria publicada pela Laemmert. A Laemmert seria consumida pelo fogo em 1909.

[38] Carta de 21 de abril de 1919, Capistrano de Abreu, *Correspondência de Capistrano de Abreu*, vol. 2, *op. cit.*, p. 125.

[39] Carta de 26 de janeiro de 1917, Capistrano de Abreu, *Correspondência de Capistrano de Abreu*, vol. 2, *op. cit.*, p. 30.

[40] Carta de 7 de abril de 1886, Capistrano de Abreu, *Correspondência de Capistrano de Abreu*, vol. 3, *op. cit.*, pp. 328,329.
[41] *Idem, ibidem.*
[42] *Idem, ibidem.*
[43] Carta de 5 de maio de 1886, Capistrano de Abreu, *Correspondência de Capistrano de Abreu*, vol. 3, *op. cit.*, p. 331.
[44] Carta de 16 de maio de 1886, Capistrano de Abreu, *Correspondência de Capistrano de Abreu*, vol. 3, *op. cit.*, p. 333.
[45] Carta de 4 de agosto de 1886, Capistrano de Abreu, *Correspondência de Capistrano de Abreu*, vol. 3, *op. cit.*, pp. 339, 340.
[46] Carta de 25/26 de junho de 1918, Capistrano de Abreu, *Correspondência de Capistrano de Abreu*, vol. 2, *op. cit.*, pp. 101, 102.
[47] Carta de 14 de abril de 1918, Capistrano de Abreu, *Correspondência de Capistrano de Abreu*, vol. 2, *op. cit.*, p. 95.
[48] Carta de 7 de março de 1919, Capistrano de Abreu, *Correspondência de Capistrano de Abreu*, vol. 2, *op. cit.*, p. 114.

Capítulo 4.2

[1] Carta de Capistrano para Paulo Prado, datada de 3 de junho de 1927, Capistrano de Abreu, *Correspondência de Capistrano de Abreu*, vol. 2, *op. cit.*, p. 481.
[2] Paulo Prado, *Paulística, op. cit.*
[3] Paulo Prado, *Retrato do Brasil*, Rio de Janeiro, Livraria Briguiet, 1928.
[4] Capistrano de Abreu, "Prefácio", Fernão Cardim, *Do Princípio e Origem dos Índios do Brasil*, Rio de Janeiro, 1881. Consta dos *Ensaios e Estudos*, 1ª série, *op. cit.*, pp. 119-129.
[5] Carta de 3 de junho de 1918, Capistrano de Abreu, *Correspondência de Capistrano de Abreu*, vol. 2, *op. cit.*, p. 387.
[6] *Idem*, p. 389.
[7] Ronaldo Vainfas (org.) *Santo Ofício da Inquisição de Lisboa: Confissões da Bahia*, São Paulo, Companhia das Letras, 1997.
[8] *Idem*, p. 13.
[9] *Idem*, p. 16.
[10] Carta de 5 de fevereiro de 1920, Capistrano de Abreu, *Correspondência de Capistrano de Abreu*, vol. 2, *op. cit.*, p. 391.
[11] Carta de Capistrano de Abreu para João Lúcio de Azevedo, datada de 23 de maio de 1919, Capistrano de Abreu, *Correspondência de Capistrano de Abreu*, vol. 2, *op. cit.*, p. 128.
[12] Carta de Capistrano para João Lúcio, datada de 4 de dezembro de 1919, Capistrano de Abreu, *Correspondência de Capistrano de Abreu*, vol. 2, *op. cit.*, p. 138.

[13] Carta de Capistrano para João Lúcio de Azevedo, datada de 17 de dezembro de 1919, Capistrano de Abreu, *Correspondência de Capistrano de Abreu*, vol. 2, *op. cit.*, p. 141.
[14] *Idem, ibidem.*
[15] Carta de 13 de fevereiro de 1920, Capistrano de Abreu, *Correspondência de Capistrano de Abreu*, vol. 2, *op. cit.*, pp. 393, 394.
[16] Carta de 18 de novembro de 1918, Capistrano de Abreu, *Correspondência de Capistrano de Abreu*, vol. 2, *op. cit.*, p. 388.
[17] Carta de 20 de dezembro de 1919, Capistrano de Abreu, *Correspondência de Capistrano de Abreu*, vol. 2, *op. cit.*, p. 388.
[18] Carta não datada, Capistrano de Abreu, *Correspondência de Capistrano de Abreu*, vol. 2, *op. cit.*, p. 410.
[19] Carta de 19 de fevereiro de 1925, Capistrano de Abreu, *Correspondência de Capistrano de Abreu*, vol. 2, *op. cit.*, p. 463.
[20] Carta de 23 de dezembro de 1925, Capistrano de Abreu, *Correspondência de Capistrano de Abreu*, vol. 2, *op. cit.*, p. 474.
[21] Carta de 6 de fevereiro de 1923, Capistrano de Abreu, *Correspondência de Capistrano de Abreu*, vol. 2, *op. cit.*, p. 438.
[22] "Quantas vezes já recorri mais aos seus pensamentos do que aos dos melhores e mais famosos homens que já viveram e que já conheci."
[23] Carta de 20 de outubro de 1923, Capistrano de Abreu, *Correspondência de Capistrano de Abreu*, vol. 2, *op. cit.*, p. 282.
[24] Carta de 13 de fevereiro de 1921, Capistrano de Abreu, *Correspondência de Capistrano de Abreu*, vol. 2, *op. cit.*, p. 407.
[25] Carta de 5 de fevereiro de 1923, Capistrano de Abreu, *Correspondência de Capistrano de Abreu*, vol. 2, *op. cit.*, p. 437.
[26] Carta de 13 de fevereiro de 1924, Capistrano de Abreu, *Correspondência de Capistrano de Abreu*, vol. 2, *op. cit.*, p. 453.
[27] Carta de 24 de fevereiro de 1924, Capistrano de Abreu, *Correspondência de Capistrano de Abreu*, vol. 2, *op. cit.*, p. 454.
[28] Carta de 20 de maio de 1924, Capistrano de Abreu, *Correspondência de Capistrano de Abreu*, vol. 2, *op. cit.*, p. 457.
[29] Carta de 23 de dezembro de 1925, Capistrano de Abreu, *Correspondência de Capistrano de Abreu*, vol. 2, *op. cit.*, p. 474.
[30] Carta de 25 de março de 1926, datada, em nosso ver, errada por José Honório Rodrigues, como sendo de 25 de março de 1927, Capistrano de Abreu, *Correspondência de Capistrano de Abreu*, vol. 2, *op. cit.*, p. 479.
[31] Carta de 12 de junho de 1926, Capistrano de Abreu, *Correspondência de Capistrano de Abreu*, vol. 2, *op. cit.*, p. 358.

[32] Carta de 12 de outubro de 1926, Capistrano de Abreu, *Correspondência de Capistrano de Abreu*, vol. 2, *op. cit.*, p. 367.

Capítulo 4.3

[1] Carta de Capistrano para Mário de Alencar, datada de 6 de setembro de 1915, Capistrano de Abreu, *Correspondência de Capistrano de Abreu*, vol. 1, *op. cit.*, p. 239.

[2] Capistrano de Abreu, "José de Alencar", *Gazeta de Notícias*, 13 de dezembro de 1877. Capistrano de Abreu, *Ensaios e Estudos*, 4ª série, *op. cit.*, p. 42.

[3] Rodrigo Otávio Filho, "A vida de Capistrano de Abreu", "Curso Capistrano de Abreu", *op. cit.*, p. 57.

[4] Carta de 3 de janeiro de 1896, Capistrano de Abreu, *Correspondência de Capistrano de Abreu*, vol. 1, *op. cit.*, pp. 201, 202.

[5] Carta de 14 de dezembro de 1891, Capistrano de Abreu, *Correspondência de Capistrano de Abreu*, vol. 1, *op. cit.*, p. 208.

[6] *Idem, ibidem*.

[7] *Idem*, p. 209.

[8] *Idem*, pp. 209, 210.

[9] *Idem*, p. 210.

[10] *Idem, ibidem*.

[11] Carta de 20 de janeiro de 1910, Capistrano de Abreu, *Correspondência de Capistrano de Abreu*, vol. 1, *op. cit.*, p. 220.

[12] Carta de 23 de julho de 1880; carta de 10 de janeiro de 1881; carta de 16 de julho de 1885 e carta de 27 de dezembro de 1893. Capistrano de Abreu, *Correspondência de Capistrano de Abreu*, vol. 1, *op. cit.*, pp. 49-51.

[13] Carta de 22 de julho de 1880 e carta de 30 de julho de 1880. Capistrano de Abreu, *Correspondência de Capistrano de Abreu*, vol. 3, *op. cit.*, pp. 107-108.

[14] Carta de Capistrano para Machado de Assis, datada de 10 de janeiro de 1881, Capistrano de Abreu, *Correspondência de Capistrano de Abreu*, vol. 1, *op. cit.*, p. 50.

[15] *Idem, ibidem*.

[16] Carta de 18 de janeiro de 1911, Capistrano de Abreu, *Correspondência de Capistrano de Abreu*, vol. 1, *op. cit.*, p. 225.

[17] Carta de 28 de janeiro de 1910, Capistrano de Abreu, *Correspondência de Capistrano de Abreu*, vol. 1, *op. cit.*, p. 222.

[18] Carta de 6 de setembro de 1915, Capistrano de Abreu, *Correspondência de Capistrano de Abreu*, vol. 1, *op. cit.*, p. 239.

[19] Carta de 11 de setembro de 1915, Capistrano de Abreu, *Correspondência de Capistrano de Abreu*, vol. 3, *op. cit.*, p. 175.

[20] Carta de 15 de setembro de 1915, Capistrano de Abreu, *Correspondência de Capistrano de Abreu*, vol. 1, *op. cit.*, pp. 242, 243.
[21] *Idem, ibidem*.

Capítulo 4.4

[1] Carta de Capistrano para Afonso de Taunay, datada dos "idos de março" de 1917, Capistrano de Abreu, *Correspondência de Capistrano de Abreu*, vol. 1, *op. cit.*, p. 280.
[2] André João Antonil, *Cultura e opulência do Brasil*, São Paulo, Companhia Editora Melhoramentos, 1923.
[3] André João Antonil, *Cultura e opulência do Brasil*, São Paulo, *op. cit.* A edição com que tomamos contato, no entanto, foi a publicada em São Paulo e Belo Horizonte, pela Editora Itatiaia e pela Edusp, no ano de 1982. O trecho citado se encontra na p. 21.
[4] André João Antonil, *Cultura e opulência do Brasil*, *op. cit.*
[5] Esse texto fora "Informações e fragmentos históricos do Padre José de Anchieta, S. J.", publicado em *Materiais e Achegas para a História e Geografia do Brasil*, em 1886, *op. cit.*
[6] André João Antonil, *Cultura e opulência do Brasil*, *op. cit.*, p. 46.
[7] Carta sem data, Capistrano de Abreu, *Correspondência de Capistrano de Abreu*, vol. 1, *op. cit.*, p. 274.
[8] *Idem, ibidem*.
[9] Essas cartas, como já apontamos na Apresentação, já vinham sendo apresentadas no *Jornal do Comércio*, do Rio de Janeiro, antes da edição da *Correspondência de Capistrano de Abreu*, realizada por José Honório. Diferente da opção de Honório, Taunay preferiu retirar as menções pessoais que Capistrano fazia. E isso se observa, notadamente, quando Capistrano transparecia alguma crítica ou informação que viesse a comprometer a pessoa mencionada.
[10] Carta do "Dia de São Bertoldo e S. Columbano" talvez de 1904, Capistrano de Abreu, *Correspondência de Capistrano de Abreu*, vol. 1, *op. cit.*, p. 276.
[11] Carta de 9 de janeiro de 1914, Capistrano de Abreu, *Correspondência de Capistrano de Abreu*, vol. 1, *op. cit.*, p. 277.
[12] *Idem, ibidem*.
[13] Carta de 13 de junho de 1914, Capistrano de Abreu, *Correspondência de Capistrano de Abreu*, vol. 1, *op. cit.*, p. 278.
[14] *Idem, ibidem*.
[15] Carta de 2 de junho de 1917, Capistrano de Abreu, *Correspondência de Capistrano de Abreu*, vol. 1, *op. cit.*, p. 282.

[16] *Idem, ibidem.*
[17] Segundo Taunay, carta que "deve ser de meados de 1917", Capistrano de Abreu, *Correspondência de Capistrano de Abreu,* vol. 1, *op. cit.,* p. 284.
[18] Carta de 25 de junho de 1917, Capistrano de Abreu, *Correspondência de Capistrano de Abreu,* vol. 1, *op. cit.,* p. 285.
[19] Ver Apresentação.
[20] Carta de Capistrano de Abreu para Guilherme Studart, datada de 20 de abril de 1904, *Correspondência de Capistrano de Abreu,* vol. 1, *op. cit.,* pp. 165-166.

Considerações finais

[1] Carta de 15 de novembro de 1916, *Correspondência de Capistrano de Abreu,* vol. 3, *op. cit.,* p. 31.
[2] Cartas publicadas na *Correspondência de Capistrano de Abreu,* vol. 1, *op. cit.*
[3] Cartas publicadas na *Correspondência de Capistrano de Abreu,* vol. 2, *op. cit.*
[4] Cartas publicadas na *Correspondência de Capistrano de Abreu,* vol. 3, 2ª edição, *op. cit.*
[5] Cartas publicadas na *Correspondência de Capistrano de Abreu,* vol. 3, 2ª edição, *op. cit.*
[6] Capistrano de Abreu, *Caminhos Antigos e Povoamento do Brasil, op. cit.*
[7] Capistrano de Abreu, *Ensaios e Estudos,* 1ª série, *op. cit.*
[8] Capistrano de Abreu, *Ensaios e Estudos,* 2ª série, *op. cit.*
[9] Capistrano de Abreu, *Ensaios e Estudos,* 3ª série, *op. cit.*
[10] Capistrano de Abreu, *Ensaios e Estudos,* 4ª série, *op. cit.*

Anexo 1

Correspondentes de Capistrano de Abreu, com tempo de duração e quantidade de cartas enviadas:

1- Correspondência ativa:
§ Francisco Ramos Paz - cartas enviadas de 1880 a 1909 - total de 37 cartas
§ Domingos Jaguaribe - cartas enviadas de 1880 a 1915 - total de 26 cartas
§ A diversos - cartas enviadas de 1880 a 1927 - total de 25 cartas
§ Assis Brasil e Sra. - cartas envidas de 1881 a 1922 - total de 35 cartas
§ Barão do Rio Branco - cartas enviadas de 1886 a 1903 - total de 25 cartas
§ Guilherme Studart - cartas enviadas de 1892 a 1922 - total de 39 cartas
§ José Veríssimo - cartas enviadas de 1893 a 1914 - total de 14 cartas
§ Mário de Alencar - cartas enviadas de 1896 a 1925 - total de 59 cartas
§ Domício da Gama - cartas enviadas de 1900 a 1919 - total de 7 cartas
§ Paulo Brandão - cartas enviadas de 1904 a 1912 - total de 8 cartas
§ Afonso Taunay - cartas enviadas de 1904 a 1927 - total de 99 cartas
§ Pandiá Calógeras - cartas enviadas de 1905 a 1927 - total de 81 cartas
§ Arrojado Lisboa - cartas enviadas de 1910 a 1924 - total de 40 cartas[2]
§ João Lúcio de Azevedo - cartas enviadas de 1916 a 1927 - total de 262 cartas
§ Paulo Prado - cartas enviadas de 1918 a 1927 - total de 116 cartas
§ Rodolfo Garcia - cartas enviadas de 1919 a 1927 - total de 26 cartas[3]
§ A. J. Macedo Soares - cartas enviadas de 1883 a 1891 - total de 3 cartas
§ Oliveira Lima - cartas enviadas de 1900 a 1901 - total de 9 cartas
§ Graça Aranha - carta enviada em 1885 - total de 1 carta enviada
§ Luís Sombra - cartas enviadas de 1904 a 1924 - total de 59 cartas
§ Alfredo Pujol - cartas enviadas de 1916 a 1917 - total de 2 cartas
§ Martim Francisco - cartas enviadas de 1917 a 1922 - total de 10 cartas

§ Adriano de Abreu - cartas enviadas de 1918 a 1924 - total de 8 cartas
§ Gastão Cruls - carta enviada em 1925 - total de 1 carta
§ Lino de Assunção - cartas enviadas de 1885 a 1893 - total de 33 cartas
§ Padre Teschauer - cartas enviadas de 1904 a 1915 - total de 7 cartas
§ Tobias Monteiro - cartas enviadas de 1919 a 1920 - total de 3 cartas[4]

2 - Correspondência passiva:
§ Rodolfo Garcia - cartas sem data - total de quatro cartas
§ Machado de Assis - cartas enviadas em 1880 - total de 2 cartas
§ Batista Caetano - cartas enviadas de 1880 a 1822 - total de 3 cartas
§ J. Netkens de Matos - cartas enviadas em 1884 - total de 4 cartas
§ Karl von den Steinen - cartas enviadas de 1885 a 1914 - total de 7 cartas
§ Valentim Magalhães - cartas enviadas de 1890 a 1892 - total de 2 cartas
§ Domício da Gama - cartas enviadas de 1851 a 1919 - total de 5 cartas
§ Orville Derby - cartas enviadas de 1892 a 1902 - total de 10 cartas
§ Guilherme Studart - cartas enviadas de 1893 a 1894 - total de 5 cartas
§ Pedro Sanchez - cartas enviadas de 1893 a 1894 - total de 2 cartas
§ Leopoldo Bulhões - cartas enviadas de 1893 a 1898 - total de 2 cartas
§ Honorina de Abreu - cartas enviadas de 1897 a 1898 - total de 3 cartas
§ Fernando de Abreu - cartas enviadas em 1899 - total de 2 cartas
§ Portela - cartas enviadas de 1897 a 1900 - total de 2 cartas
§ Coelho Neto - cartas enviadas em 1898 - total de 4 cartas
§ Padre Domênico de Meis - cartas enviadas em 1899 - total de 2 cartas
§ Ramos Paz - cartas enviadas de 1899 a 1900 - total de 6 cartas
§ Mário de Alencar - cartas enviadas de 1899 a 1925 - total de 3 cartas
§ Eduardo Prado - cartas enviadas em 1900 - total de 2 cartas
§ Teodoro Sampaio - cartas enviadas de 1900 a 1921 - total de 3 cartas
§ Manuel de M. C. Barata - cartas enviadas de 1906 a 1914 - total de 3 cartas
§ Carlos Werneck - cartas enviadas de 1912 a 1927 - total de 4 cartas
§ Alberto Rangel - cartas enviadas de 1913 a 1927 - total de 3 cartas
§ Manuel Said Ali - cartas enviadas de 1913 a 1927 - total de 10 cartas
§ Vieira Fazenda - cartas enviadas em 1916 - total de 2 cartas
§ Martim Francisco - cartas enviadas de 1916 a 1924 - total de 3 cartas

§ João Lúcio de Azevedo - cartas enviadas de 1916 a 1927 - total de 28 cartas
§ Tobias Monteiro - cartas enviadas de 1925 a 1926 - total de 3 cartas
§ Rodolfo Garcia - cartas sem data - total de 4 cartas
§ Diversos - cartas enviadas de 1880 a 1927 - total de 64 cartas[5]

Anexo 2

Relação de textos de Capistrano de Abreu pertencentes às compilações e anos de suas publicações

1 - **Caminhos Antigos e Povoamento do Brasil**[6]
- Sólis e primeiras explorações - 1900
- Os guaianazes de Piratininga - 1917
- Atribulações de um donatário - 1917
- Os caminhos antigos e povoamento do Brasil - 1899
- Os primeiros descobridores de Minas - 1887
- Esquema das bandeiras (revelado por Paulo Prado) - 1928
- A bandeira de Francisco de Melo Palheta ao Madeira - 1884
- Sobre uma História do Ceará - 1899
- Tricentenário do Ceará - 1903
- Fragmento de um prólogo - 1923

2 - **Ensaio e Estudos (Crítica e História) 1ª série**[7]
- Perfis Juvenis - 1874
- A literatura brasileira contemporânea - 1875
- Raimundo Antônio da Rocha Lima - 1878
- Necrológio de F. Adolfo de Varnhagen, Visconde de Porto Seguro - 1878
- Camões de perfil - 1880
- Do princípio e origem dos índios do Brasil e de seus costumes, adoração e cerimônias, de Fernão Cardim - 1881
- Sobre o Visconde de Porto Seguro - 1882
- "Notas sobre a Paraíba", por Irineu Joffily - 1892
- Raul Pompéia - 1882
- Memórias de um frade - 1899
- Diálogos das Grandezas do Brasil - 1900
- Eduardo Prado - 1901

3- Ensaios e Estudos (Crítica e História) 2ª série[8]
- Duque de Caxias - 1903
- A geografia do Brasil - 1904
- Antônio José, o judeu - 1905
- 28 de janeiro - 1908
- Sob o primeiro império - 1908
- Paulística - A pretexto de uma moeda de ouro - 1917
- Um livro sobre a Marquesa de Santos - 1917
- Prefácio à *História do Brasil* de Frei Vicente do Salvador - 1899, 1918
- Francisco Ramos Paz - 1920
- "Do Rio de Janeiro à Cuiabá" - 1886
- Prefácio à *História da Missão dos Padres Capuchinho* - 1922
- Um visitador do Santo Ofício (Confissões da Bahia) - 1922
- Introdução ao *Tratado da Terra do Brasil e à História da Província Santa Cruz* de Pero Magalhães de Gandavo - 1924
- Primeira visitação do Santo Ofício às partes do Brasil (Denunciações da Bahia) - 1925
- Fernão Cardim - 1925
- A obra de Anchieta no Brasil - 1927
- Prefácio ao *Diário de Pero Lopes de Souza* - 1927

4- Ensaios e Estudos (Crítica e História) 3ª série[9]

I - História
- João Cointa, Senhor de Bolés - 1903
- Clérigos e leigos - 1903/1904
- Ceará e Rio Grande - 1920
- Sobre a colônia do Sacramento - 1900
- Fases do segundo império - 1925
- *Brasil no século XIX - 1900*

II - Notas Bibliográficas
- História Pátria - 1904
- Notícias atrasadas - 1903
- Livros Novos - 1905
- Para a história - 1895

III - *Lingüística e Folclore*
- Os bacaeris - 1895
- Os caxinauás - 1911/1912
- A língua dos caxinauás - 1914

5 - Ensaios e Estudos 4ª série[10]

I - *Ensaios e Estudos assinados*
- 17 textos publicados em jornais entre 1876 e 1905

II - *Ensaios e Estudos não assinados*
- 58 textos publicados em jornais entre 1879 e 1881

Anexo 3

Estatutos da Sociedade Capistrano de Abreu
(Constituída em 11 de setembro de 1927)

Art. 1º - Sob a denominação de SOCIEDADE CAPISTRANO DE ABREU, fica constituída, nesta cidade, uma sociedade formada pelos abaixo assinados, amigos e discípulos de Capistrano de Abreu, no propósito de prestarem homenagem à sua memória.

Art. 2º - A Sociedade receberá, devidamente relacionados, dos herdeiros de João Capistrano de Abreu, a Biblioteca e o arquivo deste, que ela se obriga a guardar e conservar, sem nenhuma remuneração por esse serviço, bem como entregá-los e restituí-los aos mesmos herdeiros, ou quem os represente legalmente, no caso de dissolução da sociedade.

Art. 3º - A Sociedade promoverá:

a) a edição de trabalhos inéditos e cartas missivas e a reedição de obras já publicadas de João Capistrano de Abreu.

b) a tradução e publicação das obras dos viajantes e sábios estrangeiros que percorreram o Brasil

Art. 4º - A Sociedade publicará quaisquer trabalhos e documentos de valor, relativos a assuntos brasileiros, anotados e comentados.

Art. 5º - A Sociedade criará prêmios para as investigações e obras consideradas de mérito, referentes à História, Etnografia, Etnologia e Lingüística Brasileira, com o fim de incentivar os respectivos estudos.

Art. 6º - Cada um dos sócios efetivos e fundadores contribuirá com a mensalidade de 10$000, paga adiantadamente por trimestre, semestre ou ano, à vontade do contribuinte, constituindo-se o fundo da sociedade com o saldo das contribuições, rendas e donativos eventuais.

Parágrafo único - O atraso de um ano de pagamento importará na renúncia ao lugar de sócio, abrindo-se vaga.

Art. 7º - O número de sócios será limitado – não podendo exceder de 110 efetivos e 30 honorários ou correspondentes – e as vagas serão preenchidas por eleição da assembléia da Sociedade e proposta da Comissão Executiva, havendo preferência para os premiados pela própria Sociedade.

Art. 8º - Os membros da Sociedade não respondem subsidiariamente pelas obrigações contraídas, expressa ou tacitamente, em nome dela.

Art. 9º - A Sociedade será administrada por uma Comissão Executiva, composta de 12 sócios, que será designada em assembléia geral e exercerá suas funções durante três anos.

Art. 10º - Os membros da Comissão Executiva serão escolhidos entre os sócios versados em estudos históricos, geográficos, etnográficos ou lingüísticos, além de um representante masculino da família de Capistrano de Abreu, que deverá ser um dos membros da Sociedade.

Art. 11º - A Comissão Executiva distribuirá entre seus membros, de acordo com os conhecimentos especiais de cada um, os respectivos trabalhos, como também encargos de administração, e escolherá um dos membros para a direção geral dos serviços.

Art. 12º - O membro da Comissão Executiva encarregado geral dos serviços representará a Sociedade em juízo e fora dele, em suas relações com terceiros e poderá escolher entre os sócios um, para exercer as funções de tesoureiro, e outro, para os serviços de Secretaria.

Art. 13º - Uma Assembléia Geral terá lugar no dia 23 de outubro de cada ano, aniversário do nascimento de Capistrano de Abreu e as demais assembléias sociais se realizarão por livre convocação da Comissão Executiva.

Art. 14º - No caso de dissolução da Sociedade, o patrimônio desta, com exceção da biblioteca e arquivo a que se refere o artigo 2º destes Estatutos, passará à instituição congênere que se destine aos mesmos fins.

Art. 15º - Para o caso previsto no artigo anterior, bem como para a reforma destes Estatutos, será preciso o voto expresso da maioria absoluta dos membros da Sociedade.

Bibliografia

A - Obras de Capistrano de Abreu

Caminhos Antigos e Povoamento do Brasil, Rio de Janeiro, Sociedade Capistrano de Abreu, Livraria Briguiet, 1930.

Capítulos de História Colonial, Rio de Janeiro, Impressores M. Orosco & Cia, 1907.

Cartas de Capistrano de Abreu a Lino de Assunção, Lisboa, Oficina Gráfica, 1946.

Correspondência de Capistrano de Abreu, Rio Janeiro, Instituto Nacional do Livro, 1954-1956, 3 volumes, 1ª edição; Rio de Janeiro, Civilização Brasileira, 1977, 2ª edição, com o acréscimo de novas cartas.

Ensaios e Estudos (Crítica e História), 1ª série, Rio de Janeiro, Sociedade Capistrano de Abreu, Livraria Briguiet, 1931.

Ensaios e Estudos (Crítica e História), 2ª série, Rio de Janeiro, Sociedade Capistrano de Abreu, Livraria Briguiet, 1932.

Ensaios e Estudos (Crítica e História), 3ª série, Rio de Janeiro, Sociedade Capistrano de Abreu, Livraria Briguiet, 1938.

Ensaios e Estudos, 4ª série, Rio de Janeiro, Civilização Brasileira, 1976.

"Novas Cartas de Capistrano de Abreu", São Paulo, *Revista de História*, nº 31, 1957.

O Descobrimento do Brasil, Rio de Janeiro, Laemmert & Cia., 1900.

Rã-txa hu-ni-ku-i, Rio de Janeiro, Tipografia Leuzinger, 1914.

B - Analistas da vida e obra de Capistrano de Abreu

AMOROSO, Marta Rosa. "Capistrano de Abreu e os índios" in REIS, Elisa; TAVARES DE ALMEIDA, Maria Hermínia e FRY, Peter. *Política e Cultura: visões do passado e perspectivas contemporâneas*. São Paulo, HUCITEC, ANPOCS, 1996.

ARAÚJO, Ricardo Benzaquem de. "Ronda noturna: narrativa, crítica e verdade em Capistrano de Abreu". *Estudos Históricos*, Rio de Janeiro, nº 1, 1988, pp. 28-54.
BOTTMANN, Denise. *Padrões explicativos da historiografia brasileira*. Curitiba, Aos Quatro Ventos, 1977.
CANABRAVA, Alice P. "Apontamentos sobre Varnhagen e Capistrano" in *Revista de História*, São Paulo, USP, 18 (88), outubro-dezembro, 1971.
CÂMARA, José Aurélio Saraiva. *Capistrano de Abreu: tentativa biobibliográfica*. Rio de Janeiro, Livraria José Olympio Editora, 1969.
CAMPOS, Pedro Moacyr. "Esboço da Historiografia Brasileira" in GLÉNISSON, Jean. *Iniciação aos Estudos Históricos*. São Paulo, DIFEL, 1961.
CARMO, J. A.. *Bibliografia de Capistrano de Abreu*. Rio de Janeiro, Imprensa Nacional, 1942.
_____. *Capistrano de Abreu e suas Traduções*. Rio de Janeiro, Irmãos Pongetti, 1953.
CORRÊA FILHO, Virgílio. "Auto-retrato Capistraneano", separata da *Revista do Instituto Histórico e Geográfico Brasileiro*, Rio de Janeiro, vol. 227, abril-junho, 1955.
COUTINHO, Afrânio. *Euclides, Capistrano e Araripe*. Rio de Janeiro, Ministério da Educação e Cultura, Serviço de Documentação, 1959.
GUERRA FILHO, Cândido. *As Idéias Críticas de Capistrano de Abreu*. Fortaleza, Fundação de Cultura e Turismo de Fortaleza, 1992.
GONTIJO, Rebeca. "'Paulo amigo': amizade, mecenato e ofício do historiador nas cartas de Capistrano de Abreu" in CASTRO GOMES, Ângela de (org.) *Escrita de si, escrita da história*. Rio de Janeiro, Editora FGV, 2004.
GOMES DE MATOS, Pedro. *Capistrano de Abreu: vida e obra do grande historiador*. Fortaleza, Batista Fontinele, 1953.
IGLÉSIAS, Francisco. *Historiadores do Brasil*. Rio de Janeiro, Nova Fronteira; Belo Horizonte, Editora UFMG, 2000.
MATTOS, Ilmar Rohloff de. *Capítulos de Capistrano*. Rio de Janeiro, PUC, 1997, ms.
MELO, Jayro Gonçalves. *A Obra de João Capistrano de Abreu: um estudo*. São

Paulo, Dissertação de Mestrado, Universidade de São Paulo, datilografada, 1979.

MELO E SOUZA, Laura. "Aspectos da historiografia da cultura sobre o Brasil colonial" in FREITAS, Marcos Cezar de (org.) *Historiografia brasileira em perspectiva*. São Paulo, Editora Contexto, USF, 1998.

MENEZES, Raimundo de. *Capistrano de Abreu: um homem que estudou*. São Paulo, Edições Melhoramentos, 1956.

MOTA, Lourenço Dantas (org.). *Introdução ao Brasil: um banquete no trópico*. São Paulo, Editora SENAC, 1999.

NASCIMENTO, Alba Canizares. *Capistrano de Abreu: o homem e a obra*. Rio de Janeiro, F. Briguiet, 1931.

NOVAES, Fernando. Prefácio da edição norte-americana in ABREU, Capistrano de, *Chapters of Brazil's Colonial History*. New York, Oxford University Press, 1977.

PAIVA, Tancredo de. *Bibliografia Capistraneana*. São Paulo, Tipografia "Diário Oficial", 1931.

REBELLO, E. de Castro. *Capistrano de Abreu e a síntese histórica*. Rio de Janeiro, Livraria São José, 1956.

REIS, José Carlos. *As Identidades do Brasil: de Varnhagen a FHC*. Rio de Janeiro, Fundação Getúlio Vargas Editora, 1999.

RIBEIRO, Maria Luíza Gafree. *Uma Ruptura na Historiografia Brasileira: A Formação Intelectual de João Capistrano de Abreu (1853-1927)*. Rio de Janeiro, dissertação de Mestrado, Universidade Federal do Rio de Janeiro, Instituto de Filosofia e Ciências Sociais, Departamento de História, 1990.

RODRIGUES, José Honório. *Ensaios Livres*. São Paulo, Editora Imaginário, 1991.

_____ *A Pesquisa Histórica no Brasil*. São Paulo, Companhia Editora Nacional, 1982.

_____ *História da História do Brasil: A Historiografia Conservadora*, vol. II, tomo 1, São Paulo, Companhia Editora Nacional, 1988.

_____ *Teoria da História do Brasil (Introdução Metodológica)*. São Paulo, Companhia Editora Nacional, 1978.

_____ "Capistrano de Abreu e a historiografia brasileira". *Revista do*

Instituto Histórico e Geográfico Brasileiro/IHGB, Rio de Janeiro, vol. 221, 1953, pp. 120-138.
SCHWARTZ, Stuart. "A house built on sand: Capistrano de Abreu and the History of Brazil", introdução da edição norte-americana in ABREU, Capistrano de. *Chapters of Brazil's Colonial History*. New York, Oxford University Press, 1997.
VAINFAS, Ronaldo, "Capítulos de História Colonial" in MOTA, Lourenço Dantas (org.) *Introdução ao Brasil: um banquete no trópico*. São Paulo, Editora Senac, 1999, pp. 171, 190.
VÁRIOS AUTORES, "Curso Capistrano de Abreu". Rio de Janeiro, *Revista do IHGB*, vol. 221, 1953.
VIANNA, Hélio. *Capistrano de Abreu: ensaio biobibliográfico*, Rio de Janeiro, MEC, Serviço de Documentação, 1955.
WEHLING, Arno. "Capistrano de Abreu e Sílvio Romero: um paralelo cientificista" in *Revista do IHGB*, Rio de Janeiro, vol. 152, nº 370, pp. 265-274, jan.-mar., 1991.
_____ "Capistrano de Abreu: a fase cientificista" in *Revista do IHGB*, Rio de Janeiro, vol. 311, pp. 43-91, abr.-jun., 1976.

C - Obras sobre o período de vida de Capistrano de Abreu
BORGES PINTO, Maria Inez Machado *Cotidiano e sobrevivência: a vida do trabalhador pobre na cidade de São Paulo (1890-1914)*. São Paulo, Edusp, Fapesp, 1994
BROCA, Brito. *A vida literária no Brasil - 1900*. Introdução de Francisco de Assis Barbosa. Rio de Janeiro, 3ª edição, José Olympio, 1975.
_____ *Naturalistas, Parnasianos e Decadistas: Vida literária do realismo ao pré-modernismo*. Campinas, Editora da UNICAMP, 1991.
CANDIDO, Antonio. *O método crítico de Sílvio Romero*, São Paulo, Edusp, 1988.
CARVALHO, José Murilo de. *A Formação das Almas. O imaginário da República no Brasil*. São Paulo, Companhia das Letras, 1990.
COSTA, Emília Viotti da. *Da monarquia à República: momentos decisivos*. São Paulo, Brasiliense, 1979.

COSTA, João Cruz. "O pensamento brasileiro sob o Império" in HOLLANDA, Sérgio Buarque de e FAUSTO, Bóris (orgs.) *História Geral da Civilização Brasileira*. São Paulo, Difel, 1976, tomo II, vol. 3.
_____ *Contribuição à história das idéias no Brasil*. Rio de Janeiro, José Olympio, 1956.
_____ *O positivismo na República*. São Paulo, Companhia Editora Nacional, 1956.
DIAS, Maria Odila S. *Quotidiano e poder em São Paulo no século XIX*. São Paulo, Brasiliense, 1984.
DOSSE, François. *A história em migalhas: dos annales à nova história*. São Paulo, Editora Ensaio, 1994.
GUIMARÃES, Manoel Luís Salgado. "Nação e civilização nos trópicos: o Instituto Histórico e Geográfico Brasileiro e o projeto de uma história nacional" in *Estudos Históricos*, Rio de Janeiro, 1: 5-27, 1988.
HALLEWELL, Laurence. *O Livro no Brasil*. São Paulo, T. A. Queiroz Editor e Edusp, 1982.
HERCULANO, Alexandre. "O Instituto Histórico e Geográfico Brasileiro" in *Revista do IHGB*, Rio de Janeiro, tomo 60, parte 1, 1897.
LEVI, Darrel. *A Família Prado*, São Paulo, Cultura 70 – Livraria e Editora, 1974.
LIMA, Luíz Costa. "Da existência precária: o sistema intelectual no Brasil". in LIMA, Luíz Costa, *Dispersa Demanda: ensaios sobre literatura e teoria*, Rio de Janeiro, Livraria Francisco Alves Editora, 1981.
LOBATO, Monteiro. *A Barca de Gleyre*. São Paulo, Editora Brasiliense, 8ª edição, 1957.
NEEDEL, Jeffrey. *Belle Époque Tropical: sociedade e cultura de elite no Rio de Janeiro na virada do século*. São Paulo, Companhia das Letras, 1993.
NOVAIS, Fernando (dir.) e ALENCASTRO, Luiz Felipe de. *História da Vida Privada no Brasil*. São Paulo, Companhia das Letras, 1997, vol. 2.
_____ e SEVCENKO, Nicolau (org.) *História da Vida Privada no Brasil*, São Paulo, Companhia das Letras, 1998, vol. 3.
ODÁLIA, Nilo. *As formas do mesmo: ensaios sobre o pensamento historiográfico de Varnhagen e Oliveira Vianna*. São Paulo, Editora Unesp, 1997.

_____ *Varnhagen*. São Paulo, Ática, 1979.

ORTIZ, Renato. *Cultura brasileira e identidade nacional*. São Paulo, Brasiliense, 1985.

SALIBA, Elias Thomé. *As utopias românticas*. São Paulo, Editora Brasiliense, 1991.

_____ "A dimensão cômica da vida privada na República" in SEVCENKO, Nicolau (org.) *História da vida privada no Brasil, República: da Belle Époque à Era do Rádio*, vol. 3. São Paulo, Companhia das Letras, 1998.

_____ *Raízes do Riso: a representação humorística na história brasileira: da Belle Époque aos primeiros tempos do rádio*. São Paulo, Companhia das Letras, 2002.

SCHWARCZ, Lilia M. *O espetáculo das raças: cientistas, instituições e questão racial no Brasil - 1870-1930*. São Paulo, Companhia das Letras, 1993.

_____ *Os guardiões de nossa história oficial: os Institutos Históricos e Geográficos Brasileiros*. São Paulo, IDESP, 1989.

SEVCENKO, Nicolau. *Literatura como Missão: tensões sociais e criação cultural na Primeira República*. São Paulo, Editora Brasiliense, 1985, 2ª edição.

_____ *Orfeu Extático na Metrópole: São Paulo – Sociedade e Cultura nos Frementes Anos 20*, São Paulo, Companhia das Letras, 1992.

SODRÉ, Nelson Werneck. *História da Imprensa no Brasil*. Rio de Janeiro, Edições do Graal, 2ª edição, 1977.

SUSSEKIND, Flora. *Cinematógrafo de Letras: literatura, técnica e modernização no Brasil*. São Paulo, Companhia das Letras, 1987.

VENTURA, Roberto. *Estilo Tropical: história cultural e polêmicas literárias no Brasil (1870-1914)*. São Paulo, Companhia das Letras, 1991.

D - Obras de referência teórica

ANDERSON, Benedict. *Nação e consciência nacional*. tradução de Lólio Lourenço de Oliveira. São Paulo, Ática, 1989.

BANN, Stephen. *As invenções da história: ensaios sobre a representação do passado*. tradução de Flávia Villas-Boas, São Paulo, Editora Unesp, 1994.

BOURDIEU, Pierre. *Razões Práticas sobre a Teoria da Ação*. São Paulo, Papirus Editora, 1996.

_____ "A ilusão biográfica", in FERREIRA, Marieta de Moraes e AMADO, Janaína (orgs.) *Usos & Abusos da História Oral*. Rio de Janeiro, Fundação Getúlio Vargas, 1996.

BUARQUE DE HOLLANDA, Sérgio. *Visão do Paraíso*. São Paulo, Editora Brasiliense, 5ª edição, 1992.

_____ *Monções*. São Paulo, Editora Brasiliense, 3ª edição, 1992.

CHARTIER, Roger. *A história cultural entre práticas e representações*. Lisboa, DIFEL, 1990.

_____ (Sous la direction de). *La Correspondance: les usages de la lettre au XIXe siècle*. Paris, Fayard, 1991.

_____ *A Aventura do Livro: do leitor ao navegador*. São Paulo, Editora Unesp, 1997.

_____ (org.) *Práticas de Leitura*. São Paulo, Editora Estação Liberdade, 1ª reimpressão, 1998.

_____ e CAVALLO, Guglielmo. *História da Leitura no Mundo Ocidental*. São Paulo, Editora Ática, vol. 1, 1998.

_____ e CAVALLO, Guglielmo. *História da Leitura no Mundo Ocidental*. São Paulo, Editora Ática, vol. 2, 1999.

FREITAS, Marcos Cezar de (org.) *Historiografia brasileira em perspectiva*. São Paulo, Editora Contexto, USF, 1998.

GALVÃO, Walnice Nogueira e GOTLIB, Nádia Battella. *Prezado Senhor, Prezada Senhora: estudo sobre cartas*. São Paulo, Companhia das Letras, 2000.

GELLNER, Ernest. *Nations and nationalism*. Oxford, Oxford U. Press, 1983.

GLEZER, Raquel. *Fazer e o saber na obra de José Honório Rodrigues: um modelo de análise historiográfica*. São Paulo, tese de doutorado, datilografada, 1977.

IGLÉSIAS. Francisco, "José Honório Rodrigues e a historiografia brasileira". *Estudos Históricos*, Rio de Janeiro, 1: 55-78, 1988.

LEVI, Giovanni. *"Usos da biografia"*. in FERREIRA, Marieta de Moraes e AMADO, Janaína (orgs.). *Usos & Abusos da História Oral*. Rio de Janeiro, Fundação Getúlio Vargas, 1996.

LA CAPRA, Dominick. *Rethinking intellectual history: texts, contexts, language*. Ithaca, Cornell U. Press, 1983.

RACINE, Nicole e TREBITSCH, Michel, (orgs.) "*Sociabilites Intellectuelles: lieux, milieux reseaux*", *Les Cahiers de L'IHTP*, n° 20, mars, Paris, CNRS, 1992.

TREBITSCH, Michel. "*Correspondances d'intelectuels: les cas des lettres d'Henri Lefebvre à Norbert Guterman (1935 – 1947)*", in "Sociabilites Intellectuelles: lieux, milieux reseaux", *Les Cahier de L'IHTP*, Paris, CNRS, 1992.

Agradecimentos

Este trabalho, evidentemente, iniciou-se alguns anos antes de nossa entrada no programa de pós-graduação em História Social da Faculdade de Filosofia Letras e Ciências Humanas da Universidade de São Paulo, no ano de 1997.

E se fôssemos recompor o itinerário relacionado à presente dissertação, com certeza, deveríamos abordar vários elementos e situações que, de alguma forma, propiciaram o encaminhamento desta pesquisa. Mas, como não é a nossa intenção se alongar numa espécie de relatório genealógico, é importante que falemos de pessoas. Mais do que isso, nosso desejo é de franco agradecimento.

Os amigos Camilo de Mello Vasconcellos, Plínio Labriola de Campos Negreiros, e Marcos Francisco Napolitano de Eugênio, estiveram presentes em praticamente todo o processo. Foram e são, interlocutores refinados de uma série de questões que, esperamos, estejam contempladas neste livro. Luis Felipe Pondé acompanhou bem de perto o nosso estado de espírito, sendo, como de resto em várias outras situações, companheiro de estrada e de incertezas. Helder Kanamaru foi um amigo presente, e com seus comentários e sugestões, nos auxiliou nas revisões que foram levadas à cabo ao longo do trabalho. Dora Maria de Almeida Prado Montenegro e Evandro Montenegro, foram pessoas queridas que nos ajudaram não só naquilo que se relacionou aos limites deste trabalho. Estiveram ao nosso lado nas várias situações que se remeteram a nossa própria vida.

Agradeço também aos professores da FFLCH, Maria Lígia Coelho Prado, Maria Inês Borges Machado, Antonio Sérgio Guimarães, Helenice Rodrigues da Silva, Nicolau Sevcenko e Maria Odila Leite da Silva Dias, dentre outros, pelo estímulo à reflexão e pelo carinho. com que se dedicam à atividade de ensino e pesquisa. Um agradecimento especial vai ao professor Elias Thomé Saliba, o orientador deste trabalho. Sua presença foi por demais marcante, e passou pela sugestão do estudo deste objeto, pela franqueza com que nos dispunha as perspectivas de trabalho e, finalmente, pela participação próxima e amiga em todo o caminho que levou ao texto que apresentamos.

Aos meus pais, Tereza e Mostafe Amed, já falecido, pelo carinho, atenção e desprendimento. A Marta e Mostafe Amed Junior, pelo muito que representam para mim. Agradeço, com muito amor, àquela que foi uma participante ativa – por vezes, quase compulsória – de todos os momentos relacionados a este estudo, Jussara Parada Amed. Um gosto especial é poder remeter a nossa filha Julia, que nasceu e foi crescendo, adicionando Capistrano de Abreu, bacairi ou kaxinawá ao seu vocabulário. Um beijo especial vai também para nossa querida filha Laura que veio a nascer pouco tempo depois da defesa do mestrado.

Finalmente, uma menção deve ser feita ao CNPq, que me agraciou com a bolsa de estudos que em muito ajudou no andamento deste estudo.

ESTE LIVRO FOI IMPRESSO EM SÃO PAULO PELA GRÁFICA VIDA & CONSCIÊNCIA NO INVERNO DE 2006. NO TEXTO DA OBRA, FOI UTILIZADA A FONTE GOUDY, EM CORPO 10,5, COM ENTRELINHA DE 14,7 PONTOS.